—论文集—

出版业创新发展及人才培养论文集

刘华坤　主编

知识产权出版社
全国百佳图书出版单位
—北京—

图书在版编目（CIP）数据

出版业创新发展及人才培养论文集 / 刘华坤主编 . —北京：知识产权出版社，2022.7
ISBN 978-7-5130-7934-1

Ⅰ . ①出… Ⅱ . ①刘… Ⅲ . ①电子出版物－出版工作者－人才培养－文集②电子出版物－出版工作－文集 Ⅳ . ① G237.6-53

中国版本图书馆 CIP 数据核字（2021）第 275803 号

内容提要

本书收录了北京印刷学院师生近年所发表的与出版业发展相关的 20 余篇论文，其中一部分为项目研究成果，分为出版业改革发展、出版物研究、出版领域新技术应用、出版人才培养等四编，透彻分析出版产品创新、信息技术应用、出版数字化转型等热点话题，既有对出版行业的整体观察，又有对典型案例的具体剖析，尤其对 2020 年新冠肺炎疫情暴发后出版行业积极采取抗疫行动进行深入挖掘，并对高等院校出版人才培养进行有益探索。

本书可供出版从业者、管理者、研究者，高等院校出版学、新闻传播学等相关专业师生，以及对出版业发展感兴趣的读者阅读参考。

责任编辑：王志茹　　　　　　　　　责任印制：孙婷婷

出版业创新发展及人才培养论文集
CHUBANYE CHUANGXIN FAZHAN JI RENCAI PEIYANG LUNWENJI
刘华坤　主编

出版发行	知识产权出版社 有限责任公司	网　址	http://www.ipph.cn
电　话	010-82004826		http://www.laichushu.com
社　址	北京市海淀区气象路 50 号院	邮　编	100081
责编电话	010-82000860 转 8761	责编邮箱	laichushu@cnipr.com
发行电话	010-82000860 转 8101	发行传真	010-82000893
印　刷	北京中献拓方科技发展有限公司	经　销	新华书店、各大网上书店及相关专业书店
开　本	720mm×1000mm　1/16	印　张	16.5
版　次	2022 年 7 月第 1 版	印　次	2022 年 7 月第 1 次印刷
字　数	241 千字	定　价	88.00 元
ISBN 978-7-5130-7934-1			

出版权专有　侵权必究
如有印装质量问题，本社负责调换。

序

2021年是中国共产党成立一百周年，党带领全国人民在中华大地上全面建成了小康社会，历史性地解决了绝对贫困问题，实现了第一个百年奋斗目标。2021年，人类经历了历史上罕见的多重危机，百年变局与新冠肺炎疫情相互交织，全球抗疫与经济复苏再遇阻碍，我国发展面临挑战。以习近平同志为核心的党中央，直面百年变局，展现大国担当，带领全国人民实现了"十四五"良好开局，开启了迈向第二个百年奋斗目标——全面建成社会主义现代化国家的新征程。

这个重要的历史节点恰好给我们提供了回首岁月、再启航程的机会。身处新闻出版领域高校的教学科研环境中，我们也有幸接受学校的统一安排，回顾总结多年来出版与新闻传播领域的学科专业建设、人才培养工作，以温故知新再续力量，迈开教学科研的新步伐。

进入21世纪后，新闻出版行业制定了五年发展规划，尤其是"十一五"时期开始以国家文化发展规划纲要、新闻出版业发展规划等持续引导出版业的改革发展，《国家中长期教育改革和发展规划纲要（2010—2020年）》也给我们提供了立足新闻出版行业、加强出版传播学科专业建设与出版高级人才培养的改革发展遵循，指引我们始终坚持紧贴出版行业实际，关注并参加出版行业改革发展实践，采用"课题项目＋团队"的人才培养方式，开展"三促进"（即促进研究生教育教学改革创新、促进出版传播学科专业知识积累、促进服务行业献策建言影响力）的有益探索，取得可喜的收获，为北京印刷学院的出版传播教育和出版行业发展贡献了一份力量。

恰逢我国处在"两个一百年"的重要节点，我们也顺势对出版领域的研究探索进行总结。本书收录了在出版行业改革与科技文化融合过程中，北京印刷学院研究团队所开展的部分课题的研究成果。结集成书的目的是回顾历史，总结经验，激励我们在出版与新闻传播领域开阔视野、继续前行。本书收录的论文按内容分为出版业改革发展、出版物研究、出版领域新技术应用、出版人才培养等四编，大体依时间排序。由于知识能力所限，书中难免存在疏漏和错误，敬请读者批评指正，以便我们在今后的研究中有所提高。

刘华坤

2021 年 12 月 26 日

目 录

第一编　出版业改革发展

数字出版产业创新模式分析与展望……………………………………3

出版与科技融合　加快产业转型升级
　——国家数字复合出版系统工程推进转型的路径观察……………12

大数据驱动的出版业供给侧结构性改革探索实践
　——以人民邮电出版社"以销定产"按需出版为例………………22

疫情防控主题出版服务快速响应观察…………………………………34

数字出版扛鼎图书业疫情防控应急响应服务…………………………47

第二编　出版物研究

童书分级阅读研究略述…………………………………………………73

提升高等院校出版社专业类融合教材建设的探讨……………………87

图书选题策划方式的变化与趋势探析…………………………………98

抗击疫情出版物表现形态创新分析……………………………………111

出版社推出抗击疫情出版物阶段特征分析……………………………125

我国应急响应图书版权输出新发展初探………………………………136

第三编 出版领域新技术应用

人民出版社数字出版堆叠创新初探……151

出版业网站评价指标的优化与应用分析……160

我国学术期刊出版平台的多元构建与运行选择……174

基于云存储服务的云编辑功能实现探析

——以谷歌云端硬盘与微软云端硬盘云存储服务为例……185

教辅图书二维码应用探析……192

出版社微信公众号应用观察……201

农业知识服务模式探究……213

第四编 出版人才培养

北京印刷学院数字出版人才培养探索……225

媒体融合下数字编辑人才建设探讨……232

媒体融合下出版人才需求分析与培养思考

——以百道网招聘专区为例……242

第一编

出版业改革发展

数字出版产业创新模式分析与展望 *

创新不仅是一种理论研究，更是一种实践活动，它为经济发展方式转变和产业结构升级提供可能性。以提供出版物产品和知识服务为主要特征的数字出版产业，成为当今出版产业科技与经济结合过程中发展最快、最活跃的领域。本文通过分析数字出版产业链上典型企业的创新特点，提出数字出版创新要素，构建数字出版创新体系，并对几种典型数字出版创新模式展开差异化分析，由此对未来我国数字出版创新走向进行展望。

一、产业创新及其相关理论

首次提出国家创新系统的是英国经济学家克里斯托夫·弗里曼（Christopher Freeman）。他认为，产业创新是一个系统概念，系统因素是产业创新成功的决定因素，产业创新主要包括技术创新、产品创新、流程创新、管理创新和市场创新[1]。王明明、党志刚、钱坤分析了产业创新系统理论的发展轨迹，将产业创新系统划分为三大类，即国家创新系统理论、以国家创新系统和技术系统相结合的理论、以进化经济学为根基的理论[2]。进化经济学为研究产业创新系统提供了一个清晰的理论框架，该理论认为，产业创新系统有自己独特的知识基础、技术、供给和需求，通过信息交流、合作、竞争、支配等各种因素，各种行为者相互影响，共同进化得以演变[3]。我国学者侧重从企业是技术创新主体角度出发，强调政府通过制定政策与制度直接作用于企业，激励企业主动把

---

* 本文原载《中国出版》2011年第7期，是2010年北京市科委软科学研究课题"北京数字出版产业创新模式研究"的研究成果之一。

握机会，充分利用外部资源，认清中国市场特性，进而提高企业的技术能力、管理能力和市场能力，实现中国产业自主创新[4]。

在经济全球化和市场激烈竞争的冲击下，出版产业也正在经历创新资源的重组和创新方式的变革。在内容形式、服务平台、技术手段、传播手段等方面进行的创新[5]，深刻地影响着出版企业运行机制的改革。而伴随经济发展和产业结构演进，必然会出现以数字出版为典型代表的出版产业创新模式和创新格局。

二、数字出版产业的创新要素及其创新体系构建

（一）数字出版产业的创新要素

通过以上产业创新理论的梳理，下面对数字出版产业创新的核心要素进行提炼，主要体现在技术、产品、渠道、服务、终端等五个方面。其中，技术创新是数字出版产业创新发展的关键、基础性要素，由此形成的创新要素体系如图1所示。

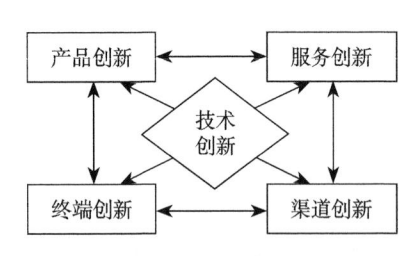

图1 数字出版产业创新要素体系

（二）典型数字出版主体的创新结构

数字出版企业在创新主体、创新形式、创新过程上表现出差异化特点。我们通过对典型企业的主要创新要素、创新形式的分析，可以提炼出由数字出版产业创新主体和创新要素构成的创新网络（见表1）。

从表1中可以看出，四个典型企业的创新要素分布存在差异。为了更加直观地展示创新要素分布差异，通过归一化处理获得的雷达图如图2所示。

表1 典型数字出版产业创新主体和创新要素分布

创新主体	创新要素				
	技术创新	产品创新	服务创新	渠道创新	终端创新
内容提供商——商务印书馆	▲ 辞书语料库及编纂系统、辞书数据库排版、按需印刷等	▲▲▲ 工具书在线、《东方杂志》数据库、历史资源按需印刷等	▲ 品牌、分类、主导	▲ 成立北京商易华信息技术有限公司，专司数字出版产品服务	创新特征不鲜明
产品集成服务商——中国知网	▲▲ 以知识元、知网节等为关键技术的知识搜索	▲▲ 中国知网数据库、学术期刊优先数字出版平台、创新与创新管理型数字图书馆、学术不端检测系统、吾喜杂志网等数十种产品	▲▲▲ 知识内容集成服务、知识增值服务、个性化服务提供手机版、大众阅读版及学术不端检测等产品	创新特征不鲜明	▲ 从网络拓展到手机App
产品版权运营商——中文在线	创新特征不鲜明	▲ 与中国移动阅读基地合作，专门提供正版图书阅读内容	▲▲ 全媒体出版版权管理体制；注重版权，实现版权价值最大化	▲▲▲ 图书、报纸、期刊、广播、电视、电影、网络、手机等全媒体出版整合营销	▲▲ 从网络拓展到手机App并占主要业务份额
阅读器生产商——汉王科技股份有限公司	▲▲▲ OCR识别、电子纸等，有多项专利技术	▲ 电纸书	▲ "专注成就精彩，创新引领未来"，成立创新委员会	▲▲ 在中国中央电视台黄金广告时段推销电纸书；全面展开与传统发行渠道——新华书店的合作；占据了国内电子阅读器市场95%的份额	▲▲ "终端+内容"，与各方机构建立紧密的合作关系

注：▲为作者评价的典型创新主体的创新程度。

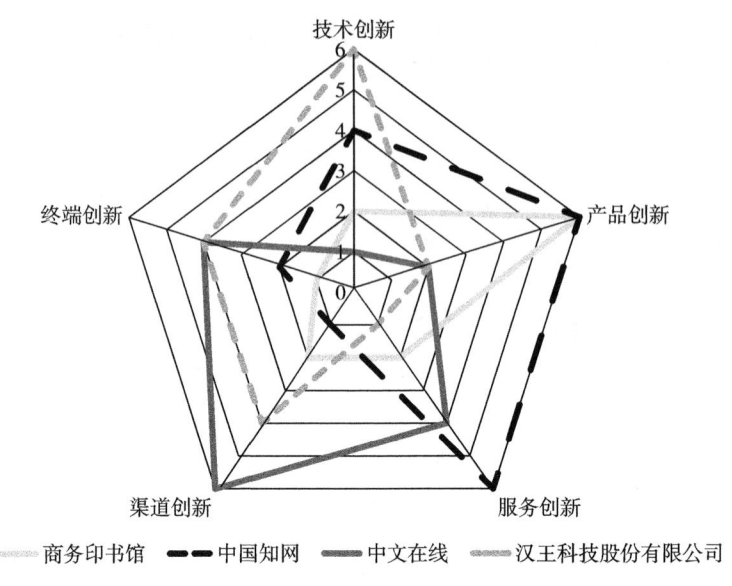

图 2　典型创新主体的创新要素分布

根据图2，数字出版产业中四个类型创新主体的代表性一目了然。商务印书馆在产品创新上更有特色，是传统出版单位使自有品牌资源产品成功实现数字化转型的代表；中国知网在服务创新上表现更为突出，采用一系列信息技术为用户提供多样化的增值服务；中文在线在渠道创新上有特点，全媒体整合营销实现了跨媒体、跨平台、跨界的同一内容同一时间、不同渠道不同载体的产品传播；汉王科技股份有限公司的原始创新技术有助于实现从工业应用领域向文化传播领域的拓展，从终端生产向"终端+内容+渠道"的数字出版产业链全面推进的战略。

三、数字出版产业典型创新模式分析

通过上述分析，可以归纳出以下四种典型的数字出版创新模式。

（一）内容产品主导的创新模式

以传统出版机构为主要代表的创新主体，在从内容提供商向服务提供商转型的过程中，其创新模式可以概括为：以成立专门的数字出版与运营公司的方式，引入社会资本，特别是企业资本，建立全新的运行机制和管理模式，从而实现企业的组织创新。同时，数字出版企业广泛应用数字技术，充分重视技术创新，实现编辑手段、排版技术、印刷工艺和发行手段等的数字化。这些内容提供商面对网络时代用户的新特征，大胆进行服务理念创新，开拓各种渠道，实现从提供产品跃升到提供服务的转型，从而最终提供满足读者各种需求的数字内容产品。内容产品主导的创新模式如图3所示。

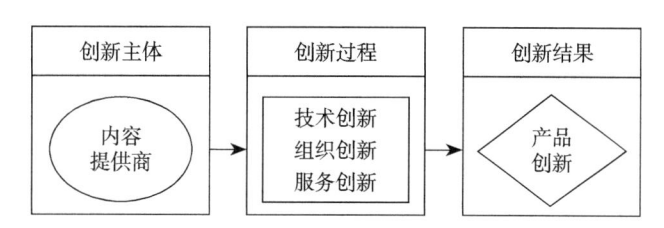

图3　内容产品主导的创新模式

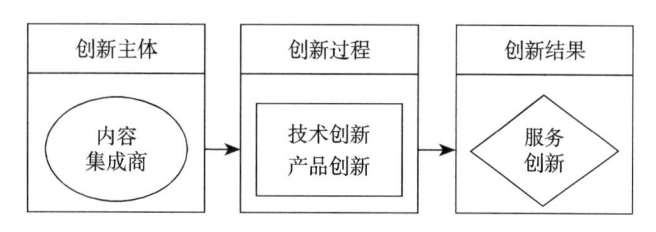

（二）知识增值服务主导的创新模式

以新兴的IT企业为主要代表的内容集成商利用自己在技术上的优势，形成对内容强大的集约整合能力，整合各种内容资源，并对其进行数字化和结构化，通过对内容资产的有效管理，针对不同用户提供具有不同产品形式的高度结构化的数据服务。知识增值服务主导的创新模式如图4所示。

图4　知识增值服务主导的创新模式

（三）版权运营主导的创新模式

以数字出版运营商为代表的新媒体企业，以读者为中心，充分发挥个性化定制、一次创建多次使用、强大而准确的搜索、链接和交互等各种功能，积极拓展对接各种渠道，开展立体营销，通过互联网平台、手机平台、手持阅读器等终端数字设备，建立用户与媒体之间、用户与用户之间的紧密联系，构建立体营销渠道。版权运营主导的创新模式如图5所示。

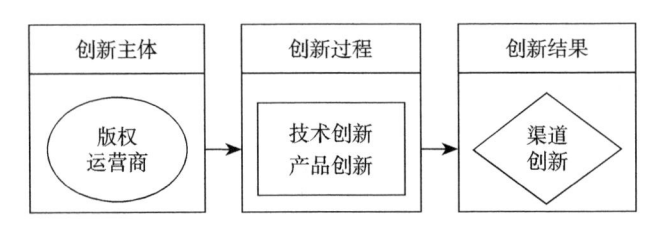

图5　版权运营主导的创新模式

（四）设备生产商主导的"内容＋终端"创新模式

以技术提供商为代表的终端设备生产商充分发挥技术优势，加强集成研发，开展数字产品防盗版技术方面的合作，对数字内容进行统一编码和处理，实现出版物产品数据格式的一致性。同时，广泛结合内容资源，将内容与终端绑定，使终端成为"活"的数字化阅读设备和信息处理终端，进一步增加产品对读者的吸引力。设备生产商主导的"内容＋终端"创新模式如图6所示。

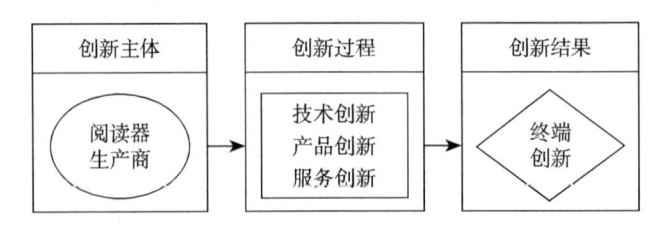

图6　设备生产商主导的"内容＋终端"创新模式

四、数字出版产业未来创新模式展望

（一）数字出版内容平台将成为重要形态

国际上，亚马逊公司、谷歌公司、苹果公司等信息技术领先企业，在数字出版中最明显的表现是建立数字出版内容平台。谷歌公司将开放、共享的理念贯穿于数字出版各项业务，目标是向整个网络开放其图书搜索资源，建立与其他网络服务互联互通的数字出版平台。在国内，随着电纸书毛利降低，汉王科技股份有限公司以汉王书城为基础打造网络数字出版平台，将转型数字出版平台商。北京方正阿帕比技术有限公司、上海盛大网络发展有限公司、移动电信运营商等也在打造"云出版服务平台"。通过这些服务平台，出版单位可以对社内资源加密，并且可以选择发行渠道进行授权、安全分发；运营商也可以打通各种渠道的终端应用，获取出版单位授权的资源进行运营。由于一切流程都通过云出版服务平台进行，所以渠道的销售数据随时被反映在平台上，出版单位可以随时掌握，甚至通过数据挖掘分析用户的查询、点击、购买等行为。因此，数字出版平台将成为未来数字出版产业的重要形态。

（二）数字出版产业链各方呈竞合关系

随着数字内容的融合、行业边界的模糊和信息的充分共享，信息、资源不对称和行业分割的产业链将被彻底打破，以著作权人、内容提供商、内容（信息）服务商、技术（设备）提供商、平台运营商、第三方服务商、内容消费者为相关利益者的产业链正在形成，产业链的每一个环节都面临新的竞争。纵观国内外数字出版市场，如汉王科技股份有限公司等IT企业正力图强势进入并主导内容提供和服务环节，亚马逊公司试图通过终端设备Kindle主导内容、服务、消费的整个产业链，汤姆森学习出版集团、爱思唯尔出版集团等大举进军高附加值的信息服务环节，中国移动通信集团有限公司等电信运营商凭借平台优势进军内容提供和服务领域。产业链各方之间的竞争不可避免，但他们也必须进行合作，数字出版产业链的建设必然是一个多元合作的过程。扬长避短、合纵连横的竞合关系应该是未来数字出版产业发展的理想模式。

（三）数字版权保护与数字资源共享互为补充

在数字出版中实施版权保护的技术措施，在为权利人提供保障的同时，也给合理使用者带来诸多不便；作者在受到严格版权保护的同时，也担心在海量信息中被用户忽略；对内容的严格限制与以共享为特征的互联网精神背道而驰。更为困难的是，没有哪一种版权保护技术是不可被破解的。因此，版权的保护和信息资源共享将会结合，技术和法律互为补充，数字版权保护中个人用户和商业目的的适度区别将成为必然的选择。国际上许多大的数字出版公司已开始尝试在放弃版权保护的同时，转而通过扩大产品的传播度增加在网络广告、无线增值等业务上的收入。未来数字出版创新模式如图7所示。

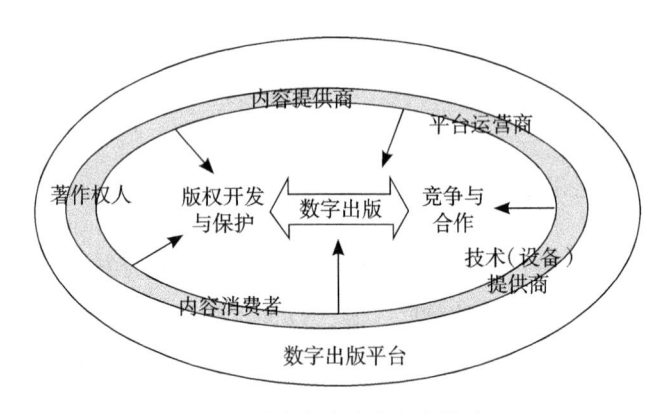

图7 未来数字出版创新模式

五、结语

在数字出版发展中，产业的创新主体对创新要素运用及创新模式选择具有多样性，国际数字出版创新形态对国内数字出版产业的创新具有一定的影响和借鉴价值。由于所处的创新环境和制度的不同，我国数字出版产业的创新模式仍在快速演进中，需要对其继续跟踪观察和评价。

（北京印刷学院新闻出版学院　陈　丹　张志林）

参考文献

[1] NELSON R. Recent evolutionary theorizing about economics change[J]. Journal of Economics Literature，1995（33）：48-90.

[2] 王明明，党志刚，钱坤.产业创新系统模型的构建研究：以中国石化产业创新系统模型为例[J].科学学研究，2009（2）：295-301，201.

[3] 王明明，党志刚，钱坤.产业创新系统模型的构建研究：以中国石化产业创新系统模型为例[J].科学学研究，2009（2）：295-301，201.

[4] 中国科技发展战略研究小组.中国科技发展研究报告2005—2006[M].北京：科学出版社，2006.

[5] 柳斌杰.2011年新闻出版业全力推动八大创新[N].中国新闻出版报，2011-01-12.

出版与科技融合　加快产业转型升级*
——国家数字复合出版系统工程推进转型的路径观察

摘　要：互联网深刻地改变着人类社会的生产方式和产业组织形式，融合创新驱动技术经济方式更迭，出版技术体系进入新一轮范式转换期。国家数字复合出版系统工程采用先进技术，推进产业数字化转型升级，在创新出版方式、提高出版效能、搭建运营平台、服务用户需求，以及开展知识服务、构建出版生态等密切联系的层面，进行整体性部署、融合性实践和创新性探索，体现顶层设计、逐层规划、梯次推进的路径实现特点。

关键词：转型升级；范式转换；复合工程；路径分析

一、出版产业升级范式转换需要强大的技术支撑

（一）出版技术体系进入新一轮范式转换期

科技创新驱动产业转型升级是一种国际性的趋势，产业升级包括产品升级、效率提升和活动转换，体现为工艺流程、产品形态、产品功能和产业链条等的升级[1]。技术进步带来了媒介技术的趋同，技术趋同又促进不同类型媒介之间功能的交叉渗透，同时还促进着媒介自身的结构调整。纵观国内外传媒业，互联网信息技术毫不例外地促使其进行结构调整，实现产业升级。按照国家对传统媒体和新兴媒体融合发展的要求，2015年，国家新闻出版广电总局和财政部

---

* 本文原载《科技与出版》2015年第8期，在撰写过程中得到国家数字复合出版系统工程技术总监、高级工程师孙卫的帮助，特此致谢。

印发了《关于推动传统出版和新兴出版融合发展的指导意见》，提出"内容建设为根本，充分运用新技术，创新出版方式、提高出版效能，进一步掌握网络空间话语权，进一步提高出版业的影响力、传播力和竞争实力"。

出版物生产流通的技术包括编辑技术、复制技术、提供复制介质的技术及传播技术等方面的内容，技术构成要素相互渗透、相互作用，随着人类科技进步而不断更新，成为由多个技术集合而形成的出版技术体系[2]。出版技术体系首先表现为物化的工具、机器设备等物资装备；其次体现为组织生产的工艺流程规范和标准体系等；最后凸显为网络形态的软件、系统和平台开始替代传统的工具和装备，以及适应出版业数字化、网络化的现代信息组织理念和管理水平。以1985年激光照排系统通过国家鉴定为标志，出版业与计算机、通信、影视、广告、金融等行业不断融合，出版技术体系向信息化、网络化、智能化、社区化的方向发展，不仅促进了出版产业建立起全新的组织形式，而且增强了用户对高品质出版内容生产传播数字化、移动化、实时化、体验化、定制化的意识与需求。

技术经济范式理论认为，由各种相互关联的技术组成的主导技术群，构成不同时代经济增长的技术基础，它随着科技的发展而发生变化，导致一国乃至世界范围的技术经济范式更迭[3]。从古代的甲骨、简牍到近代的雕版、活字铅排，再到计算机、互联网在出版业的应用，出版技术随着经济、社会发展进行着范式转换。出版范式转换可被概括为从"告别铅与火，迎来光与电"的模拟与数字技术范式转换，到当下"走进0和1，融入数与网"的实虚互联、共享互通的技术范式转换。尤其是后者体现的范式转换，正处在推进出版产业结构调整和转型升级的重要阶段。

与工业时代产业升级路径不同，基于互联网基础设施的出版业转型升级，表现为信息技术的价值链重构，以及价值创造环节的再造。出版企业逐渐应用新型的互联网复合采编体系、协同编纂体系、运营服务支撑体系、知识服务应用体系等，形成不同于工业时代的产业升级模式[4]。新一轮的出版范式转换表现出以下动向：一是从产业纵向提升转向基于网络化、智能化的产业跨界融合重组。互联网信息技术的高倍增性、强渗透性和深度关联性，催生数字出版技术与传统出版深度融合，出版业与相关产业的跨界融合。二是出版业竞争的制高点将是数据和平台，拥有创新能力的平台型、社区型企业正在主导形成新的出版产业生态系统。以大数据和社区化为标志的出版平台产业生态，既大大拓展了传统出版转型升级的边界，又有力地推动了出版产业的集群升级。三是出现以产业价值链重构为核心的企业重组升级模式。这些动向有些已被看得很清楚，有些还需要深入观察。

（二）出版产业转型升级需要技术体系的强大支撑

产业转型升级的关键举措是掌握先进生产力，在引进先进技术的基础上消化吸收，并加以研究、改进和创新，建立属于自己的技术体系。在这一方面，出版行业有清晰的认识，并矢志不移地加以推进。人民日报社、中国日报社、高等教育出版社、人民卫生出版社、知识产权出版社、人民法院出版社等一些出版单位，较早推进了出版技术范式的转换，成效较明显。实际上，一些数字出版技术以工具、系统甚至平台的形式，已经渗透到领域的业务流程。但总体来看，出版行业系统研发能力较薄弱，平台系统不完备，有的系统购买后使用价值不大；开发的系统技术上相互封闭，难以对接；有的功能单一，支持产品类型局限性大；有的资源库简单，不能实现知识的关联，加密技术太弱[5]。目前，传统出版单位利用新技术的能力还比较弱，相关的财政项目完成还没有量化评价，成果转化与生产力的衔接还没有及时到位见到成效，转型升级的措施尤为必要，任务尤为紧迫[6]。

当今，在以云计算、大数据、移动互联网、物联网为代表的信息时代，我国出版业要跟上世界先进国家发展的步伐，需要解决转型升级中遇到的体制机制、商业模式、标准、资本、用户、人才等诸多短板问题，尤其是补齐互联网信息技术这一最关键、最重要的短板，需要建设强大的技术装备体系，为出版行业的范式转换提供强大的技术支撑。

二、复合出版科技工程加快出版转型路径观察

国家数字复合出版系统工程（以下简称"复合工程"）是出版行业最重要的科技创新工程，旨在研发具有自主知识产权、世界一流的系列化重大技术装备，推进传统出版和新兴出版融合发展，推动出版产业转型升级[7]。笔者有幸参加复合工程的方案修订，参与了方案实施的科学性、实用性与可推广性的研究评审活动。笔者认为，复合工程担当了促进新一轮出版范式转换的大任，在创新出版方式、提高出版效能层面的技术支撑，搭建运营平台、服务用户需求层面的技术支持，以及开展知识服务、构建出版生态的技术探索等三个相互衔接、逐层递进的层面，具有整体性部署、创新性探索和前瞻性思考。

（一）创新出版方式、提高出版效能层面的技术支撑

1. 支撑出版业务的过程整合

互联网信息技术带来的影响在出版过程前端、中端及后端等方面全面展开。目前，出版单位存在的普遍现象有：不同出版单位的编辑和审校业务流程，同一出版单位不同产品生产的业务流程，以及纸媒产品和数媒产品生产的业务流程等，未能有效整合和融合；采编系统与相关的编辑工具软件，与内容资源管理系统的衔接不紧密；采编系统应用不够友好等。这些情况导致内容生产效率低，出版周期长，产品复用率低，生产成本高。

相比传统出版，数字环境中出版的信息采集、价值判断、素材筛选、制作加工及发布传播等环节并没有改变。复合工程着重提高出版的效能，将传统出版的离散过程集成为一体，即支撑出版流程的数字化、网络化，实现复合、协同采编，统一资源管理等高级应用。一方面，面向单体图书社、报社和刊社，研发满足通用需求的三类复合采编系统。围绕数字内容这一核心资源，通过优化出版的生产链，进行多形式、多方式、多格式、多样式的加工处理，使出版内容适应数字环境下的应用。另一方面，面向出版业分布式的业务单元，研发

书刊协同、报业协同的工作平台系统。搭建跨地域、跨媒体、多岗位、出版单位内外协作的协同采编系统，实现基于云平台的一体化新闻稿件采编处理、辞书工具书编纂等；实现数据共享、多岗位协作选题与专题联合报道；实现广告资源共享、发行及物流资源、全媒体受众资源共享；实现与网络化印刷工作流程、多渠道发布系统的衔接等。这两类技术系统的研发在提高出版效能方面将发挥支撑性作用。

2. 研发编辑制作的相关工具

复合工程研发相关的编辑制作工具，为新媒体采编提供便捷的操作工具，以弥补传统采编系统采集和处理素材能力、工具应用能力的不足，提高内容生产效率和内容质量，节约数字出版成本。一是编辑工具包，包括版面理解技术、编辑工具集和 XML 编辑工具集，帮助作者和编辑更加高效地完成稿件创作、编辑等工作；二是 XML 排版系统，为 XML 结构化复合文档套用统一的版式模板，不但能实现自动化排版和组刊、组稿，还能在自动排版的基础上做精细的调整；三是富媒体电子书制作工具，制作、管理和发布富媒体互动电子书，让读者有更佳的阅读体验并辅助出版单位的决策工作；四是智能检校系统，为管理机构、出版单位及用户提供方便的出版物内容校检辅助服务。

3. 促进出版方式的变革创新

复合工程支撑业务流程的整合，不是简单堆砌，而是产生系统新质，表现在以下三个方面。

（1）从"种册件"管理到素材碎片化的全媒体资源管理。复合工程中的全媒体资源管理系统研制具有自主知识产权的复合出版资源基础管理装备，帮助出版单位清晰地梳理和甄别有运营价值的全媒体资源，并有针对性地进行管理。出版单位开展的数字出版工作，是从存量资源的数字化加工开始的，将种册件的成品内容碎片结构化，同时增量资源一起进入内容的拆分标引。拆分标引的图文声像影、动画、脚本软件等素材，按照标准规范建立内在的关联，进入全媒体资源管理系统。这个系统是整个生产流程的资源存储管理中心，为出版单位的资源长期保存，资源检索、加工、发布、服务提供数据支撑，实现产品复用、内容动态重组，满足用户对内容的个性化需求，进而提高出版的效能。

（2）解决"样书—库存"的版权与版权资产管理。目前，出版单位的信息化管理应用中还缺乏相对成熟、专业的版权信息和版权资产管理系统。复合工程中的版权和版权资产管理系统，一方面帮助出版单位管理版权信息，并甄别可运作版权中的优质资源，进行规范化管理和精细化运营；另一方面解决"样书—库存"的问题。纸质出版物的运输仓储环节对用户阅读出版物来说没有增值。现在，用户通过各种途径检索到需要的样书电子版，进行查询甚至试读，确定要购买下单后，出版单位再从全媒体资源管理系统中调用文件，实现数字化购买或者按需打印购买，调用文件的版权状况信息由版权资产管理系统提供，这样也提高了出版效能。

（3）支持多类型复合产品的生产应用。传统出版中，出版物是纸质或者封装的，难以实现复用和交互。复合工程支持复合型产品的生产，且产品种类形态不断增加。例如，主要用于教育和少儿出版领域的互动型产品，主要用于教育和专业出版领域的复用、动态重组型产品，主要用于工具书、专业出版领域的需要理解用户行为的知识工具型产品，主要用于报业领域的全媒体信息采编发布产品，还有少数民族文字的双语甚至多语种数字化出版物等。

（二）搭建运营平台、服务用户需求层面的技术支持

复合工程的用户需求既包括终端消费者，也包括出版机构和行业。复合工程研发了出版社服务运营系统，以及打通出版产业链的各种应用系统，为改变出版社市场主导的弱势地位提供服务用户需求的技术支持。

1. 研发出版机构服务运营系统，提升自主能力

大部分出版单位缺乏数字出版运营支撑平台。虽然出版单位努力通过发行

销售、微博、微信、电商、专业数据公司等多渠道收集用户信息，但受技术和运营能力的限制，缺乏用户的多方位属性和行为数据。因此，在加强与用户的互动沟通，挖掘新的产品和盈利点，进行选题策划、产品优化，实现精准营销方面非常困难。复合工程的出版机构服务运营系统搭建出版单位自主运营的数字出版平台，支持面向多终端的展示服务，方便用户浏览、购买、使用各种形态数字产品；支持出版单位运营数据采集和用户访问数据的收集、统计与分析，为出版单位"优化选题、优化产品结构、优化面向用户的精准服务"的"三个优化"提供数据积累和数据分析的支持。

2. 研发外源数据分析系统，辅助出版决策

满足"三个优化"的数据支持，是传统出版的薄弱之处。近年来，这个不足导致传统出版社遭遇营销需求下降、图书库存积压等严重问题。虽然出版业对大数据技术应用及出版舆情的分析研究起步较晚，但需求强烈，可靠数据的供给和决策分析能力受到业界瞩目。除了自身服务运营产生的内源数据外，出版单位还需要尽可能地采集外源、多路数据，因为有了内外源数据的聚合分析，才能较为完整地实现对"三个优化"的数据支持。复合工程借助云计算、大数据技术，通过对外源数据信息的采集分析，辅助出版单位"三个优化"的研判和决策。一是图书选题及发行分析系统，旨在及时了解产品的市场反应和评价，聚焦特定出版领域或相关出版事件的发展动态和趋势，实时抓取读者、媒体及业内专家等的反馈信息，为后期生产计划的制订和出版战略部署提供参考；二是新闻内容选题及评价系统，旨在为报业提供新闻报道选题策划、报送和审批的数据与信息支撑，为新闻产品和报道内容的评价、传播效果的监测及绩效考核提供有效支撑；三是出版信息采集及策划服务系统，旨在通过购买学术期刊、硕士和博士学位论文、会议论文、图书等数据库资源服务，与图书馆馆藏资源、出版单位的书目资源相结合，进行读者行为分析、选题策划、印数、出版物营销等辅助决策；四是全文相似性分析系统，旨在为专业、教育和学术期刊等的编辑提供学术出版内容质量保证的相似性辅助分析服务，对学术不端、写作不规范或使用未授权内容等进行重点把控。上述系统的应用将极大提高出版单位的选题质量和出版决策水平。

3. 提升服务品质，研发多种服务应用

在面向终端用户的运营服务过程中，研发相关系统支持整个产业链的信息贯通、业务增值及与其他领域的数据交换与共享。一是复合出版数据传递系统，旨在依据国家和行业相关标准及参考国际标准，采集贯穿出版物生命周期的传统图书、数字图书和音像电子出版物的元数据，提供数据传递服务和数据转换工具，解决上下游出版数据信息的共享，支持全产业链的数据传递。二是数字资源标识管理与解析服务系统，旨在为作者、读者和出版者提供数字资源应用的服务便利。作者可以利用数字资源标识服务引用参考资料，读者可以在互联网环境下找到相应的数字资源，出版单位可以利用该系统验证已经获得数字资源标识的内容是否存在，提高参考资料引用的准确率。三是文件分发与按需印刷系统，将按需出版与按需印刷融为一体，旨在解决库存、退货及坏账等困扰出版单位的三大难题。为上游出版单位实现出版零库存、减少印刷浪费；为用户提供短版书、断版书就近印刷和配送服务；为下游印刷点带来印刷业务，实现出版生态链的信息流、数据流、业务流、物流安全管理，实现绿色环保印刷。四是多形态广告发布系统，旨在为出版广告业务提供一种便捷的管理工具及工作方法，帮助出版单位更好、更高效地管理其广告机构，提高广告经营收入，提升出版单位的品牌。

（三）开展知识服务，构建出版生态层面的技术探索

复合工程所研发的知识服务辅助工具和管理系统，是出版技术体系范式转换更高级的应用形式。

在互联网信息技术引领产业及创新生态系统重构的热点驱动下，知识资源服务展现出广阔的市场前景。在专业出版、工具书出版、教育出版等领域，沉淀并继续生产着大量的非结构化专门知识,现有的出版生产服务模式仅能提供信息文献查询服务,无法满足用户知识消费的更高需求。因此,充分发挥出版内容资源优势,将新闻出版业内的非结构化数据知识转化为计算机可以识别、理解和处理的结构化数据知识,基于高质量内容资源的知识挖掘与知识汇聚,提供按需、可信、规范的知识服务,这对整个产业的未来发展具有决定性影响。基于语义的信息组织和按需重组的知识服务,有别于"篇章节段"的传统出版内容组织形式,为探索基于"知识、思想、话题"的出版新业态开辟了更广阔的出版产业领域。构建知识服务新模式,实现内容资源的知识价值提升,将树起整个出版产业转型升级的新标杆。

复合工程中有开展知识服务探索的两个创新技术研发包。一是领域词表构建与管理系统,主要借鉴主题词表构建的方法和相关标准,为出版单位提供领域专业词表构建所需的辅助工具,支持领域专业词表的协同编纂工作;二是领域本体构建与管理系统,针对数字出版知识服务的需要,利用知识主题或领域本体对数字内容进行结构化组织管理,同步生成"多种媒体、多种形式、多种渠道"的成品,快速形成不同表现形式和内容的产品及服务。与两个创新技术研发包连接的是内容动态重组系统。该系统基于知识组织和规则,旨在将碎片化的素材进行关联,快速完成个性化产品内容的生成,从而缩短出版周期,为读者提供个性化服务。复合工程开展的创新技术包和内容动态重组系统的研发,将为新闻出版行业进一步开展数字内容资源知识服务模式的探索提供先期试验,为出版生态的构建积累技术资本。

三、展望

产业升级与技术经济范式转换有密切的联系。复合工程"以技术应用推动需求实现,以行业需求引领技术应用",在研发思路上凸显求实创新的特点:整合市场上已有的成熟技术,改造升级正在使用的现有技术,研发面向行业未来发展需求的创新技术，从而形成三个相互联系的技术集合与应用层级。首先，瞄准数字化出版的复合采编、资源管理、制作加工、多元发布、运营服务等各环节，实现技术在出版业务全流程的覆盖，重点解决提高出版效能问题；其次，根据网络形态的软件、系统和平台快速取代传统工具、单一装备的现实，加大内源数据积累和外源数据汇集，弥补传统出版数据应用的短板，重点提升产品供给的多样性、便捷性、针对性和丰裕性，实现复合出版产品的增值服务；最后，把握技术引领产业及创新生态系统重构的趋势，着手研发满足用户高级消费需求的知识服务辅助工具系统，试验知识服务的主题词表、领域本体构建的规则和工具，为面向未来提升内容资源知识价值的知识服务提供技术探索。

复合工程已经进入研发迭代的阶段，它所体现的助力出版转型升级的作用正在凸显，它所承担的推进出版技术范式转换的重任也将持续开展。

（北京印刷学院新闻出版学院　张志林）

参考文献

[1] 胡列曲. 波特的竞争优势理论述评 [J]. 经济问题探索，2004（12）：21-23，137.

[2] 匡导球. 中国出版技术体系及其发展历程 [J]. 南京社会科学，2009（6）：61-67.

[3] 眭纪刚. 结构调整、范式转换与"第三次工业革命" [J]. 中国科学院院刊，2014（6）：723-732.

[4] 封卫强. 以价值创造为导向的现代产业价值链重构 [J]. 商业经济研究，2015（8）：127-128.

[5] 杨西京. 如何推进传统出版与新媒体融合发展 [J]. 科技与出版，2014（11）：8-10.

[6] 张新新. 融合发展的现状认知与路径思考：以传统出版单位为视角 [J]. 科技与出版，2015（5）：18-21.

[7] 刘成勇. 实施创新驱动　推动转型升级　实现融合发展：国家数字复合出版系统工程总体架构 [J]. 科技与出版，2014（11）：3-7.

大数据驱动的出版业供给侧结构性改革探索实践 *
——以人民邮电出版社"以销定产"按需出版为例

摘 要：提高供给体系质量是新时代高质量发展阶段的主攻方向。人民邮电出版社基于大数据驱动的供给侧结构性改革，以转变出版观念、转变效益计算方式、转变管理理念和方式为改革关键，构建"以销定产"按需出版的生产经营模式，破除图书出版中的"三高一低不环保"顽疾，是提高供给体系质量的成功探索，为传统出版与新兴出版融合发展提供了新鲜经验。

关键词：出版业供给侧结构性改革；三个转变；数据驱动；以销定产

党的十九大报告指出，"必须坚持质量第一、效益优先，以供给侧结构性改革为主线，推动经济发展质量变革、效率变革、动力变革"，把提高供给体系质量作为主攻方向。2017 年年底召开的中央经济工作会议明确，"中国特色社会主义进入了新时代，我国经济发展也进入了新时代，基本特征就是我国经济已由高速增长阶段转向高质量发展阶段"。在新时代，先进文化越来越成为民族凝聚力和创造力的重要源泉，成为综合国力竞争的重要因素与经济社会发展的重要支撑，深化供给侧结构性改革的重点任务也给出版业转型升级、融合发展指明了着力的方向。出版业要满足人民对美好生活的需要，就要从供给侧入手调整供给结构，提升产品品质，丰富产品品类，降低生产消耗，加快资金周转，精准服务用户。

---

* 本文原载《中国出版》2018 年第 14 期，系国家新闻出版广电总局"新闻出版领域关键技术应用研究与服务综合实验室"及"跨媒体出版北京市重点实验"建设研究成果之一。

人民邮电出版社积极响应出版业转型升级融合发展的时代要求，结合自身实际，在应用新技术提高出版效能、丰富产品形态、创新出版经营模式上大胆实践探索。其中，以数据驱动构建的新型生产经营体系，采取出版社先行投入与项目扶持相结合的方式，仅用3年时间部署完成了2016年中央文化企业国有资本经营预算支持项目"基于大数据的专业出版经营模式创新示范"，在传统出版实现"以销定产"按需出版（POD）模式上取得突破，实现供给侧结构性改革的新迈进。该社的成功实践值得业界关注和借鉴。

一、提高供给体系质量，破解图书出版"三高一低不环保"顽疾

出版行业在推进供给侧结构性改革、数字化转型发展中，通过数字化、信息化技术支撑，不断克服粗放式图书生产经营弊端，打通、整合、分析、决策与生产相关的各方数据，实现以销定产、按需出版生产经营模式，成为企业发挥出版最优效应的努力方向。

（一）出版业供给侧现存的"三高一低不环保"顽疾

改革开放以来，我国出版行业发展迅猛，图书品种总数逐年增多，图书市场的小众化、多元化趋势日益明显。根据2010—2016年的全国新闻出版业基本情况报告，图书出版品种增长很快，2016年图书品种接近50万种，这表明我国已经是名副其实的图书出版大国。但是，在图书品种屡创新高的背后，依然存在单品平均效益持续下滑、单品销量持续减少及整个产业链沉重的库存压力，传统出版面临的产能过剩、库存过大、周转过慢的发展难题尚未解决，印刷生产中的环保要求也日益严格。

在图书品种得到极大丰富的今天，如果不研究用户市场数据，仍然坚守"以产定销、试错式出版"的经营模式，那么必将造成"大品种、大铺货、大库存、

大退货、大报废"的后果。库存周转缓慢、报废率高，品种规模型增长模式带来资源的极大浪费，是出版业供给侧结构性改革必须破解的难题。

从目前图书市场可见，图书市场热点流转加快，实体书店受物理空间的限制，专业性较强的小众内容图书难以有效出版传播。由于起印量限制，迫使达不到起印量的图书靠增加印量的方式印刷，因此造成占用库存时间长、仓储周转缓慢。图书印刷的环保要求日益提高，环保法律执行力度加强，印刷生产过程中排放的挥发性有机物（VOCs）是污染治理的重点之一。急剧膨胀的库存负荷，不仅占用出版社资金，而且涉及资源消耗、环境保护等社会影响问题。退货率居高不下，靠人工估算的图书印制数量与产品的实际动销难以匹配，影响出版社的现金流转。同时，图书退货清点、打包发运也消耗图书销售者的人财物力。图书库存报废现象普遍，小众专业图书库存三年就会被清除化浆的情况屡屡出现，这既不能满足小众用户的长尾需求，又带来资源劳力的耗费，还吞噬着出版社日渐摊薄的利润。

图书生产中存在的"三高一低不环保"（高库存、高退货、高报废、低周转率、影响环保）弊端困扰着大多数出版社，使其面临巨大的生存压力，难以支撑整个行业的可持续发展。图书出版暴露的问题正日益制约我国出版业的健康可持续发展。出版业亟待破除影响全行业健康发展的顽疾，尽快探寻从高速增长到高质量发展的改革路径。

（二）技术进步为出版业供给侧结构性改革提供机遇

内容产品生产和新技术的结合程度，体现出版企业转型的深度、广度和速度。当今移动互联网、大数据、人工智能的深入应用及印刷技术的进步，为出版数字化转型升级提供了良好的发展机遇。

互联网应用的普及和带宽提速使信息能够快速、高效流通，出版社能够以可承受的价格获取用户的阅读消费信息。现代通信技术能够使图书生产和消费两端采用图文、音视频等方式，针对每一个品种、版次进行无障碍的沟通，实现每一个单品的生产优化。数码印刷技术的飞速发展能够打破传统印刷对起印数的限制，在小批量生产方式上凸显成本优势，充分地满足个性化印制需求。采用智能数据分析技术，通过系统平台将出版社与作者、用户、市场、印刷厂等参与者连接起来，用精确到具体单品的销售情况和用户阅读行为数据指导图书选题及按需印装等服务，使出版企业能够在激烈的市场竞争中提升自己的核心竞争力。

（三）"三个转变"是人民邮电出版社供给侧结构性改革成功的关键

人民邮电出版社紧紧抓住难得的发展机遇，通过构建系统软件平台和引进POD生产设备，大力推进"三个转变"，即出版观念的转变、效益计算方式的转变及管理理念和方式的转变，增强自身实力。

纵观全球数字出版按需印刷的快速发展趋势，人民邮电出版社的管理者清楚地认识到，图书的版权购买、制作加工、销售推广、阅读服务等所有环节都将发生改变，将会带来出版社的专业分工、组织结构的深度调整；全球出现的按需出版、自助出版、个性化出版等新形态，将会造成出版资源重新洗牌。在这样的判断下，该社确定转变传统出版经营的思路，积极融入互联网产业环境，投入以数字印刷为特点的专业数字出版实践，寻找专业社供给侧结构性改革的突破口。

二、智能化大数据云平台助力人民邮电出版社"以销定产"

基于大数据的专业出版经营模式创新示范项目是在升级原有编辑、印制、发行等系统的基础上，研发建立的以市场用户需求数据驱动的编辑生产发行平台。该项目的近期目标是构建精准的图书印数决策体系，提高出版社图书印数的准确性，实现有效降低库存、减少报废；中期目标是以协同编撰系统和数字资源管理平台为核心，通过数据中心搭建智能化的按需生产管理系统，打破出版社、排版公司、印刷厂之间的信息化壁垒，实现图书的按需生产；远期目标是建成以用户需求为起点、产需密切互动的柔性化生产和供应链协同的新型图书生产经营体系。大数据驱动的小规模、定制化"以销定产"，破解了图书出版顽疾，提高了产品与服务的技术含量，重构了出版印刷产业链，使出版社回到市场原点。

（一）驱动"以销定产"的大数据云平台架构

智能化大数据云平台包含五个部分，即用户管理与大数据营销平台、印数决策支持系统、按需生产印务管理系统、生产支撑系统及供应链协同管理系统，以用户管理与大数据营销平台为主要支撑，打通平台与出版社原有 ERP 系统、发行系统的数据连接，完成各个子系统的具体建设任务。

2015 年，云计算、移动互联网、大数据等新技术迅速大规模地被投入商用，从根本上改变了原来的网络服务开发运营模式。人民邮电出版社及时调整项目的立项实施方案，遵循"互联网+"出版的发展思路，使平台建设既能顺应技术发展的主流趋势，又能为新的功能开发和平台升级打好基础。驱动"以销定产"的大数据云平台架构如图 1 所示。

在这个智能化大数据云平台中，用户管理与大数据营销平台是关键，它包括日常运营监控模块、生产经营分析模块、图书产品库、数字资源云管理、云码中心、官网运营管理、微信运营管理、云课中心及报表系统等，搜集分析网店、社区、书店、馆配、学习平台及第三方等各方数据，通过对用户、产品、交易、营销、流程、内容等数据的整合挖掘，实现与原有多个系统的互联互通，为出版社图书的印数决策、选题策划决策、营销决策等提供数据化的分析依据，形成"用户—需求—产品—服务—用户"的闭环，提高生产经营决策的准确性，并实现对用户的分类管理。

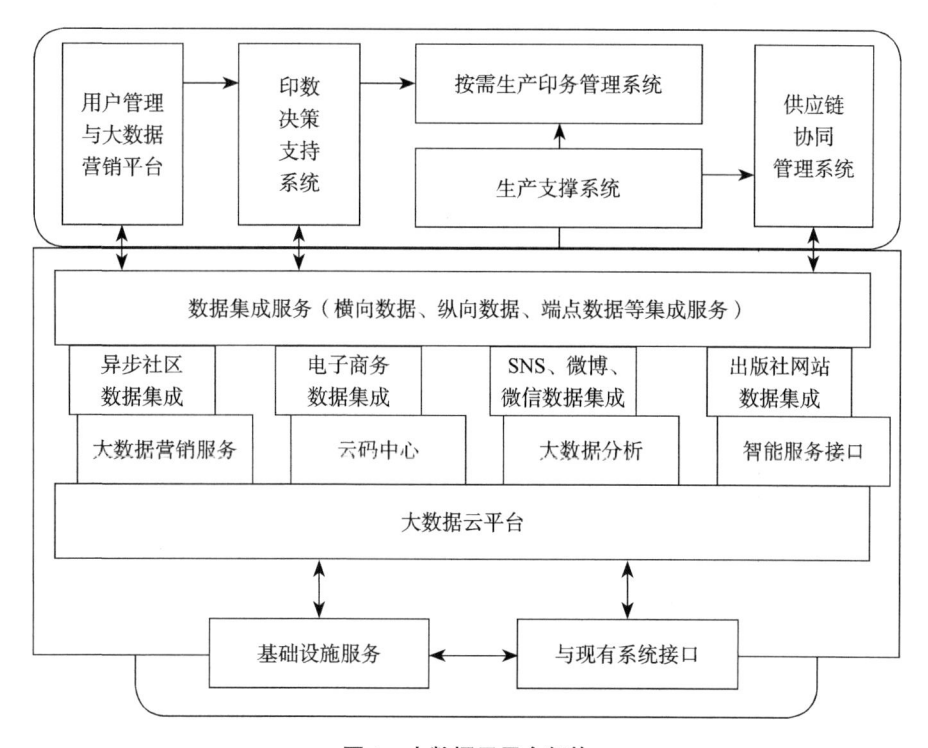

图 1　大数据云平台架构

生产支撑系统采用社会化生产支撑方式，和定点企业合作，建设数码印刷生产体系。出版社投入高速喷墨数字轮转印刷生产线，合作印装企业投入场地、辅助设备、运营人员。这种生产模式不仅大幅度削减投资设备带来的运营风险，而且借助合作印装企业的专业化生产管理有效控制降低生产成本，提升数码印刷品质。

按需生产印务管理系统是在已有 ERP 系统的基础上，对相关模块进行优化。一是优化出版管理模块，包括增加数码印刷信息管理功能，印制专员通过数码印刷预算对图书的印装成本、纸张材料成本等进行核算记录，提供基础数据支持；优化重印生产流程，缩短重印书生产流程，重印书数据由发行经营部发起直接到印制部，并取消单色书重印样书环节，进一步提高生产效率；纸张、成品尺寸标准化，统一图书纸张、尺寸标准，实现数码印刷生产线设备产能的最大化。二是优化数据资源管理系统，将编辑部门、排版企业及印装合作企业等连接起来，当稿件审校确认无误后，排版企业将完成排版文件上传至印务管理系统，印制专员也将按需生产印务管理信息同步进来。印装合作企业经系统授权后下载生产文件，进行图书印制装订。数据资源管理系统对全部图书文件按照用途分类存储，以便后期开展数字出版、数字化生产营销使用。三是优化系统权限管理。为合作印刷厂开放生产文件下载端口及印制材料管理，实现数码印刷纸张的进销存线上管理。

基于国家标准，供应链协同管理系统建立了出版社产品、营销、物流、交易等信息的交换规则，包括B2B电子商务平台，增强平台的简洁易用快速敏捷性，提高与经销商、物流公司等系统接口的兼容性；优化B2C网店，建立面向2C的物流模式，实现平台店、社群电商订单的本地化管理及信息交换，不断提高发行效率；改造升级仓储物流系统，围绕库房软硬件信息化改造，升级ERP系统，实现产品入库、出库与印厂、供应链系统的信息交换，提高图书仓储、发货退货管理的效率。

运行大数据云平台提高了出版社图书印数的准确性，有效实现了降低库存、减少报废的目标，在图书印数的精准决策方面取得良好效果。

（二）数据驱动的"以销定产"取得实质性进展

云平台建立了用户、渠道、产品、生产、供应等环节的良性互动，提升用户体验，快速响应用户需求，提高决策效率和运营质量。基于数据驱动的生产经营模式推动了数字化新型图书出版经营模式的创新，取得了令人信服的成绩。

2015年，人民邮电出版社采用POD方式印刷的图书品种只有5%，2017年的图书品种上升到40%以上。中国工信出版传媒集团有限责任公司提出，"十三五"期间图书印刷单色总印张40%以上采用按需印刷模式生产，但是该社的POD品种、POD单色品种、POD单色码洋的增长都十分抢眼，图书平均印数超过500册（见图2）。

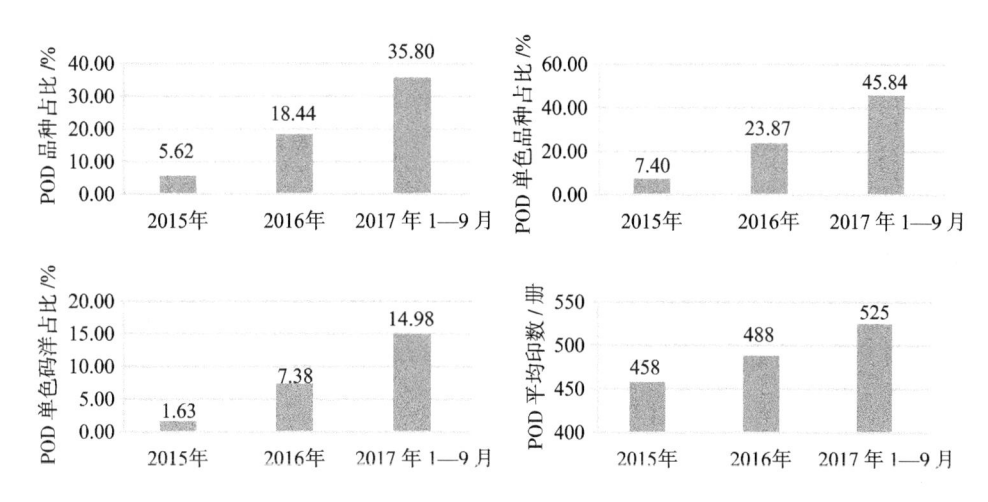

图2　2015—2017年POD单色品种、单色码洋、平均印数等比较

生产数据显示，2017年人民邮电出版社数码生产线累计生产图书2918种、176.87万册、3681.3万印张；目前稳定运行速度为每天15.7万印张。2017年采用POD方式共生产图书5092种次。其中，300册以下的图书1798种次，占35.31%；500册以下的图书3278种次，占64.38%；800册以下的图书4512种次，占88.61%。数码印刷生产结构满足了专业图书小众为主的市场需求，生产经营模式清晰，市场前景良好。

三、大数据云平台为供给侧结构性改革提供强大支撑

人民邮电出版社图书生产经营在总体运转良好的基础上，通过智能化大数据云平台激活断版图书、减少报废码洋、减少库房租金、降低资金成本，生产销售整体业绩十分突出。

（一）"以销定产"破除传统出版顽疾收效明显

大数据驱动"以销定产"POD的实施，为人民邮电出版社的供给侧结构性

改革提供了强大支撑。供货率明显提高，保证了长尾品种的供应，对京东、当当等电商平台订单的满足率大幅度提高；断版书大量复活，单品500册以下的图书年生产码洋超过6000万元；图书产品生命周期明显延长，图书重印率由47.7%提高到近70%；年图书销售码洋实现两位数增长的同时，图书报废码洋大幅度减少，报废率从10%下降到5.7%；库存周转率明显上升，图书销售与库存之比由每年1.9次提高到每年3次，创历史新高。平台上线运行，2018年实现生产6000万印张，通过连线优化配置在现有生产线条件下还可实现8000万印张/年。

（二）"以销定产"生产经营模式创新效果显著

对照破除"三高一低不环保"顽疾的供给侧结构性改革目标，以数据驱动、POD为支点的"以销定产"模式带来了可观的改革业绩。

从经济收益上看，以20%成本率计，每年减少图书报废码洋5000万元，可减少报废损失1000万元；复活断版书带来销售码洋5000万元，可增加销售收益1000万元；库存周转率由不足2次提高到3次，可减少库存码洋2亿元。以3%资金收益率计，每年减少资金占用4000万元，可节省资金成本120万元。库存下降可减少仓储面积1万平方米，按照每天每平方米0.8元的市场价格计算，每年可节省仓储费用200万元以上。由于库存下降和信息化水平的提高，可减少部分储运用工，每年可节省人工成本40万元。通过数据驱动的"以销定产"供给侧结构性改革，人民邮电出版社以节流的方式每年可增加经济效益2460万元，扣除损耗，增效也在2000万元以上。

企业生产经营流程变革大大提升了用户服务能力。为了实现数据驱动的"以销定产"模式创新目标，人民邮电出版社由社领导牵头，形成由信息技术部、经营财务部、经营管理部、发行经营部、印制业务部及市场部等六个部门参与的协同创新机制，尤其是发行和印制部门参加POD业务流程重组的积极性高涨，在信息技术部总体协调下参与产品设计、自主系统开发、快速迭代实施。

企业内外合作分工，为出版社探索将读者变为用户的发展模式做好平台和内容生产准备，提升了技术能力和运营服务能力建设质量。

建立全产业链的线上线下（O2O）合作共赢模式。上游出版社连接图书出版产业链上的各个参与者，整合汇集大数据驱动的需求、内容、生产、产品和营销等数据，拓宽了出版社、排版公司、印装企业之间的信息化连接方式，以出版社数字资源管理平台为核心，使印刷领域推广的"按需印刷"有了切实的图书生产应用场景；使图书电商平台增加长尾图书的供给品种量，延长图书的生命周期；使用户能够获得更广泛的阅读品种，尤其是专业性小受众的图书品种选择性得到大大提升；使社内各部门的产品生产业务流程更加合理顺畅。

该社的一个重要收获是，在大数据平台功能升级、新功能开发、云码中心、微信运营推广中，锻炼和培养了一支有较高思想文化素养、懂市场、懂出版、懂技术、懂经营的年轻的复合型人才队伍，为该社的传统出版与新兴出版融合发展注入不竭动力。

中国工信出版传媒集团有限责任公司决定，2018年在集团下属出版社全面推广人民邮电出版社数据驱动的"以销定产"按需出版生产经营模式，全面提升图书生产经营模式的供给侧结构性改革水平。

四、对出版企业供给侧结构性改革的启示

（一）出版业供给侧结构性改革探索有多种途径

对出版社来说，强调供给侧结构性改革，创新出版方式、调整生产结构、提高出版效能有多种途径。一是面向内容资源，开辟数字化产品生产传播方向，指引出版社规划盘活存量资产、有序加工增量资源，形成自有知识产权的可标引、可重组、可复用的多媒体数字资源库，进而实现产品多样化和用户服务增值化。二是面向纸书生产，利用信息化技术手段，打通制约出版印刷链条上的梗阻环节，以销定产、按需产销，实现提质增效的目标。三是开发融合出版物新品种，通过

标准和链接技术打通线上线下，构建垂直领域出版知识服务生态圈。四是面向科技、教育与文化相关领域，实现跨界融合，在文化创意产业中塑造、延伸、放大自己的独特优势，成为出版融合创新企业。当然，形式是多样的，出版社应根据自己的资源禀赋，顺势而为，选择合适的供给侧结构性改革途径。

（二）模式创新是成功实践

人民邮电出版社数据驱动的图书"以销定产"模式创新是一种成功的探索，给我们的启示是，要转变出版观念，坚持以改革创新为指引，结合出版企业实际，解决发展中不平衡、不充分的突出问题，如运用大数据破除图书生产的"三高一低不环保"顽疾，要充分借助信息技术的优势，让科学技术直接转化为出版的双效益，并树立信息技术共享共建的理念。该社大数据平台的功能实现对其他出版社也具有普适性，可被示范推广应用。从资产经营的角度来看，在消除粗放试错式弊端，提高出版企业经营能力、实现资产保值增值上潜力很大，值得深挖。要贯彻落实新发展理念，坚持创新引领，加强出版企业和产业链上下游企业、互联网公司的合作，探索可行的商业模式，推动融合发展。

（三）延伸至打造服务用户的生产运营模式

随着5G商用步伐的加快，移动互联网将为全社会信息化提供更加流畅快捷的应用服务。因此，出版业应推动按需生产更加广泛的社会化应用，进一步降低使用成本，提高生产供给和用户满意的能力；还要进一步向移动互联网的出版服务拓展，用"互联网+"的思路解决传统出版遇到的问题，重视基于社区社群微信平台、电商微商分销体系的建设，将读者变为出版社在线用户，以多元产品服务运营满足用户需求，最终形成从用户中来、到用户中去的出版物生产服务闭环模式。

［北京印刷学院新闻出版学院　刘华坤　张志林
同方知网（北京）技术有限公司　谢　磊］

参考文献

[1] 王资博. 我国出版业供给侧改革情境与对策研究 [J]. 中国出版，2017（10）：34-38.

[2] 杨楷. 媒体融合趋势下的出版供给侧改革 [J]. 新媒体研究，2017（17）：73-75.

[3] 何华征，盛德荣. 论出版"供给侧改革"的愿景及其进路 [J]. 出版发行研究，2016（5）：13-17.

[4] 周炜. 利用大数据进行科技图书出版的供给侧改革 [J]. 中国科技信息，2016（15）：96-97.

疫情防控主题出版服务快速响应观察 *

摘　要：疫情防控快速响应如同战时大考，是对出版社"把社会效益放在首位、实现社会效益与经济效益相统一"的一次重要的检验。在抗疫过程中，全国有290家出版社积极参与。本文通过快速响应定义和阶段划分，观察出版社在疫情防控主题出版中的整体表现，发现出版服务的五个鲜明特点，归纳快速响应行动的五点启示，提出采用"平战结合"方式考核评价出版社社会效益的建议。

关键词：抗击疫情；应急响应；出版服务；社会效益

新冠肺炎疫情是百年来全球发生的最严重的传染病大流行，是中华人民共和国成立以来我国遭遇的传播速度最快、感染范围最广、防控难度最大的重大突发公共卫生事件。2020年2月6日，国家新闻出版署要求出版单位"加强出版服务，助力打赢疫情防控阻击战"[1]，将抗击疫情类图书、音像电子出版物纳入2020年主题出版重点选题范围，优先印制发行疫情防控图书、挂图。

疫情防控快速响应如同参加大考，以重大突发公共卫生事件的快速响应作为检测手段，对出版社"把社会效益放在首位、实现两个效益相统一"的底线坚守具有试金石作用。刘兵、隅人对570种抗击新冠肺炎疫情图书选题进行的全面分析[2][3]，与本文新推出版物分析相互映衬。本文以习近平总书记对抗击疫情各阶段部署为依据，以出版社疫情防控主题出版为线索，进行信息采集整理，重点分析出版社在疫情防控阻击战期间的快速响应，坚守"把社会效益放在首位"的表现。

---

* 本文原载《中国出版》2020年第22期，系国家社会科学基金重点项目"我国图书出版企业社会效益评价体系构建与应用研究"（17AXW007）、国家新闻出版署"国家数字复合出版系统工程应用示范项目"（1741STC41049）SF31包"应用示范支撑"的"抗击疫情出版服务快速响应实证研究"成果之一。

一、快速响应的定义与阶段划分

文中所说快速响应行动包括两类：一是新推出版物，快速组织选题策划、生产各种类型的出版物，向公众赠阅及海外传播；二是开放平台，快速开放自有知识服务平台，以及各种类型聚合的数字内容资源，限期供用户免费使用。这里讨论第一类快速响应行动。

我们考察了558家出版社的快速响应情况，所采用的信源来源于国家新闻出版署的通知公告，中央主流媒体、行业新闻媒体、地方政府及出版社官方网站、两微一端等相关报道和信息发布，对这些信息逐一浏览、采集清洗。军队系统出版社不在考察之列。

习近平总书记主持抗击疫情的历次中共中央政治局常务委员会会议部署，是考察助力打赢疫情防控阻击战期间划分出版社快速响应阶段的依据。这样划分，既表明我们与党中央指挥疫情防控阶段部署对标，又从快速响应这个观测点上更加客观公正地描述出版服务行动。其中，第一阶段在2020年1月25日前；第二阶段从2020年1月25日中共中央政治局常务委员会会议专题研究抗击疫情开始，至3月3日止；第三阶段从2020年3月4日中共中央政治局常务委员会会议，至3月27日中共中央政治局常务委员会会议召开止；第四阶段从2020年3月28日开始，至4月29日中共中央政治局会议研究部署完善常态化抗击疫情举措止。

按照党中央的总体要求和阶段重点部署，全国出版社疫情防控主题出版的快速响应，体现出紧密围绕党中央重大部署的阶段特点和坚持"把社会效益放在首位"的鲜明特征。

二、出版社疫情防控快速响应的整体表现

出版单位的职责使命是坚持正确的出版导向，做好做强思想政治引领，传播知识传承文明，为人民群众提供丰富的精神食粮。在抗击疫情的重要时刻，出版人要用知识服务大众，满足疫情防控的重大需求。

（一）超过四成出版社新推出版物

在观察期内，558家出版社中的244家有新推出版物快速响应（占比43.7%），其中中央级出版社96家；推出抗击疫情主题的出版物560种，其中中央级出版社出版279种。以上数据表明：中央级出版社及时组织生产、发布权威专题性出版物的能力比较强，在疫情防控"战时"状态发挥出色。

（二）快速响应行动集中在第二阶段、第三阶段

在快速响应第一阶段，广东科技出版社交出助力疫情防控出版服务的第一份答卷，创造了两天推出新出版物的奇迹；第二阶段、第三阶段是疫情防控主题出版物出版信息发布最密集的阶段，第二阶段39天推出了339种出版物（占比60.5%），第三阶段24天推出了136种出版物（占比24.3%）；第四阶段33天推出了84种出版物（占比15.0%）。如图1所示，整个观察期内，新推560种出版物的发布时间主要集中在2020年1月29日至3月20日，进入第四阶段出版速度明显放缓。这和整体疫情防控的阶段性特点有密切关系，出版社将工作重点放在正常的年度出版计划落实上，促进复工复产恢复经济。

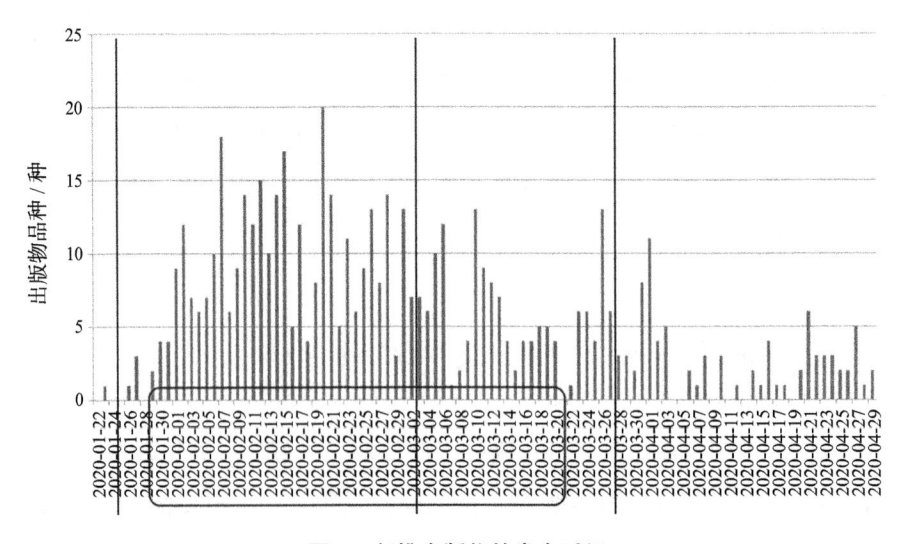

图1　新推出版物的发布时间

（三）出版物内容覆盖广泛，满足疫情防控阅读需求

观察期出版的 560 种疫情防控主题出版物，涵盖了急救治疗、防控指导、心理辅导、防疫科普、法律护航、宣传教育等内容，覆盖面较广。本文将新推出版物分为抗疫指导、防疫科普、宣传读物等三大板块，再细分为若干小类，以梳理疫情防控主题出版物的内容（见图2）。

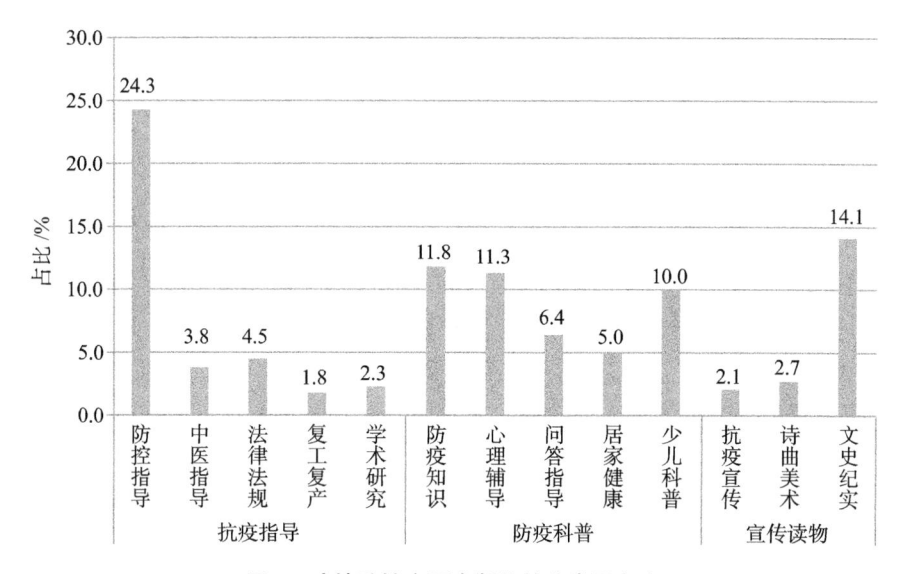

图 2　疫情防控主题出版物的分类及占比

分类	小类	占比/%
抗疫指导	防控指导	24.3
抗疫指导	中医指导	3.8
抗疫指导	法律法规	4.5
抗疫指导	复工复产	1.8
抗疫指导	学术研究	2.3
防疫科普	防疫知识	11.8
防疫科普	心理辅导	11.3
防疫科普	问答指导	6.4
防疫科普	居家健康	5.0
防疫科普	少儿科普	10.0
宣传读物	抗疫宣传	2.1
宣传读物	诗曲美术	2.7
宣传读物	文史纪实	14.1

其中，防控指导类出版物占比最高，数量达到 136 种，且大多采用手册、指南、指引等名称，是应对突发重大疫情最急需的出版物。当疫情阻击战取得阶段性成效时，我国又及时向遭受疫情的其他国家和国际组织分享抗击疫情的成功经验，出版界快速输出版权或者翻译出版其他语种的出版物，也以此类型为主。文史纪实类出版物占比第二，有 79 种。文史纪实类出版物用具体生动的案例，真实记录抗疫英雄集体和个人在危难时刻展现出来的职业精神、责任担当和人性光辉。还有从历史角度的回顾纪实，如上海科学技术文献出版社出版的《抗疫简史》，通过翔实的历史资料，用直接、权威的事实展现了人类几千

年来同各种传染病的不断抗争及不断取得医学史上的重大突破。第三类至第五类依次为防疫知识（66种）、心理辅导（63种）、少儿科普（56种）。

三、疫情防控主题出版物的快速响应特点

在抗击疫情中表现出的出版快速响应，是出版人长期肩负历史赋予的文化使命的反映，体现其始终"把社会效益放在首位"的底线坚守。

（一）分类板块的运动轨迹与阶段部署重点相适配

不同类型出版物在不同阶段相继快速响应的轨迹，与党中央工作重点部署相适配，出版社围绕党和国家工作大局大事，助力抗击疫情的主动作为效果明显。第一阶段至第四阶段560种出版物内容分类情况如图3所示。

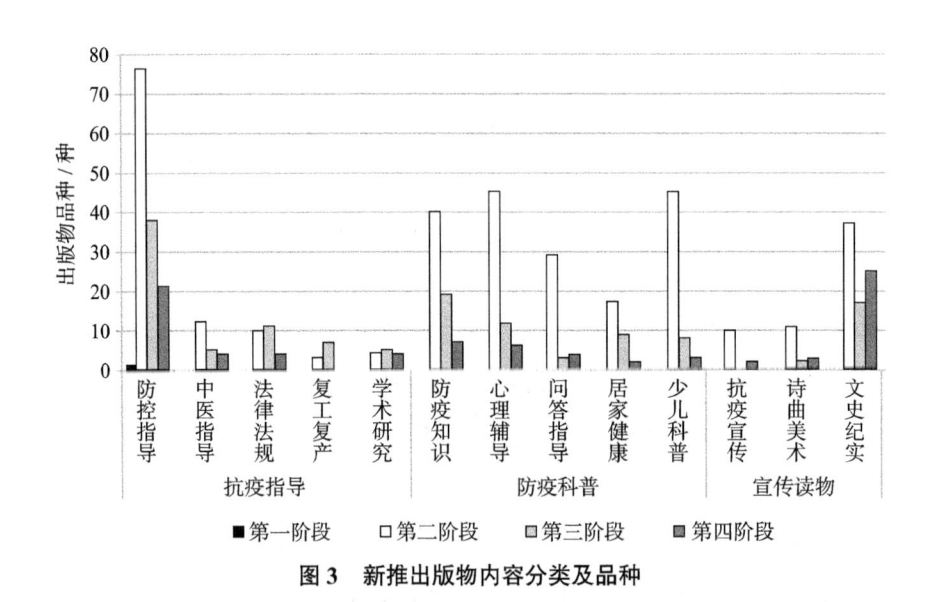

图3 新推出版物内容分类及品种

第一阶段广东科技出版社率先推出抗疫指导类出版物。在抗击疫情的第一阶段，广东科技出版社于2020年1月21日上午接受任务，1月23日出版

发行由广东省疾病预防控制中心副主任担任主编的《新型冠状病毒感染防护》，成为最早快速推出抗疫指导类出版物的出版社，也是第一阶段唯一响应的出版社。

第二阶段防控指导、心理辅导与防疫知识出版物品种过半。抗击疫情第二阶段是全国一盘棋，坚决打赢疫情防控的人民战争、总体战、阻击战的关键时期。防控指导、防疫知识、心理辅导、少儿科普、居家健康、抗疫宣传等板块出版物密集发布，数量达到339种，紧急向大众提供防控指导，宣传防疫知识，起到消弭恐慌情绪、引导正确防护的作用。防控指导、心理辅导与防疫知识类出版物占据了新推出版物的半壁江山。同时，密集推出面向少数民族地区及特殊人群需求的抗击疫情出版物。各出版社快速出版多种少数民族文字的双语指导及科普用书，中国盲文出版社防控指导有声书2月6日上线。

第三阶段法律法规、复工复产指导类出版物品种增加。这一阶段抗击疫情取得阶段性重要成效，重点是保持我国抗击疫情总体持续向好，加快恢复生产。在此期间，与抗击疫情、防疫知识等相关的出版物为136种，数量递减；法律法规、复工复产复学指导类出版物品种增加，及时契合了加快恢复生产、稳定社会发展的指导需求。面对疫情在全球蔓延，各国携手守望相助，我国出版界通过多种形式助力全球抗疫，与国外同行联手，快速推出英语、法语、意大利语、俄语、日语、韩语、阿拉伯语、西班牙语、波斯语等多语种疫情防护手册，与各国分享抗疫经验。

第四阶段文史纪实、诗曲美术类出版物呈增加趋势。这一阶段工作重点转移到常态化抗击疫情下推进经济社会秩序加快恢复，出版快速响应也转入常态化疫情防控、恢复正常生产活动阶段，新推出版物84种，防控指导、心理辅导板块出版物品种下降明显，文史纪实、诗曲美术类出版物延续前两个阶段呈增加趋势，这也符合出版社专业分工的规律。科技、社科与大学类专业出版社直面新冠肺炎疫情，快速提供防控指导、心理辅导等出版服务，彰显了专业出版社的社会责任担当。

（二）出版社内功扎实，抗击疫情中厚积薄发、从容应对

出版社特色突出、内功扎实，在突发灾难事件时能够厚积薄发，彰显强大的出版生命力。突发灾难时的快速响应，不是一日之功所能应对，而是需要久久为功的深厚资源积淀。分析发现，超过半数的出版社围绕抗疫主题出版了两种及以上的出版物，其中中国中医药出版社出版数量最多，达到 16 种。

具体表现为：①高烈度集中发力。在关键期阶段，同一天有多种题材的防疫抗疫类出版物面世。②高韧度持续发力。在抗击疫情第二阶段至第四阶段持续推出出版物，如人民卫生出版社、人民出版社、北京大学医学出版社、外文出版社、五洲传播出版社、青岛出版集团等从 2020 年 1 月至 4 月保持每月出版多种抗击疫情出版物的态势，表现出高韧度的内功。③强互补联合发力。有 7 家中央级出版社和地方出版社优势互补、联手合作，推出蒙汉版、中英文等指导手册及多媒体绘本科普读物。④抵近一线服务发力。在抗击疫情最前线的武汉，在"封城"最艰难的日子里，在武汉的出版社力克时艰、竭尽全力通过网络提供出版服务，先后有湖北科学技术出版社、长江少年儿童出版社有限公司、华中科技大学出版社、湖北教育出版社和湖北人民出版社出版了 10 种疫情防控主题的出版物，将出版服务拉近到救治一线定点医院、方舱医院的医务工作者、志愿者和确诊康复病人。⑤秉承理念共享发力。进入 3 月，国外疫情暴发流行，出版社继续奋战，将中国的抗疫经验传播到海外，支援全球抗击疫情，如人民出版社的《大国战"疫"——2020 中国阻击新冠肺炎疫情进行中》是目前国内外第一本跟进式介绍中国疫情防控阶段性工作的多文版图书，有英语、法语、西班牙语、俄语、阿拉伯语等 5 种语言文字版本陆续对外出版发行。

快速响应也能体现出版社的核心竞争力。有 40 家出版社（其中，中央级出版社 22 家）推出 4 种及以上出版物，占快速响应 244 家出版社的 16.4%，其出版物数量占 560 种抗击疫情出版物的四成以上（43.6%），表现十分抢眼。出版品种在 8 种以上的有 12 家出版社（其中，中央级出版社 10 家）。虽然中央级

出版社响应家数总量少于地方出版社，但出版物整体数量与地方出版社仅相差2种，关键是深厚的资源积累使这些中央级出版社在紧急情况下仍能从容应对，连续推出数种出版物，高效助力出版服务。

（三）融合出版创意引领，出版物表现形态丰富

新推出版物表现形态丰富，"一个内容创意、多种产品形态"的出版物频频出现，集中展现了出版社实现融合发展拥抱互联网数字技术的努力，基于云端"云上协同、网上互动、屏上阅读"的融媒体出版服务得到较好体现。按照纸质版、数字版和纸数融媒体版3种类型划分，疫情防控主题的出版物中，纯数字内容或者纸质书链接数字内容的融合出版物占70%以上。

从出版情况来看，抗击疫情期间成规模、集中式推出数字化出版产品的特征显著，电子书、增强现实（AR）技术、移动技术已得到成熟应用。突发重大公共卫生事件中，数字出版物传播速度快、范围广，符合应急处理需求，而出版社对新形态技术的应用使快速出版成为可能。此次疫情防控也充分发挥了有声书作为移动新媒体传播的广泛影响力，音频平台与出版单位积极开展版权合作，延伸数字阅读需求，助力抗击疫情。究其原因，一方面有正常的纸书印制生产需要恢复；另一方面表明出版社数字化策划生产能力及用户数字化体验的接受程度都在普遍提升，在重大突发事件中展现了出版融合的实效。

（四）联动打造多形态产品，全方位立体传播

在数字出版转型融合发展过程中，近些年出版社一直在努力探索拓展传统发行渠道，延伸产业链，构建线上线下一体化发展的内容传播体系。这次快速响应在传播速度、到达广度、影响深度和传媒机构关注度上，成为出版界推进传统出版与新兴出版深度融合的应用典范。出版物信息及数字内容传播的渠道已经网络化、立体化，链接传播网状节点路径复杂，扩展内容传播效果明显。其主要渠道为：一是自有传播渠道。出版社普遍在PC端、移动端建有官方网

站，应用程序（App）、微信服务号、订阅号、小程序等新兴传播通道。二是出版物发行渠道，主要有电商平台、发行平台、出版集团官方网站、各种发行联盟官方网站等渠道，合力推进线上与线下结合的传播应用。三是主流新闻媒体矩阵传播渠道，通过主流新闻媒体强大的传播力辐射更多人群，如新华网、人民网、学习强国、中国新闻出版广电网等。四是相关政府官方网站和专业领域官方网站、微信微博号传播渠道，如各部委网站、官微认证号、官方微博等。五是数字出版平台传播渠道，如掌阅科技、中文在线、可知等。六是新闻、音频、视频等自媒体传播渠道，如百家号、头条号、喜马拉雅、腾讯、爱奇艺、抖音、快手等。七是"双微一抖"公众大号传播渠道。八是广告联盟平台渠道（一般是付费服务传播）。

（五）从出版功能延伸到相关领域服务

在信息采集中还发现，抗击疫情出版服务不仅实现防护指导、防疫科普等功能，出版社还创新了与相关领域合作延伸出版服务的方式。这种创新表现在：①"互联网+出版+医疗"跨界融合创新。中国中医药出版社于2020年1月29日上线兼具"科普+问诊"功能的《新型冠状病毒感染的肺炎防治知识问答》电子版，这本科普读物不仅普及防护知识，还用二维码关联"疫情在线免费问诊"入口，读者只需扫码便能进入微医互联网总医院抗击新冠肺炎疫情义诊专区，针对新冠肺炎疫情防治答疑解惑，成为基层疾病预防控制和医务人员的得力助手。②"图书+线上心理咨询"。四川科学技术出版社于2020年1月31日深夜上线《新型冠状病毒大众心理防护手册》电子版，并与作者单位四川大学华西医院及"四川新冠肺炎疫情心理干预工作组"专家团队迅速建立起线上线下联动方式，推动防护知识宣传。该书源于防护实际需求，满足了群众的防护需求，虽然发布时间已是深夜，但阅读量很快就达到10万+，在疫情突发早期很好地发挥了心理干预治疗的作用。

四、疫情防控主题出版快速响应的启示

全国出版社主动响应党中央抗击疫情号召、勇于拼搏的战斗精神和高效务实的工作成果，给我们带来五点启示。

（一）抗疫斗争是党性检验考场，快速响应体现出版社的责任担当

习近平总书记在湖北武汉考察疫情防控工作时指出，敢于斗争、敢于胜利，是中国共产党人鲜明的政治品格，也是我们的政治优势[4]。在2020年2月6日国家新闻出版署下发通知之前，就有46家出版社先后出版了66种出版物。这种自觉的政治勇气和主动的担当行为充分体现了出版社的政治敏锐性。快速响应是重大突发事件下党性锻炼的考场[5]，出版界以史无前例的最快响应速度、最大响应规模、最广覆盖类型接受考验，集体交出了一份合格答卷，展现了出版社的作风能力和团队作战的优秀品质。

（二）抗疫斗争是履行职责的考场，快速响应检验出版社的社会效益坚守

在产品层面，社会效益是出版物对社会产生的积极效果和利益；在出版社层面，社会效益是出版社产品、服务产生的正向社会影响和树立的良好社会形象。这次疫情防控主题出版的快速响应，其选题、出版覆盖了所有类别的出版社，是难得的对9类出版社"把社会效益放在首位"底线坚守的检验。面对重大突发事件时的表现是考核出版社社会效益的一个重要评价要素，应该统筹常态与非常态考核评价要素，并分类考核不同类型出版社的社会效益表现。

（三）抗疫斗争是资源调配考场，快速响应检验出版社专业聚合能力

一场突如其来的疫情也是对出版社高质量聚合相关作者资源及协同快速完成编校发环节的能力考验。出版业渗透到社会生活的每一个领域。出版人通过客户关系资源接触各个领域的权威机构、知名专家、专业创作者，具有超强的作者资源聚合能力，能够在紧急情况下寻找配置最合适的、专业资源丰厚的作者。快速响应在地域上覆盖了全国31个省（区、市），综合检验了出版社因地制宜、因人制宜、因时制宜、协同作战、迅速发声的能力。防控指导类出版物几乎都是由中央、省（区、市）两级疾病预防控制中心及医疗科研单位专家编写，不但满足国内抗疫需求，而且被翻译成多语种版供全球分享，体现了我国出版社的资源储备专业聚合优势。

（四）抗疫斗争是数字化生存考场，快速响应检验出版社融合发展能力

抗疫快速响应反映出版社数字化生存能力，体现了出版融合发展的新成效。出版融合是一场由技术飞跃式进步带来的深刻变革，更是一种在党中央指导下进行的创新发展。这次疫情全国紧急一级响应，人员物理隔离，常规的办公生产转移到网上。出版人通过云端协同作战，数字形态的出版物占总量的70%以上，呈现"一个内容、多个选题、多种形态、多元渠道、多次发布、动态反馈"的融合出版业态。在抗击疫情中，传统出版和新兴出版在内容、渠道、平台、经营、管理等方面的融合发展，考验了出版社快速策划生产融媒体出版物的能力、出版组织结构快速调适的张力、从供给侧生产端延伸到服务端的综合传播能力。这种基于云端的信息化、大工业的生产方式使出版人才队伍经受实战锤炼，团队工作方式正在改变传统的编辑营销人员的成长方式。

（五）抗疫斗争是治理成效考场，快速响应检验出版治理体系构建能力

面对各种突发的重大公共安全事件，我们认识到自然规律、社会发展规律具有极大的不确定性，进行决策和行动具有极大的风险性。出版人要化危为机、勠力同心，勇于承担出版社会责任，坚守"把社会效益放在首位"底线。这对推动数字化转型升级、出版融合高质量发展，以及推动出版行业国家治理体系和治理能力现代化的进程都有着深刻的影响。出版业应对突发公共安全事件也有多次经验，有必要建立全行业应对突发重大公共安全事件的快速反应体系，以国家治理体系和治理能力现代化的深化改革为目标，用"固根基、扬优势、补短板、强弱项"的理念和实践，根据突发公共事件的级别制定不同的应急预案，从上而下进行统一规划，不断完善应对之策[6]。

五、结语

疫情防控快速响应观察画上了分号，在观察中也发现了不足，这些不足关系到进一步推动出版业深化融合发展、出版行业国家治理体系和治理能力现代化建设的诉求。笔者认为，疫情防控快速响应最宝贵的财富是出版人在增强"四个意识"、坚定"四个自信"、做到"两个维护"中的担当作为，以求真务实的作风、不畏艰辛的意志把党中央的决策部署落实到开展出版服务的具体行动中。2020年是一个关键的时代节点，全面建成小康社会、实现中华民族伟大复兴的第一个百年奋斗目标。放眼全球，新冠肺炎疫情仍在广泛流行，正在深刻影响整个世界格局。置身百年未有之大变局，复杂多变的国际环境对出版社快速响应提出了更多、更深、更前瞻的出版服务需求，期待出版社继续能交出合格的答卷。

（北京印刷学院新闻出版学院　刘华坤　张志林　陈　丹）

参考文献

[1] 国家新闻出版署. 加强出版服务 助力打赢疫情防控阻击战 [EB/OL].（2020-02-06）[2022-01-15]. http：//www.gov.cn/xinwen/2020-02/06/content_5475396.htm.

[2] 刘兵，隅人. 570种抗击新冠肺炎疫情图书选题分析（上）[N]. 中国新闻出版广电报，2020-04-13.

[3] 刘兵，隅人. 570种抗击新冠肺炎疫情图书选题分析（下）[N]. 中国新闻出版广电报，2020-04-20.

[4] 毫不放松抓紧抓实抓细各项防控工作 坚决打赢湖北保卫战武汉保卫战 [N]. 人民日报，2020-03-11（1）.

[5] 徐文秀. 抗击疫情：是战场，更是考场 [N]. 学习时报，2020-02-03（2）.

[6] 方世南. 应对重大突发公共安全事件对国家治理提出哪些新任务 [J]. 国家治理，2020（9）：55-58.

数字出版扛鼎图书业疫情防控应急响应服务 *

2020年，面对突如其来的新冠肺炎疫情，全国人民在以习近平同志为核心的党中央领导下，众志成城、团结奋斗，书写了壮丽的抗疫史诗。2020年9月8日，习近平总书记在全国抗击新冠肺炎疫情表彰大会上指出："我们党团结带领全国各族人民，进行了一场惊心动魄的抗疫大战，经受了一场艰苦卓绝的历史大考，付出巨大努力，取得抗击新冠肺炎疫情斗争重大战略成果，创造了人类同疾病斗争史上又一个英勇壮举！"

在这场全民战疫斗争中，出版人在行动。2020年2月2日，中共中央宣传部出版局、中国新闻出版研究院指导国家知识资源服务中心，向全国出版单位发出《抗疫之战，知识护航让出版单位知识服务为战胜疫情构筑坚实堡垒——国家知识资源服务中心致各出版单位的倡议书》；2月6日，国家新闻出版署发布《加强出版服务　助力打赢疫情防控阻击战》通知，出版社（出版集团）及新媒体传播企业及时响应防控号令，紧密结合全国战疫、全球战疫的知识需求，迅速推出包括数字出版物在内的一大批疫情防控主题出版物，快速重组和开放一批知识资源服务平台。其中，数字出版在构建应急出版机制、纸数同步、媒体融合、后疫情时期创新发展等方面冲锋在前，进行创新实践，在助力疫情防控出版服务中有突出表现。本文的观察期截至2020年9月8日。

一、疫情防控应急响应出版业整体表现

回顾2020年，在疫情防控阻击战最严峻的时候，虽然全国经济社会活

---

* 本文原载张立主编的《2020—2021中国数字出版产业年度报告》（中国书籍出版社2021年版），篇名为《中国数字出版抗疫防控应急响应服务研究报告》。

动被按下"暂停键",正常的出版生产营销活动处于停滞状态,但是仍然有超过半数的出版社凭借敏锐的政治自觉,想方设法、争分夺秒,以快速行动回应社会对疫情防控知识的迫切需求。

出版业抗击疫情应急响应有两种模式:一是快速推出疫情防控主题出版物,二是重组和开放知识资源平台。在疫情防控期间,全国585家出版社除军队系统出版社外,在561家出版社中有317家(占比56.5%)有应急响应。其中,275家出版社(占比49.0%)推出疫情防控出版物676种,114家出版社(占比20.3%)重组和开放182个知识资源服务平台;72家出版社实现应急双响应(占比12.8%)。

(一)应急响应五个阶段的行动描述

本文对标党中央关于抗击疫情、组织社会生产各个阶段部署的21次中共中央政治局常务委员会会议精神,将出版业抗击疫情应急响应的行动划分为快速响应(第一至第四阶段)和响应(第五阶段)等五个阶段,各阶段两种应急响应的表现如图1所示。

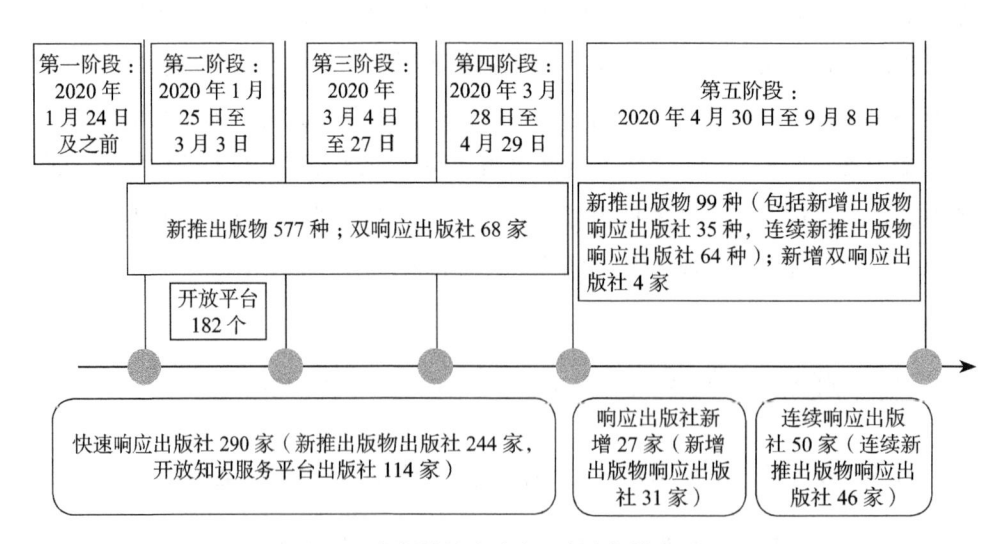

第一阶段:2020年1月24日及之前	第二阶段:2020年1月25日至3月3日	第三阶段:2020年3月4日至27日	第四阶段:2020年3月28日至4月29日	第五阶段:2020年4月30日至9月8日
	新推出版物577种;双响应出版社68家			新推出版物99种(包括新增出版物响应出版社35种,连续新推出版物响应出版社64种);新增双响应出版社4家
	开放平台182个			
快速响应出版社290家(新推出版物出版社244家,开放知识服务平台出版社114家)			响应出版社新增27家(新增出版物响应出版社31家)	连续响应出版社50家(连续新推出版物响应出版社46家)

图1 出版社抗疫响应五个阶段的表现

疫情防控主题出版物出版横跨五个阶段全程响应，在应急响应第二至第四阶段集中度最高；重组和开放知识资源服务平台响应集中在第二阶段。应急响应数量最多的两家中央级科技出版社是人民卫生出版社和中国中医药出版社，共出版了48种纸数形态的疫情防控出版物，开放了9个知识资源服务平台。这两家出版社充分发挥自身优势，依托科技出版领域的丰富深耕成果，形成具有医学特色的知识库，为全国出版社积极响应党中央号令、开展出版服务树起标杆。

疫情防控主题出版向大众和相关专业领域人员宣传有关新型冠状病毒肺炎正确、权威、专业的防护知识，消解大众的恐慌情绪，使其做到正确认识、做好防护、维护健康、依法复工复产，很好地满足了全国抗击疫情的多层次、全方位、各类型用户群体的阅读防护需求。在这次应急响应主题出版中，频频出现"一个内容创意、多种产品形态"的出版物，体现了基于云端的"云上协同、网上互动、屏上阅读"融媒体出版服务特征。

（二）应急响应出版服务紧跟党中央部署

笔者观察到的全国317家出版社676种疫情防控主题出版物，涵盖了急救治疗、防控指导、心理辅导、防疫科普、法律护航、宣传教育等广泛内容，出版物内容与党中央抗疫部署的阶段要求高度匹配，体现出版人的政治站位和责任担当，如图2所示。

在集中打赢疫情防控阻击战的第一至第三阶段，抗疫指导类的防控指导及防疫科普类的防疫知识、心理辅导、少儿科普等出版物数量较多；进入常态化防控（第四至第五阶段）后，文史纪实类出版物数量增多。出版社用出版物记录了惊心动魄的抗疫大战、艰苦卓绝的历史大考中的英雄人民和伟大的中国共产党。

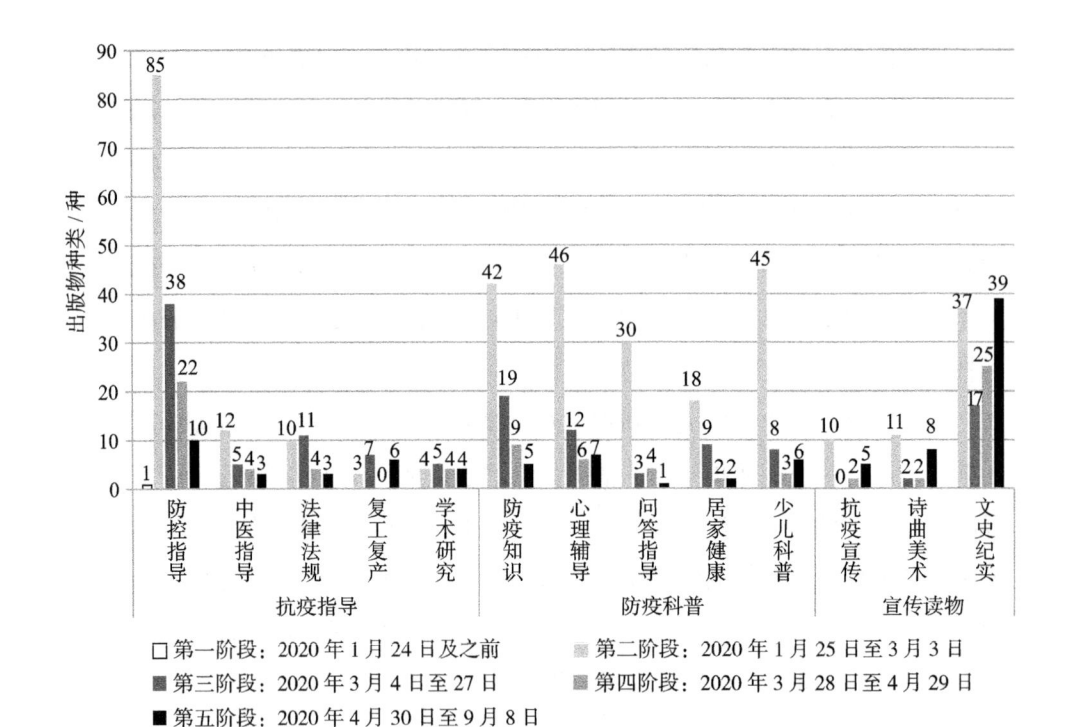

图 2　出版物各阶段各类型数据分析

（三）重组开放平台服务响应集中

开展知识资源服务的规模、程度和质量直接体现在出版治理过程中，出版社、行业主管部门推动数字化转型升级、促进融合发展的成效，也体现了出版行业紧跟科技进步的步伐，满足大众对出版产品服务不断增长需求的响应程度。重组和开放知识资源服务平台的有114家出版社，时间都集中在第二阶段，开放1个平台的出版社占比70.2%，平均每家出版社平台响应1.6个。从数量上看，知识产权出版社、社会科学文献出版社、外语教学与研究出版社、上海教育出版社和中国少年儿童新闻出版总社等5家出版社，各开放平台4个；人民卫生出版社、化学工业出版社各开放平台6个；高等教育出版社和北京师范大学出版社开放平台数量最多，均为7个。重组开放知识资源服务平台类型占比如图3所示。

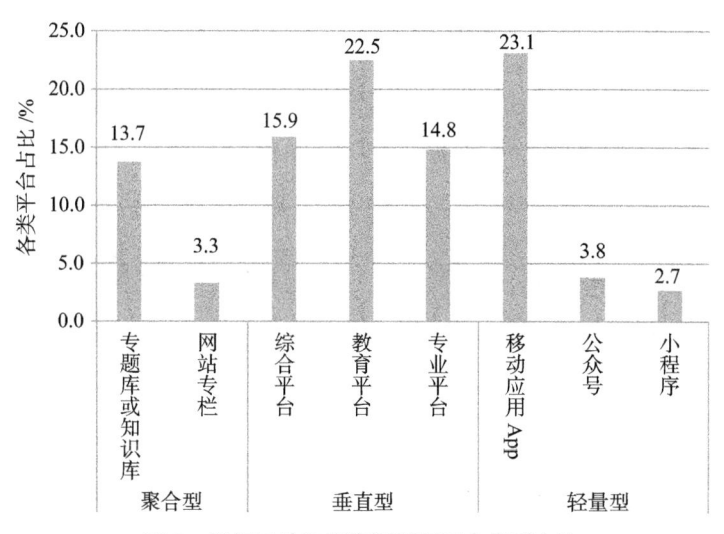

图 3　重组开放知识资源服务平台类型占比

由图 3 可以看出出版社知识资源服务平台的比例结构。首先为垂直型的知识资源服务平台占比（53.2%）最高，其次为轻量型平台（29.6%），再次为聚合型平台（17.0%）。由此可见，垂直专业知识服务是出版社平台建设的主要方向。

二、应急响应数字出版物特点鲜明

在整个疫情防控主题出版中，数字形态的出版物表现尤为出色，亮点纷呈，展现了出版社推动融合发展的无限潜力。

（一）数字出版物响应时空亮点频出

本文从时间、空间上观察疫情防控主题出版物的响应特点。

1. 时间响应上数字出版物优势突出

从响应时间上观察，疫情防控主题出版物品种头部大尾部长，包络线犹如水滴形状，主要集中在第二至第四阶段，如图4所示。

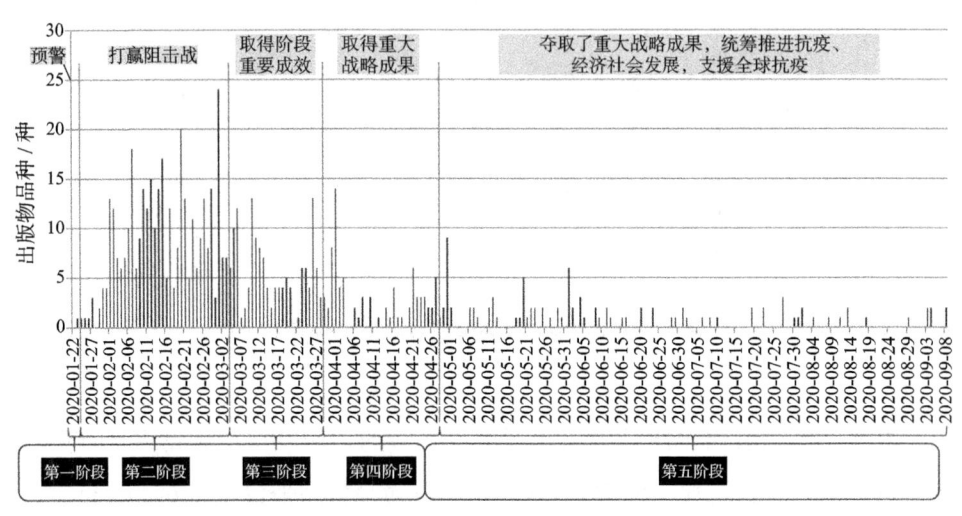

图 4　疫情防控主题数字出版物响应时间分布

疫情防控主题出版物以数字出版物形态为主，数字出版物可以在短时间达到百万级阅读量，其传播速度快、力度大、范围广，是纸质出版物难以实现的，凸显应急响应下数字出版的突出优势。按五个阶段划分，能够更加清晰地看到纸质出版物和数字出版物占比的变化，如表1所示。

表 1　数字出版物在应急响应中表现突出

应急响应阶段	纸质出版物分类总占比 /%	数字出版物分类总占比 /%
第一阶段：2020年1月24日及之前	0.0	100.0
第二阶段：1月25日至3月3日	18.1	81.9
第三阶段：3月4日至27日	32.4	67.6
第四阶段：3月28日至4月29日	50.6	49.4
第五阶段：4月30日至9月8日	77.8	22.2

新冠肺炎疫情暴发后，2020年1月23日武汉"暂时关闭出城通道，市内公交地铁轮渡全部暂停运营，私家车部分限行"，在纸质图书难以及时印刷发行的情况下，湖北科学技术出版社发布《新型冠状病毒肺炎预防手册》电子试读版，该手册迅速在微信群、朋友圈成为网红读物，随后又发布了正式版电子书，2月6日报道时网络阅读量已超过百万。同一天，广东科技出版社推出《新型冠状病毒感染防护》纸质书，次日电子书上线，在学习强国、当当、京东、腾讯、咪咕、联通、掌阅、喜马拉雅等20多家主要数字平台上线进行公益推送，获得新华通讯社、中国新闻出版广电报等主流媒体重点报道。这是出现在疫情防控第一阶段，迅速在全网免费传播，应急响应最快的疫情防控主题出版物。

2. 空间响应上数字出版物覆盖全域

从空间分布看，数字出版物的产出也同样非常亮眼。首先，全国有30个省（区、市）都推出数字出版物（西藏自治区出版纸质出版物）；其次，以数字出版物形态出现的应急响应出版服务，在经济发展相对滞后地区的出版社比例更高。

通过时间、空间维度的数据分析，足以看出，在疫情防控应急响应中数字出版物是最重要的出版物形态，最为迅速地回应国家重大需求，用实际行动加快推进出版社数字化转型融合发展的进程。

（二）数字出版物占比高、形态丰富

数字出版物在疫情防控主题出版物中占比高、表现形态丰富，集中展示了出版社在重大突发公共卫生事件中融合发展、拥抱互联网数字技术的努力和实效。

本文将疫情防控主题出版物划分为纸质版、数字版和纸数融媒体版等3种类型。疫情防控期间，出版社集中式、成规模推出数字化出版产品的特征非常突出，纯数字内容或者纸质书链接数字内容的融媒体出版物已经占到应急响应

出版物的 70% 以上，这个比例远远高于平时。这一方面表明，防控期间重启、恢复纸书印制生产尚需时日；另一方面说明，出版社策划生产数字化产品的能力和用户数字化阅读体验的接受程度都在提升。676 种疫情防控主题出版物的多种形态如图 5 所示。

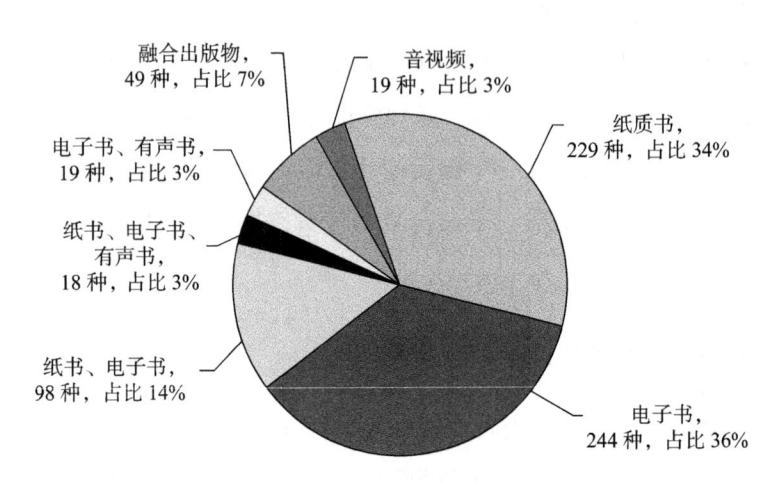

图 5　疫情防控主题出版物的表现形态

（三）数字出版物体现六个鲜明特点

丰富的数字出版物表现形态体现六个鲜明特点。

1. 电子书技术已被娴熟应用

由于新冠肺炎疫情突发，出版社要以出版知识信息的节奏跑赢疫情传播速度，尽可能快地粉碎网络上四起的谣言，向公众传播更准确、更权威的防疫科学知识，必须以最快速、最便捷的方式进行传播。快速响应阶段，几乎所有的出版社都率先以免费数字阅读形式在互联网上发布内容，电子书形态的出版物则是许多出版社的首选。电子书形态出版物最多，244 种占比 36%，包括 PDF、ePub，其数字化版式流式结构已经为出版社所驾驭，这表明整体上出版社已熟练掌握了电子书应用技术。

与此同时，长期习惯于精耕细作纸质书出版的出版社，在应急响应中也打破以往的出版流程，快速组织策划数字出版物，如上海大学出版社以电子书形式推出的《大学生健康指南》，是该社真正意义上的首部电子书。

2. 有声读物适应阅读新习惯

声音传播知识更传递关爱，有声阅读满足了人们碎片化生活下的多场景阅读需求，成为数字阅读的新生力量，也让阅读的定义得以延伸。有声读物生活工作场景众多，有强大的用户群基础，继传统电子书之后，已成为数字阅读领域的新潮流。在抗击疫情中，有声读物的潜力被再次挖掘放大。

2020年1月底，宁波出版社充分发挥移动新媒体传播影响力广泛特点，推出《给全国小朋友们的一封信》《新型冠状病毒肺炎预防28问》等有声读物，同时在喜马拉雅、咪咕、蜻蜓FM、中文在线、当当、博看有声等平台上线，到2月17日总点击量达到20万。中国盲文出版社推出战"疫"选题读物的电子版、有声版、视频版等网络版本，设置中医、按摩、康复、心理等专业在线学习专题，每天定时更新、定时推送，引导视障群体增强自我防范意识和防控能力，让他们详细了解新冠肺炎病毒的传播途径，掌握正确的防护知识，消除恐慌情绪。疫情防控主题的音视频出版物也有较好的表现，四川大学出版社出版的"哈哈曲艺社相声系列"、中国音乐家协会和人民音乐出版社联合首发的《抗"疫"战歌——全国抗击疫情公益歌曲选》、上海音乐出版社出版的《加油武汉，加油中国——抗击疫情优秀歌曲选》等，以受众喜爱的文艺形式助力抗击疫情，歌颂奋战在抗疫一线的白衣天使和有关工作人员的感人事迹，增强战胜疫情的信心。

3. 动漫绘本满足少儿需求

在特殊情况下，人们往往出现不同程度的心理失衡和情绪问题，儿童在成长过程中也容易产生心理压力和困扰，从而影响心理健康与正常发育。阅读不仅能增长儿童防疫知识，而且能满足其愉悦性与疗愈性需求。在响应服务中，有32家出版社出版纸质、音频、动漫等形式的绘本出版物，出版63种少儿科普读物，以中小学生、幼儿园儿童喜闻乐见的童话世界场景和认知眼光，展现病毒传播过程和人们为抗击病毒所做的努力，用叙事方式帮助孩子们学习了解疫情防控知识，以多形态阅读引领小读者理性应对疫情。中国少年儿童新闻出版总社的《新型冠状病毒走啦》、东方出版社的《给孩子的病毒科普图鉴》、北京科学技术出版社的《妈妈要去打怪兽》、海豚出版社的《不一样的小G》、新世界出版社的《好美味村的病毒战记》《我们身边的病毒》、湖南少年儿童出版社的《读童谣，防病毒：新型冠状病毒防疫绘本》、广东教育出版社的《写给孩子的新型冠状病毒科普绘本》等，都采用孩子们喜欢、易于接受的形式，为他们带去暖心的力量。这些少儿读物一面世就通过各种主流媒体平台、音视频平台、富文本平台、电商平台及资讯搜索平台等迅速传播，体现了出版人对儿童群体防疫意识的关切和媒介素养提升的努力。

4. 技术加持移动及AR应用

面对这个没有硝烟的特殊战场，以5G、物联网、大数据、人工智能等为代表的新一代信息通信技术已经被应用到疫情防控的各个方面，科学防控、技术防控发挥基础支撑作用。在疫情防控主题出版物中，新形态的移动端H5电子书和AR技术得到应用。虚拟现实（VR）技术或AR技术具有沉浸性强、交互自然的特点，通过自身与信息环境的相互作用来获取知识，沉浸式体验让学习者对讲授内容更加感兴趣，线上教学场景中的应用优势明显。应用新一代相向同行技术的数字出版物有一定技术门槛，制作成本较高，需要出版社先期策划与资源储存调配。2020年2月上旬，河海大学出版社与中国大地出版社、贵州人民出版社等分别出版了融合AR技术的防护知识挂图，调取抗击疫情的音频、视频和3D模型，图文与现实场景融为一体，让中小学生体验式接受防疫科普教育。海南出版社发挥移动新媒体的优势，制作基于H5的《新冠肺炎预防知识手册》电子书、《你是我的英雄——最美逆行者》宣传册，它们图文并茂、通俗易懂，迅速免费公益传播，后者被学习强国平台采用并予以推荐。在疫情防控主题出版中能够如此迅速推出新技术应用的数字出版物，离不开出版社平时对数字出版资源的积累，也与出版社拥有一支掌握新媒体技术应用的编辑队伍直接相关。

5. 融合出版物成为新品种

采用新型模式来做疫情防控主题出版，让主题出版物能够适合不同读者的阅读需求，融合型出版物也是疫情防控数字出版的一大亮点，技术加持出版创意的特征非常突出。例如，为助力武汉及湖北其他地市抗击新冠肺炎疫情，帮助外地援鄂医疗队解决医患沟通的方言障碍，商务印书馆及时策划出版了融媒体图书《抗击疫情湖北方言通》。这种融媒体出版物包括微信版、网络版、融媒体版、迷你视频版、抖音版、在线服务系统、即时翻译软件等多种形态产品，为抗击疫情的医护人员及相关群体提供多维度语言服务，贡献语言学之力。其中，融媒体口袋书不再仅仅以文字为主，而是以二维码分别标识普通话、方言和音频所对应的每个语句、词汇，将音视频、图片、漫画等多媒体元素与书的内容结合，实际上是利用文字和多媒体元素共同创作的一种互动图书应用程序。

同一个内容分别以纸书、电子书、有声书、多媒体融合的出版物形态出版，在疫情防控主题出版中所占比例超过六成，融合出版新品种成为应急响应中检验出版社融合发展的新尺度。

6. 版权合作助力全球抗疫

在我国新冠肺炎疫情得到有效遏制，疫情防控取得阶段性战略成果之时，全球的疫情却在加速扩散。我国出版界第一时间积极利用各种渠道进行版权合作，将中国的出版物翻译成多种语言文字向外传播，讲述中国抗疫故事、提供中国抗疫方案、传授中国抗疫经验，为全球抗击新冠疫情贡献中国智慧。初步统计有近20家出版社向外推出40余种疫情防控主题出版物版权合作，甚至一些出版物电子版免费在网络上公益传播。

中国外文出版发行事业局用数字产品和"云首发"形式助力全球抗疫，宣布向国际社会捐赠所属七家出版社出版的全部抗击疫情图书的国际版权，对已获得多语种翻译权及相关转授权的抗疫主题图书，全部免费授权国外出版机构出版，下属新星出版社的《和你在一起！——25国外籍专家战"疫"实录》《站在你身后！——从特拉维夫到黄冈的384小时》、外文出版社的《2020中国战"疫"日志》等，被及时翻译为英语、法语、德语、意大利语、日语、葡萄牙语、尼泊尔语、希伯来语等十多种语言向全球推介。上海教育出版社英文版电子书《小心！病毒入侵》由美国斯帕格出版公司以开放获取方式出版，免费供海外读者下载阅读；湖北科学技术出版社向全球推介由钟南山院士作序的《新型冠状病毒肺炎预防手册》，收到21个国家和地区的近百份版权贸易合作意向，面向17个国家和地区达成12个语种的版权输出协议；上海科学技术出版社的《张文宏教授支招防控新型冠状病毒》（电子书）实现波斯语、英语、俄语、乌兹别克语、泰语、越南语、意大利语、韩语、葡萄牙语、马来语、印度尼西亚语、西班牙语、阿拉伯语等十余个语种的版权输出；青岛出版集团先后推出《新型冠状病毒感染防护手册》的中文、韩文、英文、日文、波斯文、阿拉伯文等语言电子书版本；人民卫生出版社联合五洲传播出版社紧急推出英语、意大利语、日语、韩语、法语、西班牙语、波斯语共7个语种的《新型冠状病毒肺炎公众防护手册》，免费公开电子版，向世界传递中国抗疫经验。

童书出版领域，经国际儿童读物联盟（IBBY）发起海外版权捐赠计划项目的11部重点推荐的中国原创抗疫童书，在全球抗疫童书互译共读平台——生命树童书网（www.lifetreebooks.org.cn）上被翻译成英语、日语、法语、德语、俄语、泰语、韩语、波斯语、荷兰语、西班牙语、意大利语、葡萄牙语、尼泊尔语、斯瓦希里语、僧伽罗语、阿拉伯语、马耳他语等17种语言，向全球发布电子书。其中，电子工业出版社的有声绘本《阿干必胜》、晨光出版社的《病毒病毒，我不怕！》、青岛出版集团的《不一样的春节》《我能战胜病毒》等童书入选。此外，全球图书馆内容提供商赛阅（Over Drive）公司把抗疫童书上传至78个国家的4.5万个图书馆平台，供全球读者免费阅读。

三、平台响应呈现"轻垂聚移"特色

出版社及出版集团的数字传媒公司是第二种应急响应方式的主体,及时重组和开放的知识资源服务平台体现"轻垂聚移"特点。

(一)轻量型知识平台增长迅速

在图3所示的三种类型平台中,聚合型平台是早期开发的资源服务平台形式(占比17.0%);垂直型平台则是专注于某一领域或者专业知识的内容资源库(占比53.2%)。在开发时间上,这两种类型平台是基于固网的应用。随着移动互联网的发展,出版社的服务应用从固网向移动端迁移,这两类资源平台也可在移动端查询,实现跨平台应用。第三种是轻量型平台,特指基于移动互联网兴起的知识服务应用,这种知识资源服务平台大有后来居上之势,在快速开放平台中占比近三成(29.6%)。其中,人民卫生出版社的"人卫教学助手"、人民教育出版社的"人教点读"App、人民交通出版社的"车学堂"、复旦大学出版社的"i学"App、北京大学出版社的"北大博雅讲坛"App等,都是轻量型的应用平台。在应急响应中,超过50家出版社建设了多个轻量型的应用平台,反映了出版社努力跟进从固定端向移动端迁移的平台建设方向。

(二)垂直型知识平台更显优势

重组和开放知识资源服务平台展现了出版行业的担当和真实水平。在开放的垂直型知识资源服务平台中,既有人民出版社的"中国共产党思想理论资源数据库"、社会科学文献出版社的"国别区域与全球治理数据平台"、中国海关出版社的"海关学库"、上海辞书出版社的"《大辞海》在线数据库"等社会科学领域的垂直型平台,又有中国科技出版传媒股份有限公司的"中国生物志库""科学文库"、中国农业出版社的"智汇三农"、中国中医药出版社的"悦读中医知识资源服务平台"、中南大学出版社的"中国有色金属知识库"等自然科学领域的垂直型平台，还有在应急响应中专为疫情防控重组聚合的知识库，如知识产权出版社的"新冠肺炎（NCP）防治专利情报专题数据库"、人民法院出版社的"疫情防控法律数据库"等，显示出这些出版社深厚的出版资源积淀、强大的知识服务规范流程建设实力。

在专业领域建设的垂直型知识资源服务平台，代表了出版业从出版物内容提供商向知识产品服务提供商转型升级的发展方向，也是信息技术与出版业深度融合的必然反映。垂直领域的知识资源服务平台建设门槛高、周期长，内容权威、应用可靠，因此这些平台代表了我国在相应领域知识服务内容的最高水平，最重要的是锻炼培养了一批专门的数字编辑人才队伍。但是，要提高我国知识资源的生产与供给能力，搭建层次清晰、覆盖全面、内容准确的知识资源库群，做好知识资源服务的整体规划和平台进阶，仍然需要进行深入观察研究。

（三）中央级专业社聚集挑大梁

开放知识资源服务平台响应和区域经济文化的发展水平有关系，也和各省区市出版社资源积累、发展水平有直接关系。从出版社类型的维度看，社科类、科技类、大学类出版社居前三位；科技类、社科类都有快速重组开放服务平台；科技类23家快速响应出版社共开放45个平台，平均每家接近2个，展示科技类出版社在知识资源服务平台建设上的集中优势。

在区域之间，重组和开放平台的数量比重呈现不均衡特征。综合来看，在重组开放平台响应上，东部区域出版社整体实力最强，其中，中央级专业出版社表现突出；东北部开放的平台数量居第二位，对四大区域出版社开放平台响应分析如图6所示。

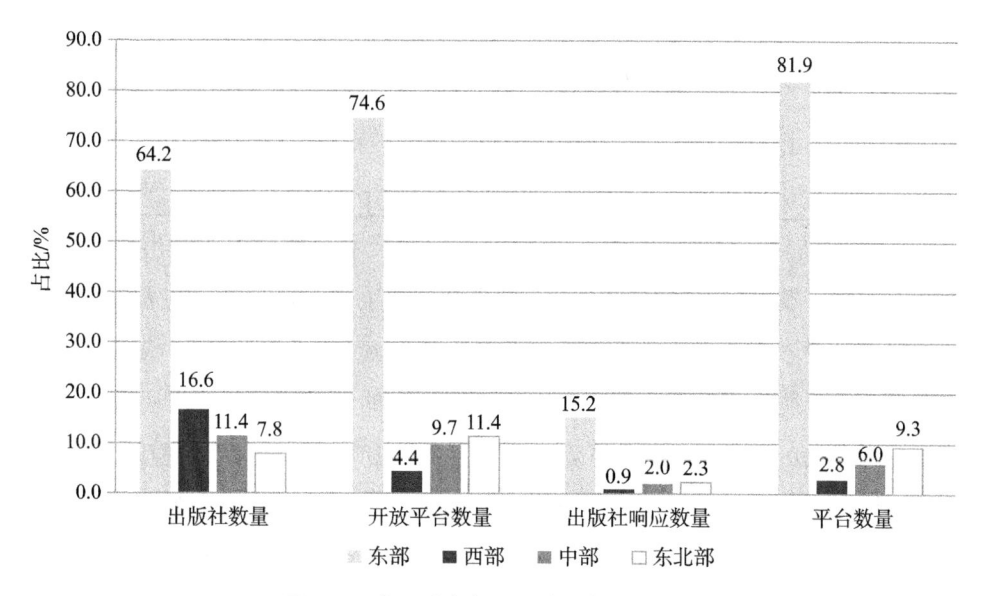

图6 四大区域出版社开放平台响应分析

值得一提的是,新闻出版行业知识资源服务中心的首个分中心——可知平台,是国内唯一采用去中心化模式的知识内容智能化分发和应用服务平台,目前与全国上百家出版社建立起内容资源的关联体系,实现纸电同步,以及各出版机构数字资源的统一发布,打通数字内容"出版—传播—应用"产业链,为用户提供各领域专业知识服务。疫情防控期间响应号召,可知平台上有数十家出版社开放了服务。其他区域也有开放知识资源服务平台响应的典型,如西南交通大学出版社的"轨道在线"平台、辽宁教育出版社的"脉望中华传统文化平台"、湖南教育出版社的"贝壳网"等。

(四)"停课不停学"移动 App 闪亮

在疫情防控中,教育类移动 App 表现出强劲的应用势头。2020 年 1 月 27 日,教育部发布关于 2020 年春季学期延期开学的通知。为支持、服务、保障中小学生特殊时期"停课不停学",教育部教材局推出由全国 67 家中小学教材出版单位提供的 2020 年春季学期电子版教学用书（PDF 格式）及相关教学资源，供全国广大师生免费下载使用。各地出版社积极发挥信息化和数字化学习资源优势，除了基于网络的各种教育云服务外，教育类 App 大显身手。

人民教育出版社倾心打造的"人教点读"App，以义务教育课程标准为指导，紧密结合传统纸质教材，应用人工智能技术，帮助中小学生有效提高语文、数学、英语三大学科能力。为满足全国师生"宅家"学习的需要，通过开放数字化教学资源和教学信息库，紧急上线配套音、视频课程，借助二维码技术等，将纸质内容转移到线上平台。随着用户的大幅度增长，人民教育出版社又在"人教点读"App 用户体验、互动方面下功夫，加强数字课程的互动化，及时对用户反馈的有关平台、教学资源等问题进行记录、处理和改善，保证疫情期间教学正常进行。还有北京出版集团有限责任公司的"京版云"、广西教育出版社的"快乐口算"App、湖北教育出版社的"湖北教育"App、上海教育出版社的"上教英语"App、华东师范大学出版社的"华狮小助手"App 等许多教育类移动应用，面向不同教育层次用户在疫情防控期间提供出版服务。

在数字化转型升级、融合发展过程中，知识资源服务平台建设越来越受到出版界的认同与重视，尤其是垂直型的知识平台建设，反映了出版社长期进行数字出版转型升级、融合发展的谋划、作为与成果，更体现了出版社的权威和实力。

四、出版物传播渠道畅通融合特征显著

应急响应出版物传播渠道畅通，渠道融合特征显著。全国各大主流媒体、地方新闻媒体、出版社官网官微、抖音号、快手号、新闻传播网站、行业联盟网站、App 平台"两微一端"、有声平台、短视频、直播平台等，积极传播疫情防控主题出版物信息及出版物内容，及时进行矩阵式滚动报道、转载或再制作。

（一）立体联动实现多元复用传播

出版服务应急响应期间，疫情防控主题出版物的出版信息及数字内容传播渠道已实现网络化、立体化、多元链接。经梳理提炼，应急响应出版物的网状立体传播渠道如图7所示。

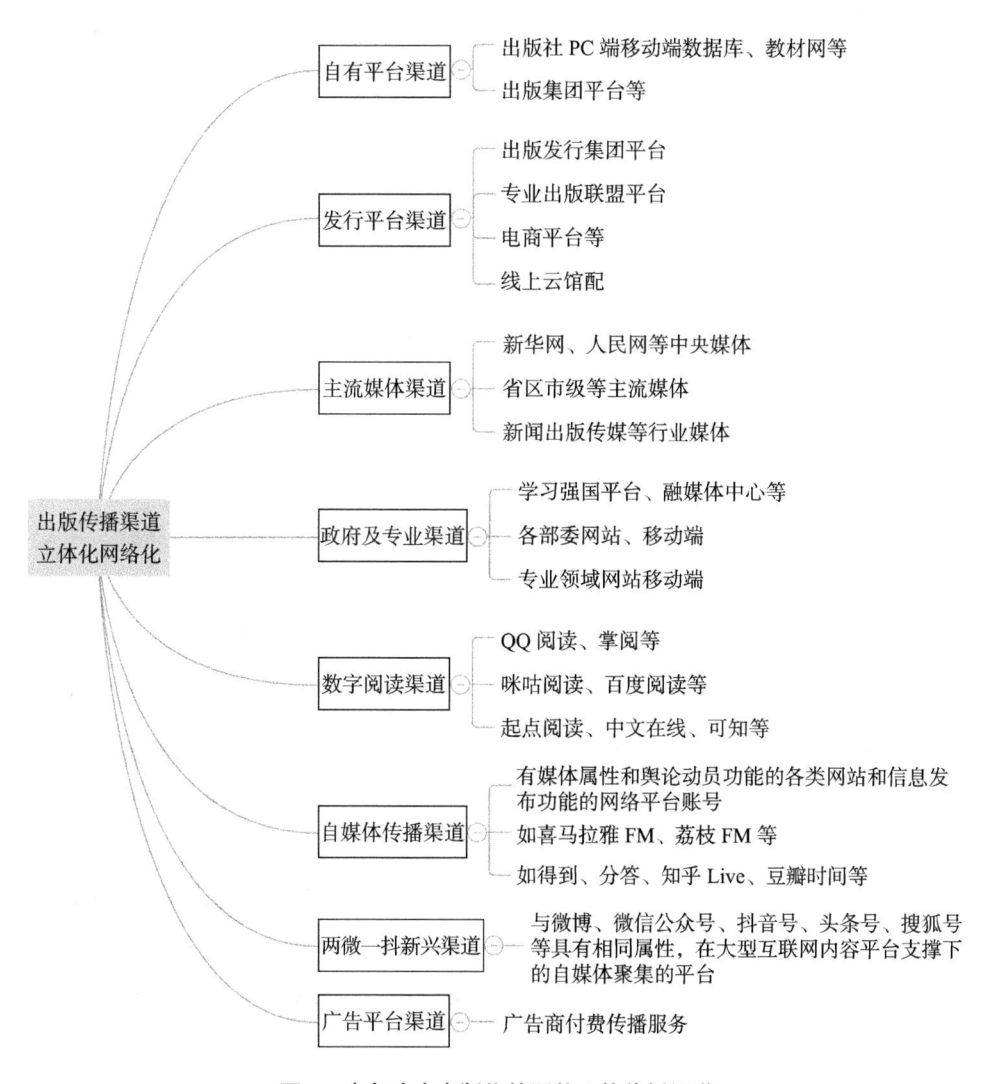

出版传播渠道立体化网络化
- 自有平台渠道
  - 出版社PC端移动端数据库、教材网等
  - 出版集团平台等
- 发行平台渠道
  - 出版发行集团平台
  - 专业出版联盟平台
  - 电商平台等
  - 线上云馆配
- 主流媒体渠道
  - 新华网、人民网等中央媒体
  - 省区市级等主流媒体
  - 新闻出版传媒等行业媒体
- 政府及专业渠道
  - 学习强国平台、融媒体中心等
  - 各部委网站、移动端
  - 专业领域网站移动端
- 数字阅读渠道
  - QQ阅读、掌阅等
  - 咪咕阅读、百度阅读等
  - 起点阅读、中文在线、可知等
- 自媒体传播渠道
  - 有媒体属性和舆论动员功能的各类网站和信息发布功能的网络平台账号
  - 如喜马拉雅FM、荔枝FM等
  - 如得到、分答、知乎Live、豆瓣时间等
- 两微一抖新兴渠道
  - 与微博、微信公众号、抖音号、头条号、搜狐号等具有相同属性，在大型互联网内容平台支撑下的自媒体聚集的平台
- 广告平台渠道
  - 广告商付费传播服务

图7 应急响应出版物的网状立体传播渠道

立体化渠道不仅是产品信息发布渠道，也是内容展示节点，还是社群互动渠道，加宽、加深、加长的渠道使出版物的传播增值。在应急响应中，除了为业界所熟悉的传统线上线下传播渠道外，新媒体渠道的应用有很强的示范作用，形成网络化、立体化、矩阵式全媒体传播态势，如广东科技出版社2020年1月23日推出行业第一本抗疫出版物后，迅速扩大读者范围和受益人群，在传播渠道拓展上的波次性、立体化效应十分明显。该社第一时间授权中国香港地区和澳门地区同行出版香港繁体版和澳门版，2月初，该书被翻译成蒙古文版、藏汉、彝汉和朝汉等双语版，授权东南亚地区出版英文版和马来文版；电子书除夕上线，在天猫、京东、当当、博库等电商平台免费下载量超过100万册。该书在官方微信公众号上点击阅读量超过2280万人次，获得150多个政府机关、事业单位、媒体微信公众号、微博、官方网站等平台转载或推荐，图书音频版在喜马拉雅、懒人听书等平台免费发布，收听量迅速达到2000万人次。

同期，《妈妈要去打怪兽》绘本利用新媒体渠道，从选题创意到急速矩阵式传播，体现出版融合服务。该书推出了中、英文绘本纸质书、电子书、动画视频、有声书等多种形态。由中央电视台播音员免费录制音频，作曲人无偿提供音频配乐，配音导演免费录制；市场营销推广方案确定由作者、出版社、第三方平台首发，其他平台随后跟进。在微信公众号、微博、小红书、抖音等100多家新媒体平台投放，其中音频版在喜马拉雅、洪恩故事、蜻蜓FM上线，电子书在当当、京东、掌阅等平台同步上架。视频在微博发布不到24小时，观看量就突破10万次，覆盖多个群体圈层，多篇"10万+爆文"涌现，短短3天内引爆全网声量，仅微博平台累计播放量就超过35万次，单条微博阅读量超过240万人次。

不仅中央级出版社有良好的扩散传播效果，而且地方级出版社亦能通过融合传播渠道展示自己的责任担当。出版物传播呈现多元渠道网状链接、节点路径复用，体现最新的融合渠道特征，也展现出传统媒体和新兴媒体通力合作为抗疫助力的高光时刻，传播效果明显。

（二）可适配性提升线上传播能力

在疫情防控主题出版传播过程中，出现利用微信、微博、官方网站等先声夺人，再由各大自媒体、线上知识资源服务平台"递进、多维、立体、接力"的可适配传播模式，利用文字、图片、音视频、动画等多形态信息载体同步发布，全方位展现出版物的内容，也展现了出版数字化融合发展的良好态势。随着疫情防控常态化对线上渠道的巨大开发与利用需求，线上线下同步性将会更加凸显，基于移动端的数字出版有望成为一种普遍的传播模式。

纸书、电子书、音视频、有声书、融媒体产品等众多疫情防控主题出版物信息及数字内容传播渠道，链接传播网状节点路径复杂，内容扩展传播效果明显。尤其在快速响应阶段，每天都有数种出版物面世，通过传统渠道和新兴渠道直达抗疫需求之地。2020年3月1日有24种出版物上线，是单日出版物面世最多的一天。人民卫生出版社1月30日出版《新型冠状病毒感染的肺炎公众防护指南》，第一批图书紧急送往武汉抗击疫情一线，电子书、网络版读物做到纸电同步，在健康中国、人卫健康等微信公众号，人卫电子书等App，以及学习强国、亚马逊Kindle、掌阅、微信读书、京东阅读、当当云阅读、丁香园、天猫阅读、得到、知乎等网络平台公益传播；提供免费的可印制PDF版本，被一些地方人民出版社、民族出版社快速转译为多种少数民族文字版本在本土传播。人民出版社1月30日特别提前推出了主题图书《中国疫苗百年纪实》电子书，在学习强国、中国移动、掌阅、亚马逊及人民出版社读书会等多家数字平台同步上线。四川人民出版社3月2日推出《疫情防控居家康养健身舞》，既可通过在线阅读或公众号推文直接阅读，还可以通过二维码识别等途径免费观看配套的视频。

（三）网端屏互通内容跨平台应用

从这次出版应急响应中也看到，出版社在驾驭网端屏多终端互通上有新的动作、新的挖掘。人民文学出版社通过微信公众号推出"人文读书声"免费领取月卡特权，用户在一个月内全店作品免费畅听。广州出版社的《新时代文明实践系列口袋书：讲文明 树新风 齐参与 防疫情》线上线下多渠道同时发布，用户可免费阅读。海南出版社疫情防控的系列读物均制作 H5 电子书，将音视频多媒体融为一体，与手机兼容，一键式操作，且成本低廉。陕西新华出版传媒集团有限责任公司、陕西人民教育出版社先后发布网络版、纸质版《新型冠状病毒肺炎防护知识读本》，并在喜马拉雅推出语音版，同时还以新媒体产品形式每天做一条 H5，推送到陕西传媒网、掌中陕西客户端，还以文图、长图、H5、小视频等形式在自有渠道进行传播。这些案例展示出让人为之振奋的出版传播力，这些跨产品形态与运用多重信息载体的融媒体出版物预示着未来出版传播的必然趋势。

虽然网端屏互通的阅读方式尚在初期尝试，但从跨终端制作到无障碍阅读的过程为出版物进行内容互通跨平台应用提供了可借鉴、可参考的方向。网端屏多终端内容互通在大数据用户画像方面及拓展出版市场的深度、广度方面，也有积极的推动作用，是一种有益的尝试。

（四）出版服务延伸到相关领域

抗击疫情出版服务不仅实现防护指导、防疫科普等功能，出版社还创新了与相关领域合作、延伸出版服务的方式。

"互联网＋出版＋生活服务"跨界融合创新。疫情期间，网络成为人们接触社会、获取信息的主要途径，出版社向互联网主阵地汇集，进行了直播课程、直播卖书、"出版社＋新媒体平台""出版社＋生活服务类平台"等许多生动的探索，如上海人民出版社、上海科学技术文献出版社等入驻美团，让读者可以像点外卖一样，在平台上挑选图书并享受送书上门服务，开启了出版社新销售路径的尝试。

"互联网＋出版＋医疗"跨界服务创新。出版社网络直播是一种能够让受众获得参与感、即时互动性最强的方式，是出版产业链上的一大突破。中国中医药出版社于 2020 年 1 月 29 日上线兼具"科普＋问诊"功能的《新型冠状病毒感染的肺炎防治知识问答》电子版，不仅普及防护知识，还通过二维码关联"疫情在线免费问诊"平台入口，使用户只需扫码便能进入"微医互联网总医院抗击新冠肺炎疫情义诊"专区。该专区针对新冠肺炎疫情防治答疑解惑，成为基层疾控和医务人员的得力助手。

"图书＋线上心理咨询"起到心理干预治疗作用。四川科学技术出版社于2020年1月31日深夜上线《新型冠状病毒大众心理防护手册》电子版，并与该书作者单位四川大学华西医院及四川新冠肺炎疫情心理干预工作组专家团队迅速建立起线上线下联动方式，推进防护知识宣传。该书来自防护实际，满足群众防护需求，虽然发布时间已是深夜，但阅读量很快就达到10万 | ，在疫情突发早期起到很好的心理干预治疗作用。

"微信多群同步直播"分享抗疫知识。应用"微信多群同步直播助手"软件，克服微信单群消息推送的薄弱点，直播助手将直播间发布的信息（包括照片、文字、链接、小视频、微信公众平台图文等）同步到数十个甚至上百个微信群中，大大拓宽内容的传播渠道。江西新华发行集团有限公司与北京开卷信息技术有限公司合作推出了微信多群直播活动，让作家与读者直接互动，共同探讨、分享疫情期间心理干预、读书方式等知识。微信多群直播模式不仅让读者沉浸在社群营造的文化氛围中，还将出版内容一次性覆盖更多书店，扩大影响力。

一场突如其来的疫情考验着图书出版业在国家重大公共卫生安全事件中的成长与反应，也犹如一场春雨滋润着多种数字出版形态如春笋般成长，催生着数字出版在内容与形式、生产与传播上的创新，扛起图书业应急响应的大鼎。

五、疫情防控主题数字出版应急响应的启示

回看2020年的抗疫斗争，出版界听从党中央号令，以最快响应速度、最大响应规模、最广覆盖类型接受大考，数字出版及时回应国家重大需求，集体交出了合格答卷，其中体现的意志、作风、能力和团队作战的品质将载入中国出版界的史册。面对突发重大灾害时，出版业能够迅速统筹实施疫情防控主题出

版应急响应，数字出版的良好表现为出版社深度融合发展、担纲文化传播带来以下启示。

（一）检验出版社担当执行能力

习近平总书记在湖北武汉考察疫情防控工作时指出，敢于斗争、敢于胜利是中国共产党人鲜明的政治品格和政治优势，在疫情防控阻击战中考察识别干部、激励作为担当。面对突发重大公共卫生事件，出版行业迅速应急响应，体现了中国制度统筹与实施的巨大优越性，是出版社坚守"把社会效益放在首位"的检测剂。疫情防控主题出版不仅覆盖了所有九种类别的出版社，而且出版物选题覆盖抗疫指导、防疫科普、宣传读物等方面，兼顾专业人员和普通读者各层次各领域的阅读需求，展现支援全球抗疫的中国胸怀，尤其是在2020年2月6日国家新闻出版署下发通知时，就有46家出版社推出70种疫情防控主题出版物（占比20.8%），这充分体现了出版社敏锐的政治勇气和主动的担当行为。

同时，有些出版社未及时做出应急响应，在区域和类型维度上数字出版的表现也不一样，虽然有各种客观因素影响，但是出版业独特的文化价值使命及在习近平新时代中国特色社会主义理论体系中的新内涵，使战时的责任担当和行动能力成为检验出版社"把社会效益放在首位，实现社会效益和经济效益相统一"的试金石。笔者建议把战时应急响应作为一个重要维度，补充到出版社社会效益考核指标体系中，形成"平时＋战时"的综合评价，更全面地考核评价出版社。

（二）检验出版社资源聚合能力

一场突如其来的重大疫情灾害，出版应急响应在地域上覆盖了30个省区市，综合检验了出版社因地制宜、因人制宜、因时制宜、协同作战、迅速行动的能力，也考验出版社高质量聚合相关作者资源，以及协同快速完成编审校环节的能力。出版业渗透于国家社会生活的每一个领域，出版人通过客户关系资源接触各个领域的权威机构、知名专家、专业创作者，防控指导类出版物几乎都是由中央、省市两级疾病预防控制中心，国家级医疗和科研单位专家担纲编写，足以体现出版社的作者资源储备优势。精准、科学地指导科普类出版物由专业、权威的作者编写，不仅满足国内抗疫防疫需求，而且翻译成多语种文版供其他国家分享。在紧急情况下，出版社寻找、配置最合适、专业资源丰富的作者，体现了超强的作者资源聚合能力。

但是在应急出版中，由于存在版权壁垒和资源共享平台缺失等问题，手册类的工具性出版物、病毒知识类的科普读物重复较多，在人力、物力、财力和出版时间上造成不同程度的浪费。建议在行业层面凭借中国制度的优越性，建立或重组高效、便捷、公益特点鲜明的应急响应主题出版资源共享平台，避免或减少出版资源的重复浪费问题。

（三）检验出版社融合发展能力

出版融合是一场由技术飞跃式进步带来的深刻变革，更是一场在党中央战略谋划下进行的创新发展。应急响应反映出版社数字化生存能力，体现出版融合发展的新成效，促进了科技为出版加速赋能。这次新冠肺炎疫情全国紧急一级响应，人员物理隔离，常规的办公生产转移到网上，出版人通过云端协同作战，数字形态的出版物占总量的70%以上，呈现"一个内容、多个选题、多种形态、多元渠道、流转发布、动态反馈"的出版融合业态。在抗击疫情大考中，传统出版和新兴出版在内容、渠道、平台、经营、管理等方面的融合发展，考验了出版社快速策划生产融媒体出版物的能力、出版组织结构快速调适的张力、从供给侧生产端延伸到服务端的综合传播能力。这种基于云端的信息化、大工业的生产方式使出版人才队伍经历实战锤炼，团队工作方式正在改变传统的编辑营销人员的成长方式。

但是，一方面疫情防控主题出版的数字出版物，主要形态还是静态的图文电子书、多媒体电子书，以及纸质书链接数字资源的融媒体出版物、端屏阅读的流媒体出版物等，数量很小，版权输出中数字出版也多是静态的电子书，说明整体的融合出版能力还处在较低阶段。另一方面融合不仅是现有体制下的圈内融合，还需要破圈与主流的流媒体平台合作。一些出版社在"两微一端"、抖音、快手、火山等平台上入驻，需要借助直播、短剧微剧、大V网红的影响力等形式，弥补出版社在音视频、动漫等形态数字资源的短板，让数字出版内容资源在流量巨大的流媒体平台上有效推广，这也考验出版社的融合发展能力。

（四）检验出版业综合治理能力

这次新冠肺炎疫情影响我国经济社会各方面的正常运转，更是对国家和各行各业应急管理体系、管理能力的重要考验，检验出版业的综合治理能力。出版业肩负使命，在重大突发公共卫生事件中发挥舆论导向作用，整体上讲，应急出版中涉及抗疫专业指导、法律法规指导、防控自救指导、心理调适指导，以及模范人物先进事迹等的宣介传播，发挥了宣传舆论工作树立信念、鼓舞士气、传播知识、纾解情绪、提升大众防护能力等方面的积极作用，数字出版的优势在应急管理中得到充分体现。

但是，应急响应中也暴露了出版业应急管理体系和能力上的短板，如整体组织协调能力、资源储备整合能力、与音视频形态的流媒体平台共建能力、多样性版权开发应用能力及出版复合型人才队伍建设能力等，在国家治理体系和治理能力现代化进程中都需要综合统筹部署。因此，要从以习近平同志为核心的党中央推进国家治理体系和治理能力现代化的高度，以"固根基、扬优势、补短板、强弱项"的理念和实践，在出版治理体系中建立起出版业应急管理体系，统筹组织协调管理，根据突发公共事件的级别制定不同的应急预案，不断提高和完善治理能力。

（北京印刷学院新闻出版学院　刘华坤　陈　丹　张志林）

第二编

出版物研究

童书分级阅读研究略述 *

摘 要：为进一步了解我国童书分级阅读的研究状况，本文对近十年的文献进行登载来源、研究对象、研究类型、研究主题等方面的分析，对中国知网热度排名前100的文献进行深度内容研究，揭示我国童书分级阅读的发展现状。

关键词：童书；分级阅读；文献综述

2016年12月，《全民阅读"十三五"时期发展规划》中明确提出：加强对少儿阅读规律的研究和运用，科学研究不同年龄、不同群体、不同性别少年儿童的智力、心理、认知能力和特点，借鉴国外阅读能力测试、分级阅读等科学方法，探索建立中国儿童阶梯阅读体系，加快提高我国少年儿童的整体阅读水平[1]。2017年3月31日，国务院法制办公室公布《全民阅读促进条例（征求意见稿）》，向社会各界征求意见。该条例中第二十二条明确提出：应当根据不同年龄段未成年人身心发展状况，推广阶梯阅读。

国家政策中连续两次提及"阶梯阅读"，使童书的"分级阅读"成为社会热点。成年人的认知要遵循认知规律，儿童更是如此。童书的"分级阅读"有利于家长和儿童更有针对性地选择图书，更好地理解图书的内容。本文对近十年与"分级阅读"相关的文献进行梳理分析，希望对"分级阅读"的研究有所帮助。

笔者首先在中国期刊全文数据库中以"分级阅读"为关键词进行主题检索，时段为2007年1月至2016年12月，除两篇文献无法下载外，共得到有关"分级阅读"研究论文646篇，对其进行文献源分析，同时对2017年4月30日以关键词"分级阅读"搜索热度排名前100的论文，对其进行详细的内容分

---

* 本文原载《科技与出版》2017年第12期。

析，进而对儿童图书分级阅读的研究再度梳理，通过阶段性总结找到新的研究重点和方向，为促进我国分级阅读标准的制定提供借鉴。

一、文献源特点分析

（一）发布时间

对文献发布时间的分析能够清晰地反映我国对分级阅读的关注程度。自2007年以来，分级阅读文献发文量的两个峰值分别出现在2011年和2015年，分别为82篇和97篇（图1）。

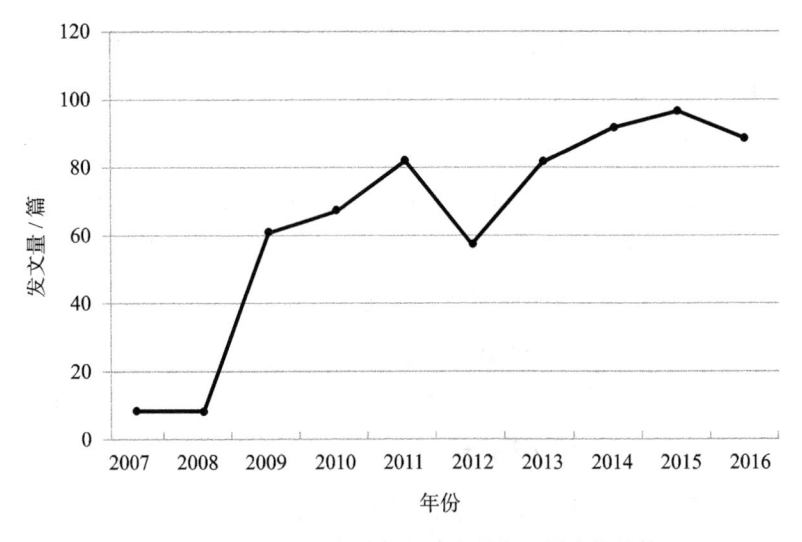

图1　2007—2016年分级阅读文献发文量变化趋势

根据行业热点可知，2008年南方分级阅读研究中心成立，并提出《儿童青少年分级阅读评价标准》及《儿童青少年分级阅读内容选择标准》，这在国内尚属首次。2009—2010年，接力出版社连续举办了两届"中国儿童分级阅读研讨会"，发布《中国儿童分级阅读倡议书》，推出《儿童心智发展与分级阅读建议》与《中国儿童分级阅读参考书目》。2010年，新阅读研究所正式成立，并在2011年推出了《中国小学生基础阅读书目》。这些举措在当时引起了社会的广泛关注，因此分级阅读研究文献在2011年达到第一个高峰。

2015年，国家新闻出版广电总局在《关于开展2015年全民阅读工作的通知》中提出：要着力保障儿童、农村留守儿童、进城务工人员子女及残障人士等重点群体的基本阅读需求。由此，分级阅读有助于提高儿童阅读量的论题再次进入人们的视野，使其相关研究在2015年达到第二个高峰。

值得关注的是，不论是2011年还是2015年，当年分级阅读文献总发文量均未超过100篇。该类文献发布时间以行业重要举措为中心，且每年发文量较少。这两个特点说明分级阅读研究在我国并未得到充分重视，以行业热点带动研究热点的模式只是研究的开端，以长期研究促进行业发展才是可持续发展之道。

（二）登载来源类型

通过观察文献登载来源的类型，我们可以分析传播平台对分级阅读的关注度。分级阅读文献刊登的主要载体有期刊、报纸等，还有少量的硕士、博士学位论文及会议论文。其中，业内期刊327篇，占51%；业内报纸278篇，占43%；硕士学位论文28篇，博士学位论文1篇，共29篇，占4%；国际会议论文2篇，中国会议论文10篇，共12篇，占2%。分级阅读文献登载来源类型及发文量如图2所示。

占刊登总数51%的期刊中，主要有《出版广角》《出版发行研究》《中国出版》《出版参考》《科技与出版》等以出版为主要内容的期刊。此外，还有《图书馆》《图书馆建设》《图书馆学刊》等以图书馆为主要内容的期刊，以及各大学学刊等。

值得注意的是，2007—2009年的刊登量以报纸为主，期刊较少；2010年报纸与期刊的刊登量基本相等；2011年，期刊的刊登量超过报纸刊登量，并在此之后一直保持领先（见表1）。

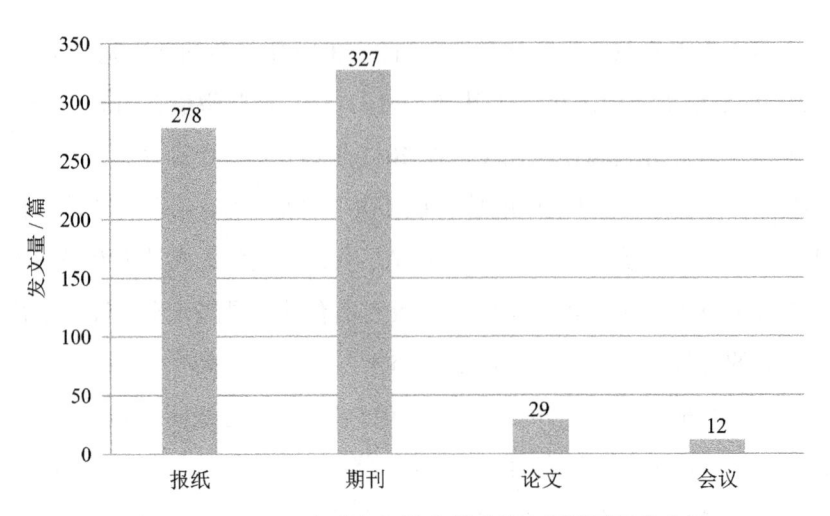

图 2 2007—2016 年分级阅读文献登载来源类型及发文量

表 1 2007—2016 年分级阅读文献登载来源类型对比

年份	发文量/篇					
	报纸	期刊	国际会议	中国会议	硕士学位论文	博士学位论文
2007	5	4	0	0	0	0
2008	7	2	0	0	0	0
2009	39	22	0	0	0	0
2010	33	32	1	0	1	0
2011	31	48	1	0	2	0
2012	22	28	0	4	4	0
2013	31	44	0	0	6	1
2014	41	47	0	2	3	0
2015	34	53	0	5	5	0
2016	35	48	0	0	7	0

通过数据分析可知，文献登载来源类型由以报纸为主转向以期刊为主。文献登载来源类型的转变说明行业对分级阅读的研究由浅入深，由业余到专业。另外，从 2010 年起，文献类型由报纸、期刊扩展到硕士学位论文、国际会议论

文等，载体范围的扩大说明对分级阅读的关注群体逐渐增加并具有专业性，对分级阅读的研究迈上一个新的台阶。

（三）作者职业

在 646 篇文献中，有 557 篇文献可以获得作者的职业信息，文献作者主要集中在高等院校、媒体、图书馆、出版社、政府部门、科研机构及阅读推广领域（见表 2）。

表 2　2007—2016 年分级阅读文献作者所在领域及发文量

年份	发文量/篇						
	高等院校	出版社	图书馆	媒体	政府部门	科研机构	阅读推广
2007	3	2	0	1	0	0	0
2008	2	1	0	4	0	0	0
2009	5	7	0	22	2	0	3
2010	13	5	1	25	1	1	3
2011	21	17	4	19	3	1	1
2012	21	2	9	15	1	0	0
2013	25	8	13	23	1	0	1
2014	31	6	14	20	0	8	10
2015	38	7	20	18	0	2	9
2016	46	7	8	24	1	0	2

通过对文献作者的职业进行分析，可以得知关注分级阅读内容的研究者主要从事的行业。在 557 篇文献中，作者来自学校的文献有 205 篇，约占总量的 36.8%，学校教师及学生是关注分级阅读内容的第一大主体；在研究教师所在学校的层级时发现，作者既有幼儿园教师，也有小学、中学、大学教师。由此可见，分级阅读关乎学生的整个受教育阶段，具有一定的普遍性和重要性。作者来自媒体的文献有 171 篇，约占总量的 30.7%，他们是关注分级阅读内容的第二大

主体，但其所写文献内容多半为新闻报道，研究内容极少。作者来自图书馆的文献有69篇，约占总量的12.3%，他们是关注分级阅读内容的第三大主体；图书馆作为公众阅读的公共场所，如何更好地提供阅读服务是其工作人员应思考的问题。作者来自出版社的文献有62篇，约占总量的11.1%，他们在关注分级阅读内容的主体中位列第四，其中以少儿出版社为主；如今大部分少儿出版社都已对本社出版的儿童图书标注了适读年龄，有了基本的分级意识，但深入研究还不够。作者来自政府部门的文献有9篇，约占总量的1.6%，他们位列第五；虽然这一部分文献数量最少，但能看出政府部门已将分级阅读划入研究范围。

综合来看，2007—2016年，研究分级阅读的主体队伍逐步壮大，涉及的行业也逐渐增多。

二、文献研究内容分析

笔者以关键词"分级阅读"进行主题搜索，同时对2017年4月30日以关键词"分级阅读"搜索热度排名前100的文献进行分析。

从研究范畴来看，研究国内分级阅读情况的文献或报道有79篇；研究国外分级阅读情况的文献有4篇；研究国内外分级阅读情况并进行对比分析的文献有17篇。从研究类型来看，理论研究有77篇；实证调查研究有10篇；其他类型有13篇。从研究主题来看，主要有以下5个方面：一是论述我国分级阅读现状并提出对策或展望的文献有58篇；二是论述如何制定分级阅读标准的文献有18篇；三是论述国外分级阅读情况或进行国内外分级阅读情况对比的文献有12篇；四是论述分级阅读重要性的文献有7篇；五是征文通知、报道类文章有5篇。

（一）分级阅读现状及对策研究

分级阅读现状分析分为推广现状与实践现状两部分。在58篇文献中，有

41篇文献主要论述我国分级阅读现状并提出对策或展望，17篇文献主要论述分级阅读的实际应用情况。

1. 推广面临的问题复杂

（1）大众认识有待提高。由于分级阅读在我国刚刚起步，大众对其接受程度还有待提高，部分学者认为分级阅读只是出版商推出的新的营销行为[2]。个别出版商也确实以此为噱头，吸引大众购买图书。此外，黄志芬提出少数家长视分级阅读为功利性阅读，希望通过分级阅读迅速提高孩子的识字水平、阅读能力等。这些错误认识对分级阅读的推广产生了一定阻碍[3]。

（2）分级阅读推广宣传不到位。蔡健认为，部分销售商、书店宣传力度小。图书进行销售时，部分销售商对于分级图书的反应并不及时，有些书店、读者甚至从未听说过分级阅读这一概念[4]。另外，新媒体的宣传力度小。信息化社会中，微博、微信等新媒体的使用已经成为日常，但分级阅读在新媒体中的关注度十分低。截至2017年5月14日，在新浪微博中搜索"分级阅读"，仅能搜索出861条结果，在微信中搜索有关"分级阅读"的公众号，结果显示仅有41个。当然，这个结果并不完整，并未加入出版社公众号及名字中不包含"分级阅读"四个字但内容与此有关的公众号，但如此低的数量仍然可以反映出一定的问题。

（3）分级阅读标准制定不权威。我国现阶段影响力较大、较成熟的分级标准主要有两套，即以南方分级阅读研究中心为主体研制的《儿童青少年分级阅读评价标准》《儿童青少年分级阅读内容选择标准》，以接力儿童分级阅读研究中心为主体研制的《儿童心智发展与分级阅读建议》《中国儿童分级阅读参考书目》，但综合来看，二者的影响范围都较为有限，前者作为省会标准在其他省份的影响力有限，后者作为行业标准也并非被所有儿童出版社认同。此外，不同的儿童出版社对童书几乎都有各自的分级方法，但上升为理论的却很少。

（4）其他问题。除上述三点外，我国分级阅读研究存在分级标准公信力不够、研究主体的行业结构单一、推广信息不对称、推行的力量没有形成合力等问题。

2. 实践探索已初具规模

（1）出版社的探索。多数童书出版社都已有分级探索，如出版相关分级图书、举办分级阅读推广活动等，并取得了一定的成果。笪许燕以化学工业出版社的《海绵儿童分级阅读书丛》为例进行分析，出版社通过调研和大数据分析为策划图书提供思路，与首都师范大学的教育部社科儿童分级阅读研究课题"基于阅读教育的小学阶段分级阅读研究"项目组进行合作，借鉴美国三大阅读素养测评体系对作品内容进行调整，最终出版这套丛书。在推广中，针对教师、家长、孩子制定了3套推广方案，最终获得较好的市场反馈[5]。

（2）图书馆的探索。部分学者认为，图书馆具有公益性且具备儿童阅读场所，是分级阅读实践地点的首选，部分图书馆也在推广分级阅读方面进行了实践。这些实践大致分为三部分，即将图书馆文献、藏书按照分级阅读标准进行重组，将图书馆场地按照分级阅读标准进行重置，以及举办关于分级阅读的相关活动。此外，周力虹等学者针对为未成年人提供数字分级阅读服务进行了研究，认为图书馆应加强数字资源及标准建设，利用数字化技术进行数字分级阅读推广等[6]。

（3）学校教学探索。学校的教学探索多集中于英语教学，或利用国外英语分级读物进行教学，或通过入学英语测验进行分班教学，对中文的分级教学探索主要集中在理论体系建设上，实践还较少。

（二）分级阅读标准制定研究

分级阅读标准制定的影响因素较复杂，我国目前虽有较成熟的分级阅读标准，但仍不够完善，还须从其他层次提出新的分级阅读标准，并进一步实践与完善。

1. 分级阅读标准制定原则

有学者提出在制定标准时应遵循4个原则。一是低年龄段的孩子心智不够成熟，想法变化快，因此对于低年龄段的儿童分级标准应较细致，而中、高年龄段的儿童分级标准则可适当宽泛。二是分级阅读的对象应为大部分智力健全的儿童，对智力残疾儿童进行特殊教育，因此不在分级阅读的讨论范围内。三是分级阅读须因材施教，根据儿童不同的阅读水平进行相应的级别划分。四是要以儿童为本，分级阅读是为儿童阅读服务，不能沦为某些利益团体的工具。

2. 分级阅读标准制定的影响因素复杂

在已较为成熟的分级阅读标准中，南方分级阅读研究中心提出的分级方法从儿童青少年的心理发展特征需要出发，从阅读数量、阅读技能、阅读习惯进行评价；接力儿童分级阅读研究中心则以儿童的年龄为主进行评价。对于课外读物而言，分级阅读标准的影响因素主要集中在对读者年龄或年级、性别、阅读能力、心理特质、知识结构、图书内容、图书载体等方面的分析，要借鉴国外经验，建立儿童阅读测评体系。有部分文献对各年龄段儿童的特性进行分析，并推荐相应读物类型。对于课堂教学而言，文献主要是对小学阶段课堂语文教学进行了分析。彭明福认为，在小学的前期阶段，侧重于培养儿童的阅读兴趣和阅读能力；在小学的中期阶段，在培养儿童语文能力的同时，也要发展其思维能力；在小学的后期阶段，则要侧重于在语文能力训练的同时，提高儿童的审美情趣[7]。

（三）国内外分级阅读比较研究

我国与其他发达国家分级阅读研究因所处发展阶段不同，在很多方面存在差异。具体分析如下。

1. 国外分级阅读情况

对国外分级阅读情况的介绍多是以英国、美国为代表。美国的分级阅读标准主要可分为数字体系、字母体系和年级体系，各体系下的具体分级方式多样。英国对小学生的分级阅读教育也有专门的指导，即英国国家课程教育阅读级别

（National Curriculum Kay Stage）通过对小学生各阶段的语言学习等方面进行指导，帮助其逐步提升阅读能力。与此同时，英国教育类出版社也积极推出分级阅读读物。

2. 我国分级阅读情况

现阶段，我国主要形成了两个分级阅读标准：省会标准（即南方分级阅读研究中心）与业界标准（即接力儿童分级阅读研究中心）。前者是广东省委宣传部、广东省新闻出版局、广东省教育厅等为推进全民阅读联合成立的非营利性机构，后者是儿童出版界的代表。我国分级阅读标准初见成效，但自2010年以后并无影响较大的分级阅读标准面世，仍需继续讨论。

3. 国内外分级阅读情况对比

罗德红等认为，国内外分级阅读在研究主体、研究方法、研究应用及研究价值等方面均有较大差异[8]。国外发达国家分级阅读已渐趋成熟，且多处于多种分级模式并存状态，形成交叉化立体化模式。我国分级阅读刚刚起步，"分级阅读"这一阅读模式的大众普遍认可度还不是很高，探索适合我国儿童的分级阅读模式任重而道远。

（四）分级阅读的重要性研究

有7篇文献主要论述分级阅读的必要性或重要性。其中，1篇文献的作者认为分级阅读是不合时宜的，其他文献的作者都认为分级阅读具有一定必要性，这些必要性具体体现在以下方面。

1. 对儿童读者的意义

我国大部分出版社都出版童书，但大多出版社不一定与童书的出版质量相匹配。多数学者认为，分级阅读符合儿童认知发展规律，可以培养儿童的阅读兴趣、阅读习惯及自主阅读能力，因此对儿童阅读有一定的积极意义。

2. 对少儿出版的意义

陈苗苗提出，从现实角度讲，分级阅读为整个少儿出版业培育读者[9]。分级阅读可以帮助编辑了解儿童的阅读兴趣和阅读特点，为阅读水平不同的儿童提供更适合他们阅读的图书，并运用相应的营销策略进行图书推广，从而获得良好的社会效益与经济效益。儿童获得适合阅读的图书，更易养成良好的阅读习惯，增加对优质图书的需求，从而促成少儿出版的良性循环。

3. 对创作者的意义

每一个产品在面世前都会有相对应的目标群体，文学作品也不例外。分级阅读理念可以更好地帮助作者确定作品的阅读群体，并结合阅读群体的已知特点进行创作，从而更好地与目标读者进行精神交流。

4. 其他方面

白冰认为，对于分级阅读的研究将涉及多种学科知识，这种学术研究和探讨对阅读推广理论的研究和发展也会起到积极的推进作用[10]。另外，现阶段家长在为孩子选购图书时往往不能确定哪种图书适合孩子阅读，因此分级阅读也会为家长提供一定的便利。

三、文献研究评价

（一）研究视野较窄

通过分析文献的研究范畴可以看出，我国分级阅读的研究学者着重对国内情况进行探讨，对国外分级阅读情况进行专门研究的文献极少，而研究国内外分级阅读情况也是为了借鉴国外分级阅读经验，为国内分级阅读提供帮助与建议。这一方面说明一个新兴事物的发展要结合具体国情，脱离国情的"拿来主义"是行不通的，且由于我国语系与分级阅读较为发达的国家有较大差异，所以我国研究学者不能简单借鉴国外经验，须对国内实际情况详细了解后再逐步形成独特的理论体系；另一方面研究国外分级阅读情况的文献及对比性研究过少，有其不利的一面。国外分级阅读研究趋于成熟，实践经验较为丰富，对我国分级阅读的发展具有一定借鉴意义。将国外分级阅读发展研究透彻，有利于我国分级阅读理论研究与实践探索少走弯路，更好地发展。

（二）缺少数据支撑

通过分析文献研究类型可以看出，我国分级阅读研究学者以理论研究为主，实际调查研究较少，量化数据支撑不足。在理论研究中，关于我国分级阅读具体的成系统的理论并不多，大部分只是针对现有问题进行分析后提出相关建议。这与我国现阶段分级阅读的发展情况有一定关系。我国分级阅读处于发展初期，理论体系正在逐步搭建，并且由于我国国情较为复杂，大众分级阅读的意识有待提高，在一定程度上使我国分级阅读理论体系的搭建较为滞缓。以理论研究为主，说明我国分级阅读的发展趋向是在理论研究的基础上推动实践的发展，实践后再将理论体系进一步完善，并最终推动我国分级阅读得到更好的发展。但是，实际调查少、量化数据的缺乏易使分级阅读的发展缺少现实基础，理论体系搭建后易出现"水土不服"现象。数据支撑是保障，因此在后续研究中要多注意数据调查，做到数据、理论两不误。

（三）缺乏反馈分析

通过分析文献的研究主题可以看出，我国分级阅读研究学者更倾向于研究我国分级阅读现状并提出对策，但对策更多的是从宽泛与宏观的角度进行论述，创新度还有待提升。关于标准制定的文献更多的是从标准制定原则或汉语词语分割角度进行论述，从某个方面对分级阅读标准制定提出设想。主要论述国外分级阅读情况并与国内进行对比的文献多是从介绍美国或英国较成熟的分级阅读体系入手，继而对国内分级阅读情况提出建议，其中有两篇文章重复度极高。

主要论述实际应用情况的文献多是从教学模式探讨或图书馆分级阅读实践活动入手,从实践角度对分级阅读的实施提出建议。总体而言,我国分级阅读文献研究主题覆盖面较广,宏观角度内容研究较多,但对市场或读者的阅读反馈部分涉及较少。走向市场是分级阅读在我国发展必不可少的一环,市场或读者的阅读反馈能够从实施角度对分级阅读提出建议,因此对这一部分应该引起重视。

总体而言,分级阅读在我国的发展还比较缓慢,研究文献数量随国内分级阅读热点事件的变化而变化。但近些年参与分级阅读研究的学者所在行业越来越广,且研究成果偏向期刊论文化,这说明分级阅读逐渐被研究者重视。目前来看,分级阅读在我国的发展还存在诸多问题,最亟待解决的是理论联系实际,如何制定好分级阅读标准并将其付诸实践。分级阅读标准制定的影响因素极其复杂,需要学者认真研究,将不同国家、不同地区的分级阅读体系进行对比,从而建立适合我国国情的分级阅读标准体系。我国也逐渐重视这一问题,相信在政府主导下,将大大加快我国分级阅读研究进程。值得注意的是,除纸质书分级研究外,还有少数文献对数字出版物分级进行了研究,但由于此类文献较少,因此未被纳入讨论范畴,待我国分级阅读研究进一步发展后,再对其进行完善。

(北京印刷学院新闻出版学院 孙 丽 刘华坤)

参考文献

[1] 新华网.《全民阅读"十三五"时期发展规划》发布[EB/OL].(2016-12-27)[2021-10-20]. http://www.xinhuanet.com/politics/2016-12/27/c_129421.

[2] 吴亮芳,李建红.分级阅读推广的尴尬与出路[J].出版发行研究,2010(10):15-18.

[3] 黄志芬.浅析分级阅读中家长的重要性及图书馆的桥梁作用[J].图书馆界,2014(1):91-93.

[4] 蔡健.分级阅读推广的困境与策略[J].图书馆学刊,2013(11):75-77.

[5] 笪许燕.探索基于大数据研究的分级阅读出版:以《海绵儿童分级阅读书丛》为例[J].出版参考,2016(10):49-50.

[6] 周力虹,刘芳.图书馆未成年人数字分级阅读服务研究[J].图书馆建设,2014(12):59-62.

[7] 彭明福.试论儿童分级阅读的基本策略[J].语文建设,2014(9):79-80.

[8] 罗德红,余婧.儿童分级阅读研究的中美对比分析[J].图书馆,2013(2):34-37.

[9] 陈苗苗.需要唤醒的儿童市场:分级阅读对少儿出版的作用及影响[J].出版广角,2011(6):16-18.

[10] 白冰.少年儿童分级阅读及其研究[J].出版发行研究,2009(9):16-18.

提升高等院校出版社专业类融合教材建设的探讨 *

摘 要：媒体融合时代，传统教材出版已不能满足当前读者的阅读需求，融合教材建设迫在眉睫。高等院校出版社作为市场上教材出版的主要生产者，担负着重要的社会职责。本文分析融合教材的特点及建设必要性，观察高等院校出版社专业类融合教材的应用情况及其在建设过程中面临的困境，阐述媒体融合时代高等院校出版社专业类融合教材的建设思路，指出高等院校出版社需因地制宜，积极探索适合传统教材向数字化教材转型的发展路径和方向。

关键词：高等院校出版社；数字化转型；融合教材

我国高等院校出版社有112家，作为我国教育出版工作的重要组成部分，已然成为我国出版领域的重要生力军。当前，移动互联网和信息技术的快速发展为我国传统出版社的数字化转型带来了新的发展机遇。融合教材作为数字化教材的一种新形态，拓宽了教学资源的形态结构，改变了传统的教学模式。在出版融合背景下，大力推动高等院校出版社传统教材的融合创新，是提升高等院校出版社整体实力和行业竞争力的必由之路。

一、融合教材的特点与建设的必要性

融合教材是以纸质教材为核心，以书网结合为入口，通过二维码实现纸质

---

* 本文原载《北京印刷学院学报》2019年9月第27卷第9期，是国家新闻出版署"国家数字复合出版系统工程应用示范"（采购编号：1741STC41049）SF31包"应用示范支撑"的成果之一。

教材和多形态数字资源充分融合、出版产品与在线服务互补、PC 端和手机端适用的新形态教材。融合教材的内涵由两方面组成：一是融合教材是纸质教材的新形态，完全具备纸质教材的功能和属性；二是融合教材表现形式多样化，产品互动性、兼容性强，是内容与技术相互融合的立体化产品。

（一）融合教材发展特点显著

通过梳理相关文献可知，融合教材是由 CD-ROM 式立体化教材发展而来的。2007 年，西南科技大学信息工程学院毕效辉、于春梅完成了《自动控制理论》立体化教材的编写。读者阅读该书纸质教材，可配合使用光盘进行点对点的增值内容学习，光盘内容以动画形式呈现，体现出传统纸质教材与数字化技术相结合的思维模式。2015 年，段博原在《媒介融合下高校立体化教材的转型升级》中提到，二维码、App 技术应用于传统教材，实现了纸质教材与数字资源的媒介融合[1]，从侧面反映出立体化教材进入扫码阅读阶段。2018 年，姚贵平在《融合媒体教材的基本内涵、主要特点与出版策略》中总结了融合媒体教材的流程设计：一要强调对教材内容、学生特点、媒体特点进行分析，以便选用适宜于学生的媒体呈现教材的内容；二要在内容制作上强调数字媒体内容的制作；三要在教材使用上，更加强调学习效果检测和内容的及时维护、修订和更新[2]。

通过分析总结，笔者认为当前融合媒体教材的建设正是在立体化教材的基础上进行的革新和升级，同时融合媒体教材的流程设计是当前融合教材的设计思路。2016 年，随着国内部分出版单位成立"出版融合发展重点实验室"，融合出版产品相继出现。同年，人民卫生出版社开发出第一套融合教材，实现了从纸质教材出版到融合教材出版的成功转型。

（二）融合教材建设正逢其时

当前，国内各家出版社已顺利完成"转企改制"，自负盈亏。面对激烈的市场竞争，绝大多数高等院校出版社的发展步伐较为缓慢。身处数字化转型升级的大环境中，高等院校出版社必须转变思想观念，积极行动推进传统出版物的融合转型升级。

第一，当前国家高度重视媒体融合发展。2010 年 8 月，新闻出版总署❶发布了《关于加快我国数字出版产业发展的若干意见》，对我国数字出版产业的未来发展做出明确规定："到 2020 年，传统出版单位基本完成数字化转型，其数字化产品和服务的运营份额在总份额中占有明显优势。"2014 年 8 月，中央全面深化改革领导小组第四次会议通过了《关于推动传统媒体和新兴媒体融合发展的指导意见》，将媒体融合发展上升至战略高度。2019 年 1 月，习近平总书记在十九届中央政治局第十二次集体学习中强调："推动媒体融合发展，要坚持一体化发展方向，通过流程优化、平台再造，实现各种媒介资源、生产要素有效整合，实现信息内容、技术应用、平台终端、管理手段共融互通，催化融合质变，放大一体效能，打造一批具有强大影响力、竞争力的新型主流媒体。"高等院校出版社应该紧密围绕媒体融合发展的主旋律，加强传统教材出版与新兴出版的融合。

第二，行业先行者成功探索引路。2017 年 9 月，北京师范大学出版社出版的数字教材正式上线，该数字教材以基础教育教材为基础，围绕教学目标和教学重点，融合高质量、多维度、可交互的精品学习资源 2 万多条，为学生提供个性化学习服务，实现了从提供知识内容向提供知识服务转变的发展目标[3]。人民卫生出版社数字教材建设走在同行的前列，在融合教材的应用中积极搭建数字教材资源库，对教材资源进行结构化整合，把读者从线下转移到了线上网络学习平台，2018 年完成 600 多种融合教材，年终累计提升回款 1 亿元。高等教育出版社通过建设"纸数融合"新形态教材，有效遏制了图书订单的下滑，2018 年数字课程收入超过 500 万元。通过以上案例可以看出，出版融合产品获得了大量读者关注，较大程度地提高了出版社的经济收入。高等院校出版社应积极做好出版融合转型工作，努力找到一条符合自身发展的路径。

---

❶ 2013 年和国家广播电视总局合并为国家新闻出版广电总局，2018 年改名为国家新闻出版署。

第三，我国教材市场变化明显。随着我国教育事业和教材管理制度的不断发展与完善，我国教材市场规范化程度逐渐提高，高等院校教材的内容建设迈向更高层次。近年来，我国教材市场变化较为显著。一是高等院校课堂教学对课本的依赖程度越来越低，大多数高等院校教师采用多媒体课件教学，内容丰富、表现形式多样的多媒体课件对课堂教学的影响力正逐步增强。二是教材形态由单一的纸质产品向多媒体复合型产品模式转变，课本知识不仅能够在纸质上呈现，还可以搬到屏幕上。三是高等院校学生购买教材的比例持续下降，二手教材、网络版参考教材，甚至盗版教材在实际使用中占有一定比例[4]。以上变化正影响着我国教材产品及教材市场的发展走向，高等院校出版社应与时俱进，着眼于未来的融合出版物。

第四，新技术助力出版提质增效。随着互联网和人工智能技术的快速发展，我国传统出版业数字化转型升级的步伐加快。一方面5G技术使人与物之间的互联速度更加高效，融合教材建设在此基础上具有较好的技术支撑；另一方面人工智能技术在传统图书数字化转型中的应用更加广泛。

当前，大多数出版社在图书编校环节投入了太多人力成本，但图书编校质量仍然不高，存在不规范名词、错词、专业术语、单位符号大小写、敏感词、数量检查、连接号、量词正斜体等问题。人工智能技术可以完成一些难度较高的图书检校工作，如词汇级检校、基于规则匹配及相似性算法检校、基于深度学习算法检校和基于自然语言技术进行语言层检校。同样，智能排版技术能整理和初排来稿，对文稿进行XML全自动结构化排版，还能满足纸书出版、Web发布、手机发布、图书再版场景的同步发布。与传统排版相比较，智能排版技术能快速排出稿件，大大缩短排版时间。

二、高等院校出版社专业类融合教材的应用特征

通过分析，笔者总结出专业类融合教材的四个应用特征。

（一）资源线上线下相关联

线上数字资源与线下纸质教材相互关联是专业类融合教材最常见的应用方式。此类数字化教材能够将图文、声像等多种形式的数字资源进行融合，通过一定的集成技术向用户提供碎片化的知识信息，用户只需扫描纸质教材中的二维码即可获取，满足了用户从线下到线上的多元化学习需求。2014 年 8 月，华东师范大学出版社发布了一款新型专业类数字教辅服务产品——"华师微视"，该产品在传统纸质教辅之上，对相关资源进行碎片化、微视频化处理后，用户通过扫描纸质教辅中的二维码，即可实现线上数字资源与线下纸质教辅的相互关联。随着数字化技术的快速发展和媒体融合时代的到来，线上线下互联的融合出版已然成为当下绝大多数高等院校出版社数字化转型的发展模式。

（二）平台支撑按需个性化学习

学生是教材的主要使用者，其知识结构和学习能力具有个性化特点。为了满足不同层次的学生需求，形式多样的学习平台与精练的数字化教材内容进行融合，突破了传统教材的结构设计，使学生获得差异性的学习机会。"智慧树"移动学习终端作为华东师范大学出版社专业类数字化教育平台，实现了用户的按需个性化学习。该学习平台利用终端设备和二维码技术将传统教育内容与云端教学资源进行关联，用户学习时，后台服务系统通过大规模资源数据分析获取用户的学习特征，并为用户提供个性化的学习建议。华东师范大学出版社搭建的数字化教育平台，是数字化教材建设的一种尝试，更是推进传统出版数字化转型的重要实践。

（三）用户立体式学习体验感

VR、AR 技术在传统纸质教材中的大量运用，不但使用户对教材难点进行沉浸式、立体化学习，增强其对知识点的理解，而且促进了新型数字化教材的发展。当前，这些技术的应用集中在专业类教材和少儿类读物等图书中。相较于传统纸质教材，附有VR、AR技术的融合教材在很大程度上增强了用户的学习体验感。北京交通大学出版社自主研发的"M+BOOK版"数字化系列教材《电力机车制动机》，就是集VR和AR技术于一体的数字化产品。用户通过安装手机应用程序，扫描该教材中相关图像后，手机屏幕上即可呈现一个三维立体的动画模型。VR、AR技术在专业类融合教材中的应用，打破了传统教材静态的学习模式，使用户获得了更多开放式、协作式的学习机会。

（四）融合产品助力数字化转型升级

教材教辅作为高等院校出版社收入的主要来源，进行融合创新十分必要。融合教材的优势：一是在内容更新方面，可通过后台实时更新教材内容，减少出版流程中间环节；二是在图书内容呈现方面，教材内容以融媒体形式呈现，使读者立体化、多维度地把握教材内容；三是在交互方面，作者、出版社、读者之间的沟通变得更加频繁快捷。

当前，华中科技大学出版社为推进国家数字复合出版系统工程及全社数字化转型升级，积极搭建融合教材平台，通过与北大方正电子有限公司的技术合作，初步开发出一套适应融合教材建设的增值服务平台及前端内容生产工具应用软件。融合教材增值服务平台围绕电子教材、增值资源和课程服务三种类型的增值资源，着力提升出版社教材的竞争力，也为提高学生购买教材的比例和打击盗版提供技术服务。前端内容生产工具主要对作者提供的稿件进行智能化编辑，以提高数字化内容生产效率。

三、高等院校出版社专业类融合教材建设面临的困境

专业类图书由于受众群体、营销渠道和专业限制等问题，相比大众类图书发行量不会太高，但作为高等院校出版社图书出版的重要组成部分，其出版价

值不可忽视。在数字技术与传统教材融合发展的背景下，融合教材的建设在一定程度上能促进高等院校出版社专业类图书发行量的上升，降低用户对专业类图书的使用门槛。与此同时，高等院校出版社专业类融合教材建设也面临一系列挑战。

（一）教材内容缺乏特色

当前，高等院校出版社融合教材建设只是单方面地把纸质教材内容呈现出来，缺乏对数字化内容资源的深入挖掘和有效整合，融合教材实质性的建设程度不高。

对融合教材来说，传统教材的内容资源是其重要的基础保障。高等院校出版社在融合教材的内容资源建设上面临较大的挑战。首先，在来稿质量方面，随着作者资源队伍的逐步壮大，高等院校出版社教材资源的来稿量越来越大，但有特色的内容资源并不多见，大部分教材的创作角度不够独特，教材内容同质化现象严重。其次，在作者资源方面，高等院校出版社有实力、有名气的作者不多，出版的教材市场竞争力较弱。

（二）编辑的工作习惯难以改变

数字化时代，编辑作为数字教材内容的设计者和新技术应用的实践者，应积极适应数字化图书生产流程，但实际情况并不乐观。

一是电子屏幕审稿的局限。电子屏幕审阅文稿虽然能够在一定程度上节约生产成本、降低资源消耗，但电子屏幕阅读相比纸质阅读更加费眼费神，编辑不愿意长时间进行电子屏幕审稿，这在很大程度上影响了传统教材内容资源的数字化整合。二是系统程序限制。要实现传统教材的融合转型，需要依靠计算机程序来完成。编辑使用新工具对教材内容进行数字化加工时，由于受到计算机逻辑程序的限制，在数字化图书加工过程中不能灵活处理遇到的相关问题，相较易上手、灵活度高的传统图书生产加工方式，难以在短时间内适应新的数字化生产流程。

（三）生产工具智能化程度不高

人工智能技术给传统教材的融合发展带来巨大变革的同时，也带来了一些实质性问题。编辑利用新工具对传统教材进行数字化加工后，出现了电子文档兼容性差、图片导出标准不统一、同类型资源整合程度差等问题，严重影响了数字化资源的有效产出。生产工具智能化程度不高，无法保障传统教材内容资源的二次性开发，在很大程度上限制了传统教材内容与数字化技术的结合。

（四）数字化人才资源匮乏

融合教材的建设离不开传统编辑和数字编辑的分工协作。数字编辑根据图书编辑的策划思路与要求对接作者，协助作者进行拟配套教材数字内容的知识点选取工作，同时配合策划编辑对教材的数字内容导向、知识准确度、形式是否恰当、成本质量及进度进行把控。

数字编辑在融合教材的建设中扮演着重要的角色。当前，大多数高等院校出版社数字编辑缺乏，需要数字编辑参与的工作很多是由传统编辑和技术部门相关员工共同完成的，这样既额外加重了员工的工作负担，又破坏了企业的分工机制，在一定程度上也不能保证产品的质量。融合教材建设不仅需要配置智能化的生产工具和高效便捷的教材融合平台，而且数字化人才资源的引进也需要推动。

四、提升专业类融合教材建设的措施

融合教材建设对高等院校出版社来说，不仅促进了图书生产的融合转型升级，还能提高企业利润、增加编辑收入。针对高等院校出版社专业类融合教材建设所面临的困境，笔者从教材本身、编辑观念、技术手段三个角度进行阐述。

（一）挖掘优质作者资源，提高教材内容质量

高等院校出版社应加强与高等院校的联系。教师作为专业类教材的使用者和教学模式的参与者，对教材内容的把握更加到位。出版社通过与高等院校一流专业学科的专家、教授合作，共同打造具有特色的教材内容资源。此外，出版社的策划编辑应加强对教材选题的把控力度，避免同类型教材的重复出版，对内容质量高、发行量大的已出版教材进行二次加工。

引进优质创作人员、提高教材内容质量，在很大程度上是为了出版有优势和市场竞争力的教材。对任何出版社来说，无论何种形式的出版，具有知识性和思想性的内容才是人类文化得以积累和传承的基础。高等院校出版社应重视教材内容建设，充分挖掘有特点的出版内容资源，建设以纸质教材为基础，以优势教材内容为抓手，建立线上内容增值、线下用户服务的融合教材出版新模式。

（二）转变编辑生产观念，培养复合型数字化人才

媒体融合时代，编辑不仅要做好传统图书的出版，更要具有融合创新思维。传统编辑不仅是教材内容质量的把关者，更是教材内容的策划者。融合时代下，传统编辑要走在行业发展前沿，运用互联网思维，积极转变传统图书生产观念。

为了使编辑尽快转变传统教材生产观念，适应数字化图书生产流程，高等院校出版社一方面要更新编辑的硬件设备，解决因设备限制造成的编辑使用数字化生产工具生产传统教材的不适应问题；另一方面要调整薪酬评价体系，可参照出版1种融合教材获利3元的计酬方式考评编辑，以提高编辑的数字化生产积极性。

在壮大数字化人才队伍方面，一是出版社可通过开展相关业务培训，培养一批集传统图书生产和数字业务于一体的编辑人才；二是留住一批真正"懂出版、懂内容、懂技术、会运营、会创新"的复合型人才，以复合型资源配合传统图书生产的出版融合模式，推动高等院校出版社的数字化转型升级。

（三）借助外部资金和技术，推动出版转型融合发展

高等院校出版社由于生产规模小、利润薄、地方财政扶持力度小等原因，在进行出版融合转型过程中缺乏资金支持。当前，大多数高等院校出版社也在尝试搭建各种生产平台，推进数字化转型升级，但真正实现盈利的较少。针对此问题，高等院校出版社可通过寻求国家和地方文化产业发展专项资金获得支持。例如，2018年华中科技大学出版社中标"国家数字复合出版系统工程——出版数字化流程创新"示范包，通过国家文化产业专项资金在很大程度上促进了数字化转型升级工作的开展。

对于生产工具智能化程度不高，影响传统教材数字化正常生产的问题，出版社需要加大与相关技术开发单位的合作力度。双方可通过定期开展交流会，共同探讨生产工具在使用过程中出现的问题及以后版本的修改方案。出版社在实现数字化转型升级、出版融合创新过程中，需要借助生产工具来完成，因此工具的智能化需要更高的标准。

五、结　语

出版融合时代，融合教材建设应受到特别关注，这也是高等院校出版社实现数字化转型升级的重要前进方向。高等院校出版社应顺应出版融合的大浪潮，加强与技术开发商的合作力度，通过先进的出版技术推动传统教材的融合转型。高等院校出版社要有充足的信心，以开放的心态面向市场，以积极的态度拥抱技术迭代，以多元的思路探索传统教材到融合教材的变现模式，走出一条适合高等院校出版社传统教材与数字教材融合共赢的出版路径。

（北京印刷学院新闻出版学院　龚兴柱　刘华坤）

参考文献

[1] 段博原.媒介融合下高校立体化教材的转型升级[J].现代出版，2015（1）：33-34.

[2] 姚贵平.融合媒体教材的基本内涵、主要特点与出版策略[J].中国编辑，2018（3）：54.

[3] 中国新闻出版广电网.北师大版数字教材正式上线[J].新闻知识，2017（10）：7.

[4] 董琦.科技发展和教育改革　高校教材如何应对[N].中国出版传媒商报,2019-04-02（2）.

图书选题策划方式的变化与趋势探析*

摘　要：本文指出了选题策划的内涵和意义，总结了影响选题策划方式变化的各种因素，就选题策划方式的演变划分了三个阶段，并对其选题策划方式和行业情形进行探析，最后对选题策划方式的未来走向进行展望。

关键词：选题策划；大数据；人工智能；出版行业

选题策划是图书出版的源头，是出版物生产传播过程中最能体现文化创意原创性的重要环节，也是出版社的核心竞争力。不论是传统出版还是现代化的出版，选题策划都发挥着重要作用。优质的选题策划可以提高图书在市场中的竞争力，也可以增加出版社的品牌影响力。因此，选题策划能力也成为出版行业观察与评价出版社"两个效益"的重要指标。随着信息技术对图书市场及用户消费的深刻影响，图书选题策划方式也在演进之中体现出新的特点。

一、选题策划的内涵及相关文献分析

笔者阐述对选题策划内涵的理解，并按照时间轴对其相关文献进行梳理，便于对选题策划的发展过程有较为清晰的了解。

---

* 本文原载《北京印刷学院学报》2020年2月第28卷第2期，是国家新闻出版署"国家数字复合出版系统工程应用示范"（采购编号：1741STC41049）SF31包"应用示范支撑"的成果之一。

（一）选题策划的内涵

选题策划是指出版编辑人员按照国家大政方针、出版管理规定和自身市场定位条件，开发出版资源，设计、落实选题计划及行销方案的创造性活动，或者说是编辑人员根据编辑方针、市场需求和受众需要，分析工作目标和内容设计最佳工作方案的过程。

（二）选题策划相关文献分析

本文以中国知网知识资源数据库为文献检索数据源，检索式为SU="选题策划"+"图书"，检索时间截至2019年10月23日，得到相关文献1712篇。自1992年以来，有关图书选题策划的文献呈上升趋势，选题策划文献的总体趋势分析如图1所示。

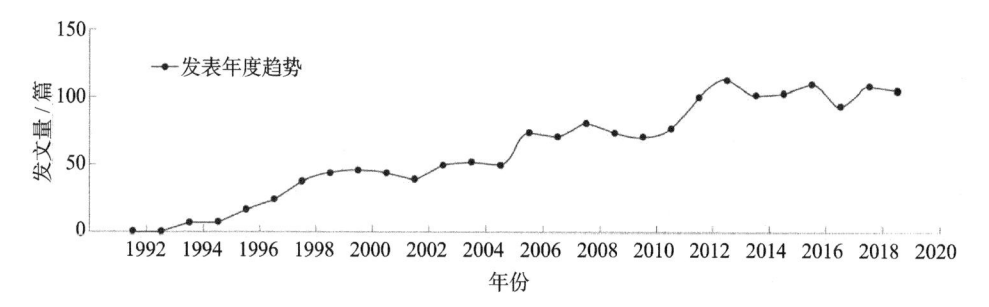

图1　1992—2020年选题策划文献的总体趋势

数据来源：文献总数为1632篇；检索条件是［主题＝选题策划或者题名＝选题策划或者v_subject=中英文扩展（选题策划，中英文对照）或者title=中英文扩展（选题策划，中英文对照）］且［主题＝图书或者题名＝图书或者v_subject=中英文扩展（图书，中英文对照）或者title=中英文扩展（图书，中英文对照）］（模糊匹配）；专辑导航为全部；数据库为文献跨库检索。

1. 理论指导类文献综述

经过文献计量分析，我国对选题策划的研究始于1992年。党的十四大明确提出"我国经济体制改革的目标是建立社会主义市场经济体制"，改革的春风吹拂到出版行业，出版社面临激烈的市场竞争，搞好选题策划成为应对市场竞争的关键环节。1992 年，万里机构出版有限公司编辑部首先提出关于实用书的选题策划要点[1]。1993 年，同济大学出版社黄国新认为，要使出版社在激烈的市场竞争中处于不败之地，关键是搞好选题策划，在具体运作时要抓住 12 个字，即"贯通上下，注视内外，瞻顾前后"[2]。1995 年，沈雁提出"选题决策科学化是出版事业发展需要，通过计算机，我们可以快速高效地了解国内外最新最全的图书情报资料信息，科学地整理分析，辅助进行选题开发和决策"[3]，认为选题决策科学化是出版产业发展的重要过程，通过计算机可以高效地了解国内外最全面的图书情报资料信息，这些可以成为辅助科学选题的重要信息。

随着大数据、人工智能等新技术在出版行业的广泛应用，出版社的选题策划也开始运用新的方式。在学界，很多学者对数据型的选题策划阐明了自己的观点。1998 年，臧伟提出，需要建立选题策划的科学运行和评价机制，提出许多科学辅助选题决策的方法，如函询法和德尔菲法，可操作性较高的相关图预测法、相关树预测法、交叉影响预测法、脚本法、马尔可夫预测法、灰色系统预测法等，认为这些方法都应该加以借鉴、研究并运用到选题预测工作之中[4]。1998 年，石建英也强调信息在选题策划中的重要性，指出要"提供计算机及相关产品（包括图书检索系统、图书情报网络等），相关的图书资料（包括电子出版物等），必须有必要的组织保证"[5]。

2. 案例分析类文献综述

对于案例的研究，主要是学者开始建立数据化选题策划的理想模型，行业中开展选题策划创新系统的研究。2013 年，英国学术出版商爱思唯尔出版集团就与伦敦大学学院共同建立大数据研究所，帮助研究者和科研机构从海量数据中计算、评估研究热点，选定研究方向，并为研究成果的转化利用提供决策参考[6]。2007 年，国家新闻出版总署提出国家数字复合出版系统工程，并将其写入国家"十一五""十二五"时期文化改革发展规划纲要。2014 年，国家数字复合出版系统工程招标，重点研发统一标准的新型数字复合出版技术，形成综合印刷版出版物、数字出版物和各类数字信息资源生产与服务的数字复合出版系统[7]。其中，有关书报刊出版的三个选题策划辅助决策系统，针对传统出版社沿用的编辑经验型选题做出改革，可以全方位搜集数据信息，促进选题策划的科学性、快速性和精准性。

2016年，姜军比较几个大数据和分析工具[8]，通过Jsoup软件进行数据分析提取，利用Ha-doop分布式文件系统储存和管理图书信息，为选题策划奠定资源基础。但是，这些软件仍然是单一软件，并没有形成系统平台级应用。2017年，周岚、吴宵征建立了理想的大数据分析系统模型[9]，模型中涉及了云计算、大数据和计算机领域的多种技术手段，可以采集出版机构、网络平台、零售商等的数据，实现对热门选题的即时跟踪。

多年来，绝大多数出版社ERP系统积累了大量的出版数据，对于了解图书动态是非常宝贵的资源，文献搜索到群众出版社的《致命错误：公安民警因公伤亡战术失误案例评析》一书，就是通过ERP系统策划发行的，并且取得了成功，累积了大量的读者[10]。在"互联网+"环境下，大数据对选题策划有极大的帮助。2018年，田林林提出，验证选题可行性的方法不仅有经验型的决策方案，还可以充分利用生产、销售、客户画像，得出可供参考的、相对客观的预测结论[11]。

二、不同时期选题策划方式的特点

图书选题策划的发展呈现科技参与度逐渐上升的趋势。它的特点是从编辑经验型到大数据依托、人工智能选题的发展史迭代式的发展，上一个阶段和下一个阶段有时间上的交叠。

（一）主要选题策划方式的阶段划分

通过文献分析及参与图书出版社的选题策划辅助决策系统应用的实践，本文将图书选题策划方式对应改革开放以来出版行业发展的历程划分为三个阶段。

1. 人工判断为主的阶段

这个阶段大致从 20 世纪 80 年代到 20 世纪末。随着改革开放的不断深入，此时我国文化产业的发展也刚刚起步，国家开始对出版产业进行了大力扶持，可以说，这段时期是我国出版产业发展的红利期。出版社属于事业单位，因此竞争者也相对较少。此外，这段时期的电脑等新技术的普及率不是很高，因此图书出版的周期也相对较长。同样，由于这段时期的市场竞争相对不是很激烈，编辑的市场意识也相对比较淡薄，编辑会花更多时间打磨一本好书，与作者、读者的关系更加紧密。在这段时期出版了一系列的经典图书，其中有很多到现在还在再版中。

2. 信息技术早期应用阶段

这个阶段大致从 21 世纪初到 2012 年党的十八大召开前后。这一时期，我国的文化产业和出版产业得到了极大的发展，出版单位体制改革基本完成，民营企业和国外出版机构也相继在我国开展业务，出版产业进入一个相对激烈的竞争阶段。出版技术的发展使出版周期不断缩短，新书出版率增加，编辑开始通过数据追逐热点策划图书，最后导致图书品种结构失衡、退货率高、库存积压，出版资源浪费严重。

2014 年，美国谷歌公司在其全球图书数据库中建立了"词频统计器"应用系统，全球超过 1500 万册藏书内的词汇被添加到该系统。用户在网页最多可以输入 5 个不同的词语，就可以通过词频统计器观察这些词汇在不同年代出现的频率。这也是比较早的出版条目数据库应用。

出版业界对于新的选题策划方式的应用主要在大型出版集团，如统计 ERP 系统内的信息，很少有出版社专门建立数据库或者分析系统，即使有数据采集平台抓取互联网的内容，但是这些网络爬虫抓取的内容没有经过文本语义分析和去重分析，因此只能简单地进行内容的浏览，无法形成分析数据，判断选题热点及热度趋势。在这样的数据分析下，群众出版社通过 ERP 系统策划发行的

《致命错误：公安民警因公伤亡战术失误案例评析》取得成功，累积了大量的读者；中国人民公安大学出版社编辑策划了《侦查错案中的认知心理研究》一书，受到读者的肯定和欢迎。

3. 大数据辅助选题策划阶段

这个阶段大致从2014年开始至今。出版行业作为与信息关系十分密切的行业，与大数据技术和AI技术商、平台应用商开展了紧密的合作。国内京东电商平台积累了数量庞大的图书在线销售数据及读者购买行为数据。为打响品牌，他们对近千万用户的网页浏览、搜索及购买习惯进行了大数据分析研究，并以此为依据和新世界出版社合作发行了《大卫·贝克汉姆》，该书成为"京东出版"上线的第一本新书；北京开卷信息技术有限公司是出版行业技术与数据公司的代表，其2015年发布的Smart数据查询分析系统，搭载了图书查询、排行榜、市场竞争、本版图书及服务于编辑、发行、管理等智能化分析工具模型，为出版上游企业编辑选题、发行营销、内部运营和战略管理提供流程化的数据支持及解决方案。

在行业内，2017年浙江出版集团开发了选题策划和新书提印辅助系统，建立书目、市场等信息资源库，通过资源积累、建设完善打造全方位、一体化大数据资源平台，为大数据分析、辅助决策提供数据支持。电子工业出版社也拥有自己的BPM出版业务管理系统、用户行为分析系统、内容运营服务平台等配套系统辅助选题策划。2019年，国家数字复合出版系统工程开展应用示范，其中SF01包"选题策划辅助决策系统"收集更加全面的数据信息，为出版社提供出版热点发现、出版选题分析、选题报告生成、营销跟踪反馈、综合评估等功能。该系统还可以为选题提供科学建议，同时回收发行数据和用户数据，用于创建更精准的建议，整体形成"出版选题策划→产品运营→营销跟踪反馈→综合评估→出版选题策划"的闭环流程。

（二）不同阶段选题策划的特点

1. 人工选题策划的特点

传统选题策划阶段的主要特点是选题信息的收集方式不依靠互联网络，进行选题策划的主要方式是编辑本人体验式地寻找选题，如参考市场上已有的畅销书籍开展自己的选题；研读当下的政策开发符合国家发展的选题；与读者、作者、其他编辑等沟通交流；从投稿中进行选择等。

这时的出版社属于事业单位，竞争者也相对较少。该阶段出版的一系列经典图书，其中有很多到现在仍在再版。

2. 数据支持选题策划的特点

信息技术应用早期阶段，学界对新的数据化选题策划方式表示认可和支持，专家学者开始对科学化的选题策划方式进行理论研究，并尝试建立模型，也有少量针对个体系统的研究。

总体来说，应用早期阶段是"小数据"的信息获取，选题策划还是以个人经验为主，加以人工收集各方信息的方式形成选题，并继续进行选题论证。这种经验型的选题策划方式并不具有系统性，难免会出现选题雷同、资源浪费、与市场信息脱轨的问题。

3. 大数据辅助选题决策的特点

这个阶段，新书种类不断增加，单品种效益逐渐降低。新书出版周期缩短，销售周期缩短，转为线上营销，退货率增高。同时，市场上图书选题雷同，模仿抄袭的情况依旧严重。该阶段选题策划方式的主要特点是，大数据辅助选题决策的观念已经在出版行业深入人心，政府对新兴技术产业大力支持，出台了一系列支持政策。人工智能和大数据技术的战略地位受到重视，技术得到快速的发展和应用。同时，出现具有系统性和科学性的选题策划分析系统，能够主动收集数据，分析数据并生成相对完整的选题报告[12]，对编辑的选题策划工作有很大帮助，不再需要编辑手动搜索、数据去重、人工分析数据等操作。

三、选题策划方式演变的成因

笔者认为，选题策划方式逐步演变，主要有以下推动因素，分别是出版单位改革、市场需求变化、科技进步和国家产业政策扶持。

（一）出版单位深化改革

出版单位的性质影响选题策划方式的演变。改革开放前后一段时间，我国出版单位的性质是事业单位，出版活动既不参与市场竞争，也不受市场经营影响，因此从上至下缺少活力。首先，出版社管理层面很少以技术更新的方式推动从源头上提升出版单位的地位。其次，编辑的选题策划方式没有来自市场竞争的压力，也没有工作创新的动力。出版社长期保持着原始的选题策划方式，以编辑个人的选择和经验为主。

1992年以后，国家开始进行体制改革，出版单位也从事业性质向企业性质转变。虽然很多出版单位转为企业，但管理体制和运行模式并没有改变，实际上是"事业单位企业经营"。在这样的情况下，出版产业很难走上良性发展的道路，一方面企业和员工依旧享受稳定的待遇；另一方面出版社享受国家的财政拨款却难有出彩的项目。这使出版社内部创新动力不足，是导致选题策划方式难以改变的主要原因。

如今，出版产业已经完成转企改制和集团化的体制改革。民营出版企业和国外出版企业也逐渐进入我国出版市场，市场竞争激烈。"鲶鱼效应"激活了传统出版单位的革新，出版单位要在激烈的竞争中脱颖而出、做大做强，必须寻找高效的选题策划方式，从源头上策划更优质的图书增强市场竞争力、占有市场份额。

105

(二)市场需求的拉动

市场需求的大小影响选题策划方式的演变。改革开放初期我国出版市场上图书种类较少,出版周期长,出版率低,出版品种少,出版行业的中外交流也不多,读者的阅读需求也相对较低。总体来说,出版产业处于发展较缓慢的状态。此时,我国教育发展相对滞后也是影响出版产业发展缓慢的原因之一。在这样的情况下,编辑策划工作与市场需求处于一种相对平衡的状态,通过编辑个人对市场需求理解进行的策划即可以满足图书的市场需求。

进入21世纪后,出版产业的市场需求有了极大的增加,甚至对某些类型的图书需求接近饱和状态,经验型选题策划已经不能满足市场需求。简单直接的选题策划方式也出现了一些问题,一方面畅销书的选题市场重复率很高,造成了出版资源的浪费;另一方面冷门的、专业的选题又少有编辑进行策划。市场需求的热点变化极快,编辑依靠经验策划的选题在进行市场推广时精准度较低,容易错过营销热点,需求变化促使出版社开始寻找更加科学的选题策划方式。

(三)科技进步的推动

科学技术的进步影响选题策划方式的演变。过去,选题策划依靠传统的方式,主要有以下几种:一是从出版社原有的成熟选题中拓展新的选题;二是模仿市场上已有的畅销书籍开发自己的选题;三是去书店进行实地勘察;四是根据当下的政策开发符合国家发展的选题;五是与读者、作者、其他编辑等沟通交流;六是从投稿中进行选择等。这些方式受编辑的个人经验、知识储备、职业素养等因素的影响较大。

伴随互联网和电脑化办公的普及,互联网的发展和数字阅读使越来越多的阅读数据和行业数据被记载在各个网站之间。计算机网络的普及增强了大数据和人工智能技术的应用性,数据逐渐在选题策划中发挥越来越重要的作用,出版选题策划方式朝着越来越依托互联网的方向发展。

从最早人工收集数据到目前人工智能的大数据分析，选题策划的方式也逐渐随着技术的更新不断演变，从最初的依靠编辑人员的自身能力到现在的运用大数据技术辅助编辑主体。在日益更新的技术辅助下，选题策划不断开发出更多既能创造社会效益，也能创造经济效益的优秀图书作品。

大数据技术的意义不仅是掌握庞大的数据信息，而且是对这些含有意义的数据进行专业化处理。换言之，如果把大数据比作一种产业，那么这种产业实现盈利的关键是提高对数据的"加工能力"，通过"加工"实现数据的"增值"。人工智能为出版社抓取社会热点、行业信息和消费者信息，为出版企业提供关于选题策划的分析报告。人工智能生成的选题策划，将会降低人为因素带来的不必要的损失，使选题策划拥有全局化思维和科学化手段[13]。

（四）国家产业政策扶持

行业政策和国家财政支撑是选题策划方式演变的影响因素。国家颁布的相关扶持政策对特定行业有极大的推动作用。国家相继发布的《国家"十二五"时期文化改革发展规划纲要》《国家"十三五"时期文化发展改革规划纲要》重点强调了推进文化科技创新，发挥文化与科技相互作用，深入实施科技带动战略，催生新型文化业态。《大数据产业发展规划（2016—2020年）》提出，到2020年，技术先进、应用繁荣、保障有力的大数据产业体系基本形成。"国家数字复合出版系统工程"中的出版选题辅助决策系统，帮助文化产业与科技力量实现融合，改变过去编辑经验型的选题策划方式，通过大数据的辅助提升新闻出版行业选题策划的科学性和准确性，强化文化产业的科技支撑，满足用户多元化、碎片化的阅读需求，改善新闻出版行业"有高原无高峰"的现状。通过推进国家文化科技创新工程，依托国家级文化和科技融合示范基地，加强文化科技企业创新能力建设，提高文化核心技术装备制造水平，有力促进了传统出版选题策划方式的革命性变革。

四、选题策划方式的变化趋势

（一）对选题策划方式变化的评价

选题策划方式的不断变化是行业发展的必然。首先，在市场竞争较弱的情况下，选题策划方式即使比较原始，也能够满足当时的读者需求。其次，早期出版行业发展不充分，如电子工业出版社只要做好电子科技类的图书，社会科学文献出版社只要做好社科类出版物，各家出版社只要做好自己的特色图书即可在出版产业市场中立足。但是，在市场竞争激烈的今天，出版社大都建立了各种图书品类的分社，因此，做好充分的选题调研、有智能化的选题策划辅助系统就格外重要。

选题策划方式的不断变化也是技术发展的必然。科学技术的发展是螺旋式上升的过程，从技术研发到行业应用也是曲折的发展过程，往往要接受技术的检验然后得以修正。计算机和互联网在选题策划中的应用是一个技术从无到有的过程，编辑开始尝试使用科学方式进行选题策划。人工智能和大数据在选题策划中的应用是选题策划智能化更高的一次尝试。计算机的快速发展为人工智能和大数据提供了基础，随着技术的发展，大数据和人工智能在选题策划中将会有更智能化的应用。

（二）选题策划方式及其研究的演进趋势

出版行业选题策划的数据化积累有很大的发展空间。虽然在一些技术较为发达的省份和地区，如北京、浙江等，已经开始尝试运营出版社内部的选题策划发行系统，但是在一些相对技术有待发展的省份，编辑策划的模式依旧比较传统，偏向人工判断阶段的选题策划方式，因此数据化支撑选题策划是演进初级化的一个方向，这是其一。其二，人工智能技术和大数据将与出版行业更深入地结合。虽然在商业化的人工智能和大数据技术的应用上，阿里巴巴集团控股有限公司、北京京东世纪贸易有限公司等企业已经做得比较完善，但是在出版业中目前的人工智能选题辅助决策处于相对初级的应用阶段，在对数据的解构与分析、系统智能化、操作界面的优化上，各类智能选题辅助系统仍有很大的上升空间，还会向更加高级的阶段演进。

技术的发展将会推动学科建设、学术研究的深入。目前研究中理论分析的论文比较多，但一直以来有学者在试图建构模型，质化与量化建模的研究都需要持续且互相借鉴。另外，大部分文献基于出版现状提出建议，个体案例和系统分析的文献较少，学位论文研究的深度有待加强。当新的选题策划方式普及后，大量的研究案例会为理论研究提供数据和资料，从而推动学科理论的前进与发展。

（北京印刷学院新闻出版学院　吴子琳　刘华坤）

参考文献

[1] 万里机构出版有限公司编辑部. 实用书的时代感 [J]. 编辑学刊，1992（1）：48-50.

[2] 黄国新. 面向市场经济　搞好选题策划 [J]. 科技与出版，1993（6）：25.

[3] 沈雁. 计算机图书情报资料信息系统辅助选题决策初探 [J]. 大学出版，1995（4）：33-34.

[4] 臧伟. 选题策划的科学方法 [J]. 中国出版，1998（3）.

[5] 石建英. 信息与选题策划刍议 [J]. 出版发行研究，1998（5）：50.

[6] 丛挺. 基于知识链的全球学术出版服务模式创新研究 [J]. 出版科学，2018，26（1）：27-32.

[7] 百度百科. 国家数字复合出版系统工程 [EB/OL]. （2021-11-23）[2021-12-10]. https://baike.baidu.comitem%E5%9B%BD%E5%AE%B6%E6%95%B0%E5%AD%97%E5%A4%8D%E5%90%88%E5%87%BA%E7%89%88%E7%B3%BB%E7%BB%9F%E5%B7%A5%E7%A8%8B/18545377?fr=aladdin.

[8] 姜军. "互联网+"思维在图书选题策划中的运用 [J]. 今传媒，2016，24（5）：24-25.

[9] 周岚，吴宵征. 大数据技术在图书选题策划中的应用 [J]. 中国管理信息化，2017，20（19）：72-74.

[10] 公安部政治部. 致命错误：公安民警因公伤亡战术失误案例评析 [M]. 北京：群众出版社，2005.

[11] 田林林."互联网+"时代公安图书编辑选题策划新视角[J]. 新媒体研究，2018（19）：126-127.

[12] 李秀珊. 利用大数据辅助选题策划和新书提印的探索[N]. 中国出版传媒商报，2017-06-30（10）.

[13] 范军，陈川. AI出版：新一代人工智能在出版行业的融合[J]. 中国编辑，2019（5）：64-71.

抗击疫情出版物表现形态创新分析 *

摘　要：本文对抗击疫情主题出版物快速响应的形态进行分析，归纳出其表现形态具有纸电双态、融合富媒体等五个特点，从出版社数字出版能力和融合发展能力两个方面分析抗击疫情主题出版物在表现形态上的选择与创新，并从五个方面提出出版物表现形态创新的建议，为出版单位转型升级、融合发展提供思路与借鉴。

关键词：疫情防控；主题出版；快速响应；表现形态

新冠肺炎疫情是中华人民共和国成立以来发生的传播速度最快、感染范围最广、防控难度最大的重大突发公共卫生事件。在党中央的坚强领导下，全国人民紧密团结在以习近平同志为核心的党中央周围，凭借改革开放40多年来不断提升的综合国力及强大的制度动员、协调和组织能力，取得了疫情防控阻击战的重大战略成果。

"疫情就是命令，防控就是责任"，抗"疫"就是一场大考。自疫情防控号角吹响以来，全国上下都以抗击疫情为中心开展活动。2020年2月6日，国家新闻出版署要求出版单位"加强出版服务，助力打赢疫情防控阻击战"[1]，将抗击疫情类图书、音像电子出版物纳入2020年主题出版重点选题范畴，优先印制发行疫情防控图书挂图。由于疫情期间的特殊性，常规的出版活动向网络迁移，疫情主题出版物的表现形式更加丰富多样。除了传统的纸质出版物之外，许多出版物都是一种内容多种表现形式，使公众能根据自身需要选择不同形式以获取疫情相关信息，从而达到疫情防控宣传的主要目的。

---

* 本文原载《北京印刷学院学报》2020年12月第28卷第12期。

一、快速响应的定义及信源来源

本文所指的快速响应出版物，是指从时间上考察出版社回应党和国家疫情防控号令，快速组织选题策划、生产传播的各种类型出版物[2]。

本课题研究团队从2020年1月开始观察559家出版社的情况，具体采集范围为1月21日至4月29日出版的与抗击疫情主题相关的出版物，包括纸质版、电子版、网络版、有声版、音视频版及多媒体图书等形态，共计514种（7种合作出版物只计算一次）。所采用的信源来源于国家新闻出版署、中央主流媒体、行业新闻媒体、地方政府及出版社官网、公众号等，军队系统出版社不在考察之列。

2015年，国家新闻出版广电总局在《关于推动传统出版和新兴出版融合发展的指导意见》中提出"立足传统出版，发挥内容优势，运用先进技术，走向网络空间，切实推动传统出版和新兴出版在内容、渠道、平台、经营、管理等方面深度融合"[3]。近年来，我国出版行业积极推进数字化转型升级，推进媒体融合、出版融合。融合发展的变化体现在产品与服务的不断升级，技术、平台、流程、管理乃至体制、机制都顺应时代发生着积极的变化。在这次助力疫情防控出版服务的响应上，大部分出版社都有突破性的表现。

二、快速响应出版物表现形态的特点

本文将514种出版物按纸质书、电子书、多媒体图书，以及音视频四大类进行划分，又因其中许多出版物具有多种表现形态，因此将其分为十类，每类具体占比和品种数如表1所示。

"一个内容多种创意、一个创意多次开发、一次开发多种产品、一种产品多个形态、一次销售多条渠道、一次投入多次产出、一次产出多次增值"的生产服务方式，是新闻出版业"十三五"时期发展规划提出的融合发展目标。在这次突如其来的重大公共卫生事件中，全民宅家抗击疫情，基于云端的融媒体出版服务得到了很好的展现。从表1可以发现，各家出版社按照习近平总书记提出的媒体融合、深度融合的要求，根据自身的作者积累和生产手段运作能力，快速推出多种融合出版形态，一个内容创意、多种产品形态的出版物在这次主题出版中出现频率极高。

表1　快速响应出版物表现形态占比分析

表现形态	品种数	品种数占比/%
电子书	232	45.14
纸质书	144	28.02
纸质书、电子书	66	12.84
纸质书、电子书、有声书	20	3.89
多媒体图书	16	3.11
电子书、有声书	14	2.72
音视频	8	1.56
有声书	6	1.17
纸质书、多媒体图书	5	0.97
纸质书、有声书、多媒体图书	2	0.39
纸质书、电子书、有声书、多媒体图书	1	0.19
总计	514	100.00

（一）电子书表现突出

电子书是此次抗击疫情出版物表现形态占比最大的出版物，共232种，占比高达45.14%。

由于疫情突发，要以知识信息跑赢疫情传播速度的出版节奏进行宣传，就要求出版社不能再墨守成规。从收集的数据来看，几乎所有快速响应的出版社都率先以免费的数字出版形式在互联网上发布了内容，而以电子书出版则是许多出版社的首选。

被称为抗击疫情"主力军"的防疫指导类出版物要与时间赛跑，要尽可能快地粉碎网络上四起的谣言，向公众传播更准确的基本防疫科学知识，而传统正式的指导手册、指南还要经过编印刷流程，印发之后才能到达公众手中，电子书的"先发制人"很好地解决了传统出版时效性差的问题。2020年1月23日，广东科技出版社发布《新型冠状病毒感染防护》电子版，打响了出版助力抗疫的"第一枪"。随着新冠肺炎疫情的蔓延，恐慌、焦灼等负面情绪在人们心中不断滋生、累积，及时解决这些心理问题与防控疫情都非常重要。四川科学技术出版社敏锐地意识到这一点，在2020年1月31日，全国第一本针对疫情防控的心理防护图书《新型冠状病毒大众心理防护手册》电子版正式上线。湖南少年儿童出版社也在第一时间考虑到了儿童的心理防护需求，推出针对少儿群体的防疫图书《读童谣，防病毒——新型冠状病毒防疫绘本》。

以往只精耕细作出版纸质书的出版社，也在此次快速响应中打破以往的出版流程，快速组织应急小组策划出版主题出版物，如上海大学出版社此次推出的《大学生健康指南》是该社首部真正意义的电子书。这也意味着许多传统出版社在疫情的冲击下开始考虑如何进一步发展数字出版。

综合来看，电子出版物的优势在于免去烦琐的传统出版流程，第一时间把内容信息提供给大众，并可在短时间内达到百万阅读量，其传播力度大，传播效果极佳，正是因为电子书的这些优势恰好满足了这次重大公共卫生事件应急处理的需要，使其成为抗击疫情快速响应出版物的核心载体。

（二）纸质书出版仍有市场需求

纸质书是出版物最基本的表现形态。此次抗击疫情快速响应出版中，纸质书的出版占比达到28.02%，其中手册、挂图类也作为纸质出版物，将近1/3的出版物仍然优先选择这种表现形态，有不少出版社称随后会上架电子书，但并未在统计时间之内上架。

首先，在疫情防控宣传方面，纸质书不需要借助电子设备阅读，其内容准确、完整、权威性高等优势相较于电子书、多媒体图书更适合基层的科普推广。此次主题出版物中"防疫指南类"出版物占比较大，主要目的是快速宣传国家抗疫政策及进行疫情科普，而手册、挂图类出版物则是最利于快速传播信息达到宣传抗疫效果的出版物。许多出版社积极响应号召，在第一时间免费推出各类宣传手册及图挂，体现了一定的社会责任担当。在快速响应的第三阶段，中国人口出版社出版的《新冠肺炎防控手册（漫画版）》在国家卫生健康委员会疾病预防控制局的组织下拟在全国范围推广使用，对助力打赢疫情防控阻击战发挥了重要作用。

其次，防疫类、文史纪实类出版物多以纸质书为主。经统计，各类纸质出版物占比如图 1 所示。我们发现，在选择纸质形态出版的出版物中，文史纪实类出版物已经超过防疫知识类出版物。该类图书出版周期长，并非需要在短期内迅速出版的主题出版物，而且大多数都选择在网上提前宣传造势，把计划出版的内容节选部分公开，完整的内容仍需读者收到实体书后阅读。例如，上海交通大学出版社出版的《查医生援鄂日记》，上架日期为 4 月 26 日，已将近快速响应阶段的后期，也正是因为前期工作准备得充分，这本书是目前出版的最完整的抗疫日记。这也体现了文史纪实类图书的特点，该类书需要更完整的出版过程，才能保证内容的完整准确。

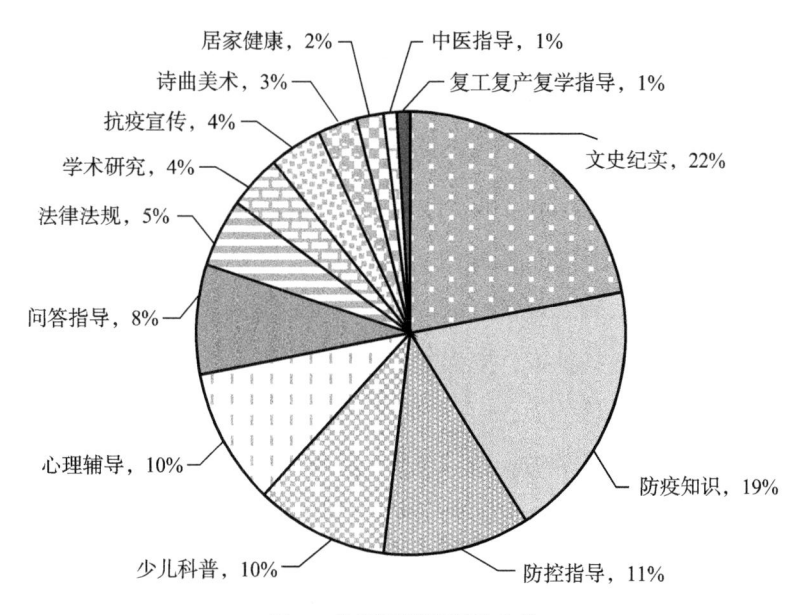

图 1　各类纸质出版物占比

总体来看，纸质出版物与主题的相关度较高，仍有较大的市场需求。

（三）纸电双态出版物体现优势互补

在此次快速响应表现中，纸质书和电子书都有策划出版的出版物占比为12.84%，使用频率位居第三。这类出版物纸质书的内容版式完全对应。此次快速响应出版物多为率先公开纸质出版物的电子版或网络版，随后推出纸质书，与以往纸质版优先推出的出版流程恰好相反。例如，接力出版社少儿分社和党建读物出版社合作出版的《钟南山：生命的卫士》，原计划于2020年5月纸质书先上市，再推出电子书，但是疫情当前，在保证质量的前提下，编辑加速运作，使本书电子版能够以最短的时间在各大平台迅速上线[4]。

传统出版的图书，一旦出版后内容就无法再增添修改，但是疫情是不断变化发展的，人们对疫情的认识也是不断更新的，电子书可以更加快速地修改或增添内容，更好地为大众提供准确的疫情防控信息。例如，由上海科学技术出版社策划、复旦大学附属华山医院感染科主任张文宏教授主编的《张文宏教授支招防控新型冠状病毒》数字版（1.0版）线上发布后，反响强烈。随后，根据国家新政策、新公告的不断推出，每个阶段的疫情变化发展，1.0版本逐渐满足不了当下的疫情防控需要，于是修订更新推出《张文宏教授支招防控新型冠状病毒》数字2.0版，并同步推出2.0版的纸质书。

纸电双态出版物更能反映市场对出版物的具体需求。以往出版社只能根据前期市场调查及对已出版物的反馈进行选题策划，出版物的好坏一经出版便一锤定音。此次许多出版物实现了纸电同步，根据市场的需求及时调整出版计划，让两种表现形态相互取长补短，发挥其最大效用。

（四）纯数字型出版物内容形式多样

纯数字型出版物是指不含有纸质出版，仅有多媒体图书（包括H5、移动端小程序），音视频，有声书这类出版物，该类出版物在此次快速响应表现中总占比为8.56%。这类出版物往往由于制作成本较高，出版社需要长期的策划与调研，因此出版时间长，而这次疫情期间能够如此迅速出版，离不开出版社平时数字出版资源的积累。

多媒体图书的受众主要为儿童群体,绘声绘色的出版物能更好地增强孩子们对疫情的认识和了解。例如,黑龙江科学技术出版社与新华通讯社黑龙江分社联合推出的《这是个秘密——新型冠状病毒的自白》多媒体图书,以及海南出版社及时组织制作了基于H5技术的《新冠肺炎预防知识手册》(中小学生版),都是运用声音、动画、文字等元素制作,增加了出版物的趣味性。

此次疫情最特殊的地方是疫情最初发生地在湖北武汉。为了帮助外地援鄂医疗队解决医患沟通的方言障碍问题,助力武汉及湖北其他地市抗击新冠肺炎疫情,商务印书馆及时策划出版了多媒体图书《抗击疫情湖北方言通》,包括微信版、网络版、融媒体口袋书、即时翻译软件、在线方言服务、视频软件等多种形式[5]。从中可以看出,增强型电子书不再以文字为主,而是将音频、视频、图片、漫画等多媒体元素与书的内容完美结合起来,或者利用文字和多媒体元素制作的一种互动图书应用程序。

以往比较少看到图书出版社出版的音视频出版物,但此次疫情下,为了颂扬奋战在疫情防控一线的白衣天使和有关工作人员的感人事迹,上海音乐出版社迅速组建"抗击疫情出版物编辑突击团队",立即着手展播歌曲的编辑与出版工作,推出一套音像制品《加油武汉,加油中国——抗击疫情优秀歌曲选》[6]。

此次疫情下,各出版单位与各大有声书平台积极开展版权合作,充分发挥有声书作为移动新媒体传播的广泛影响力,助力疫情防控。陕西人民教育出版社的《新型冠状病毒肺炎防护知识读本》(音频、视频版)收听量已达828.5万人次,位列喜马拉雅平台出版社自制防控疫情类图书收听第一名。中国盲文出版社出版的《新型冠状病毒感染的肺炎公众防护指南》音频版[7],不仅帮助盲人详细了解新冠肺炎的传播途径、掌握新冠肺炎的正确防护知识,而且在消除他们的恐慌情绪方面具有更重要的意义。

总体来看,目前出版业的数字出版物形式多样,多媒体图书、音视频、有声书等表现形态极大满足了广大读者的精神需求,能针对疫情期间不同人群的不同情况及时做出反应。不难看出，许多出版社在数字出版物制作发布流程方面已比较成熟，否则很难在短时间内策划制作出质量上乘的出版物。

（五）融合型出版物创新性最出彩

融合型出版物是指基于纸质书出版，将纸质书的内容和数字资源链接起来形成融媒体出版物。该类出版物在此次快速响应出版物中占比5.44%。此次疫情中的融合型出版物充分体现了在信息技术的推动下出版物在表现形式上的无限可能性。

以往此类出版物多是在纸质书或电子书中运用二维码，不断更新二维码链接内容使读者同步获取最新知识。例如，北京大学医学出版社出版《新冠肺炎诊疗与病例精粹》，随书附赠二维码数字资源《新型冠状病毒肺炎》幻灯片，并将随国家卫生健康委员会诊疗方案及相关文件及时更新。

除了利用二维码进行数字链接外，AR技术也被运用于出版物。读者可以在阅读的同时，调取疫情防控的音频、视频和3D模型，从而产生增强现实的医学科普、疫情防控的积极效果，如中国大地出版社、地质出版社与河海大学出版社联合出版我国首套面对中小学生、融合AR技术的《新型冠状病毒肺炎防护知识挂图》；贵州人民出版社制作了采用AR技术的《新型冠状病毒肺炎防护知识挂图》。

此外，这次疫情是一次重大的公共安全事件，与医疗机构的关系密不可分，于是一次"互联网+出版+医疗"的融合创新实践应时而生，这也是一次图书科普和在线义诊的很好联动。2020年1月29日，中国中医药出版社免费公开出版发行《新型冠状病毒感染的肺炎防治知识问答》手册电子版。该手册创新地开通了关于疫情的在线免费问诊入口，读者只需扫码便能进入疫情义诊专区。

二维码、AR技术、小程序等技术效果与出版物连接起来已不是什么新鲜事，但是它们在同一个主题出版物中都出现还是出版业的第一次。可以说，许多数字化转型成熟的出版社给出版业上了一堂生动的出版融合公开课。融合型出版物体现了当下互联网技术的进步和出版家的智慧，以往出版物是封闭的、单向性的，现在的出版物可以将读者转化成用户，更好地发挥媒介的作用。

抗击疫情期间，成规模、集中式推出的数字化出版产品特征显著，在514种出版物中，链接数字内容或者纯数字内容的出版物已经占疫情防控主题出版的80%以上，这个比例远远高于常规的出版物比例。

究其原因，一方面是正常的纸质书印制生产需重启恢复；另一方面出版社的数字化策划生产能力和用户数字化体验的接受程度都在普遍提升，在重大突发事件中体现出出版融合的实效。

三、快速响应出版物表现形态检验出版社的融合发展能力

自新闻出版"十三五"时期发展规划提出融合发展目标以来，国内大部分出版社都在尝试走融合转型的道路。正是这场突如其来的疫情，考验了出版社对疫情变化的快速反应能力、对不同类型受众的服务能力，在很大程度上逼着许多还在观望的出版社不得不思考如何加快融合发展、转型升级的步伐。

（一）快速响应出版物凸显数字出版能力

数字出版是融合出版中一种非常重要的形式，但是仍然有一部分传统出版社认为数字出版产品见效慢、收益差，不愿把资源投入数字化出版的建设。在这次疫情中，一些开发数字化产品比较早、数字化转型比较成功的出版社凭借高效的传播渠道、优质的数字内容和新颖的服务模式较好地适应了疫情带来的市场变化，有效地化解了危机。人民卫生出版社多年来高度重视数字出版转型升级和融合发展，在这次抗疫"大考"中发挥了专业资源优势。在出版物的策划上，他们在短时间内推出《新型冠状病毒感染的肺炎公众防护指南》《新型

冠状病毒感染的肺炎私家车预防临时指南》等融媒体图书、电子书、网络版读物等，并且利用自身打造的平台精准传播，借助"人卫助手""人卫健康"和"人卫慕课"等多个移动端入口，将指南中的知识点进行科普化解读和全媒体呈现。

（二）快速响应出版物形态创新体现融合发展能力

疫情发生以来，出版发行领域的多个环节受到了不同程度的冲击，出版社的内容制作、生产印制环节、线下营销渠道等都面临着一些困难，而数字出版在业务流程、传播渠道、平台及资源方面的优势充分显露出来。

例如，天津科学技术出版社作为专业出版机构，迅速组织骨干团队，在10天内编写出版了防控疫情的四种指南和读本[8]。考虑到印刷和物流企业还没有复工，编写组决定先出版电子书，免费发布供市民阅读，为普及防疫知识、阻断疫情传播争取更多时间。2020年1月28日，《新型冠状病毒肺炎防控指南》通过津云新媒体等平台正式对外发布。随后，学习强国、人民日报电子阅报栏、天津政务网、新华书店网上商城、得到App等十几家平台纷纷转载或发布，将防疫知识传进千家万户。《天津市民新型冠状病毒感染的肺炎防控指南》电子书发布后，2020年1月31日，少儿音频版指南在津云平台成功上线，成为全国最早向儿童普及防疫知识的出版物之一；2月3日，漫画版指南在津云平台上线。2月5日，《新型冠状病毒感染的肺炎诊疗方案（试行第五版）》发布，天津科学技术出版社根据疫情变化和新版诊疗方案修订的纸质版《新型冠状病毒肺炎防控指南》付印。纸质版图书整合了前三版的内容，运用新媒体形式，增加了最新发布的配套音频和视频资料，读者可以通过扫描书中的二维码收听或观看。

面对疫情带来的挑战，如何在短时间内复工复产，如何提高原创精品内容的生产能力，利用数字化手段促进产品的多维度开发，从而实现出版的高质量发展，便显得至关重要。我们看到，在短短的一个多星期内，天津科学技术出版社组织社内人员在线上有序地进行编辑活动,再联合社外资源共同出版,完成了从策划出版电子书到制作少儿音频版,再打造漫画版,最后付印纸质版,实现一个内容四种表现形态的出版。效率之高、成效之好,是传统图书所无法实现的。

四、快速响应出版物表现形态创新的启示

此次疫情期间,快速响应出版物的表现形态能清楚反映近年来我国出版业的转型升级和融合发展情况。多种出版物表现形态"群英荟萃",在此次"出版战疫"中大放异彩。基于514种快速响应出版物表现形态的分析,笔者获得以下几点启示。

(一)表现形态要为选题策划服务

选题策划往往要根据受众定位确定表现形态。此次疫情期间,由于出版物的选题涵盖防疫科普、文学、少儿、文艺、养生等方面,选题范围广,所以采集到出版物运用了几乎市面上所有出版物表现形态类型。从统计数据中可以看出,在选题策划中表现形态也有明显的倾向性。防疫科普类出版物大部分选择了纸电形态同步出版,文学类出版物大部分选择了纸质出版,少儿和文艺类出版物则大部分选择了多媒体图书出版。疫情期间,出版物在表现形态的选择上充分体现当下不同类型选题出版物的需求,出版社已逐渐摸索出什么类型的读者更能接受何种表现形态。出版社可以借此机会重新审视市场需求,调整业务,为接下来的出版业务更好地服务。

(二)表现形态反映数字出版技术的进步

表现形态的多样性是建立在信息技术工具的基础上的,无论是简单排版的电子书还是多种新媒体融合数字产品,其核心都是技术的进步。

在此次快速响应中能看到许多数字融合发展能力较好的大型出版社，他们因为自身优势强，在制作原创数字产品的质量上也有一定保障，在疫情期间大有作为，短时间内迅速出版多种出版物抢占市场，在读者心中逐渐树立了品牌形象。其背后所体现的是出版社在数字出版方面的投资力度，只有出版人对技术的融会贯通，才有可能创造出优质的数字出版物。一些中小型出版社虽然没有能力制作技术复杂的数字产品，但也竭尽所能地策划了一些排版简易且内容实用性较高的电子出版物。相信在这次疫情的冲击下，他们会更加认真地思考未来社内数字出版的建设。

（三）表现形态的选择改变传统出版流程

在快速响应的第二阶段，对出版人来说最大的困难就是疫情限制了传统出版模式的正常运作，印刷和物流几乎处于停滞状态，只有选题和制作环节还可以通过线上办公得以运转。以往的传统出版流程是根据选题内容及受众选择表现形态，但是由于疫情的特殊性决定了数字型出版物是最适合疫情初期发布的表现形态。一些出版社原定的纸质出版物也迅速改变表现形态，变成了优先电子出版，反映了表现形态对传统出版流程的影响。

（四）表现形态的多样性实现传播力度最大化

以往出版业很少会有如此大量的出版物以多种形态出版的情况出现，只有出版社是以经济效益为目的时，才花大力气将一个内容制作成多种形态。但疫情期间，几乎所有的出版社都将社会效益放在首位，首先考虑的是如何将防疫信息又快又准地传达给读者。因此，在疫情期间，防疫指导类的主题出版物成为出版重点选题，电子书优先出版可以及时传播科学的防疫知识并宣传国家的抗疫政策和措施，把全民的防疫意识先调动起来，而纸质书的出版则可以更好地为基层宣传服务，准确地将防疫需求落实到基层。对于儿童、老年人等特殊群体，除了大量印制纸质出版物发放外，他们对音视频、有声书等视听类的出版物需求量更大。多种表现形态优势互补,共同实现传播范围的最大化。

(五)表现形态创新要靠进一步融合发展

近年来,我国出版社的融合发展探索之路已经历了多个阶段,从最开始将内容数字化,到开展互联网营销、进一步打造互联网产品,再到构建全媒体融合出版平台。疫情期间,出版物表现形态的"百花齐放",正是多年来改革融合发展的成果。此次疫情让出版业经历了一次"融合出版大考",也让很多出版社认识到自己在融合发展大潮下的优势与不足。表现形态的创新,除了要靠信息技术的进步推进,还要靠出版社自上而下地树立转型升级的思想,不能再墨守成规,让新出版人的创意无处可用。

虽然疫情防控进入了常态化,对出版业的影响还在持续,但是出版人的使命还未完成。在后疫情时代继续探索新型的出版模式、推动数字化转型升级和出版融合高质量发展,仍然是出版人努力的方向。

(北京印刷学院新闻出版学院　郭　颖　刘华坤　丁　帅)

参考文献

[1] 国家新闻出版署.加强出版服务　助力打赢疫情防控阻击战[EB/OL].(2020-02-06)[2021-12-20]. http://www.nppa.gov.cn/nppa/contents/719/45513.shtml.

[2] 刘华坤,张志林,陈丹.疫情防控主题出版服务快速响应观察[J].中国出版,2020(22):40-45.

[3] 国家新闻出版署.国家新闻出版广电总局、财政部关于推动传统出版和新兴出版融合发展的指导意见[EB/OL].(2015-04-09)[2021-12-10]. http://www.nppa.gov.cn/nppa/contents/772/76566.shtml.

[4] 接力出版社.《钟南山:生命的卫士》提速出版,把钟南山的故事讲给孩子们听[EB/OL].(2020-02-20)[2022-04-20]. http://www.jielibj.com/article_727.html.

[5] 语言与安全公众号. 抗击疫情湖北方言通（融媒体版）[EB/OL].（2020-02-14）[2022-01-15]. https：//mp.weixin.qq.com/s?src=11&timestamp=1591966874&ver=2396&signature=J9DiarONSPYWQj4E22fDuRpJUaKmJUKyxYq*V4cK*jsxP9zzVk-ZN9sIYwbmvVvH-UEENoHbRYj*VmLEQHjXrh*mjuyUL8fDUxbzkmjbiHQX3qTfOsjIMrv8pMOZsN3k&new=1.

[6] 上海音乐出版社. 声动人心（三）2020抗击疫情优秀歌曲公益展播 [EB/OL].（2020-02-03）[2022-01-15]. https：//www.smph.cn/NewsDetails.aspx?id=462.

[7] 有声版来了：《新型冠状病毒感染的肺炎公众防护指南》全文第一部分 [EB/OL].（2020-02-01）[2022-01-15]. https：//www.sohu.com/a/370049776_99904546.

[8] 韩萌萌. 天津科学技术出版社：10天出版4个版本防控指南 [EB/OL].（2020-02-26）[2022-01-15]. http：//www.tjcbcm.com/index.php/index/index/news_info/aid/1080.html.

出版社推出抗击疫情出版物阶段特征分析*

摘　要：在抗击新冠肺炎疫情的过程中，出版人积极响应中共中央宣传部号召，推出了大量有关疫情防控主题的出版物。本文通过观察疫情期间出版社的快速响应，总结图书出版社在助力抗击疫情出版服务不同阶段的不同特点，以对出版社在国家面临重大突发事件时如何响应提供启示。

关键词：抗击疫情；应急响应；社会效益

2020年新年伊始，一场新冠肺炎疫情席卷全球。新冠肺炎疫情暴发后，习近平总书记亲自指挥、亲自部署，统揽全局、果断决策，为中国人民抗击疫情坚定了信心、凝聚了力量、指明了方向。2020年2月6日，国家新闻出版署下发通知，要求出版界要进一步加强出版服务，助力打赢疫情防控阻击战[1]。出版人勇于承担责任，在抗击疫情的过程中展现了新时代出版人的担当。梳理出版社快速推出出版物的阶段特征，对观察疫情下出版行业的表现具有重要意义。

一、出版社快速响应的定义及其阶段划分

关于出版社快速响应的定义，笔者选用了刘华坤、张志林、陈丹发表的《疫情防控主题出版服务快速响应观察》中的"快速响应"定义，在习近平总书记主持的抗击疫情的十五次中共中央政治局常务委员会会议时间线范围内，考察出版社响应党和国家号召的情况[2]。（不同的是，该文从出版物及出版社快速开

---

* 本文原载《北京印刷学院学报》2020年第12期。

放服务平台的角度进行分析,而本文的"快速响应"仅指出版社推出出版物的情况。)该文将出版社快速响应分为四个阶段,共计 151 天,并依据国家新闻出版署官方网站公布的图书出版单位名单,以非军队系统的 558 家图书出版单位为观察对象,进行疫情出版物推出情况的数据采集研究并得出结论:在 558 家出版社中,有 229 家出版社推出抗击疫情主题出版物快速响应,占出版社总量的四成以上;共计出版出版物 514 种,平均每家出版社出版 2.24 种。可以说,这份答卷是令人欣慰和满意的。

笔者在此研究的基础上,着重对出版社快速响应的时间线进行了观察和深入研究。

二、出版社快速响应的阶段特征

出版社抗疫主题出版物的响应时间及阶段划分如图 1 所示。

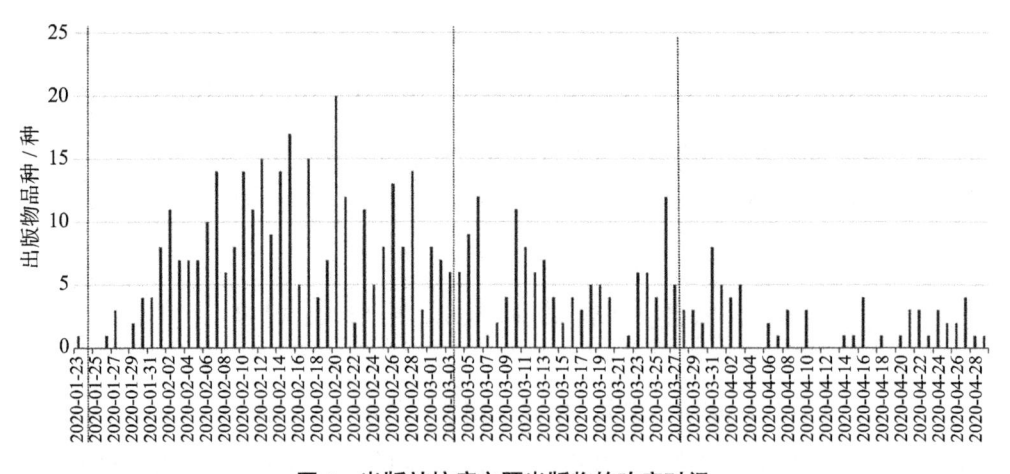

图 1　出版社抗疫主题出版物的响应时间

从图 1 中可以看出,第一阶段有 1 家出版社响应,出版物仅 1 种;第二阶段共 39 天,172 家出版社响应,有出版物 320 种,出版物占比 62.26%;第三阶段共24天，93家出版社响应，有出版物127种，出版物占比24.71%；第四阶段共33天，43家出版社响应，有出版物66种，出版物占比12.84%。

接下来，具体分析每个阶段出版社的快速响应特点。

（一）广东科技出版社快速响应

广东科技出版社是最早响应的出版社。该社出版的《新型冠状病毒感染防护》于2020年1月23日上午开始发行，1月24日制作完成该书的电子书。在疫情开始阶段，面对人民群众的茫然，广东科技出版社果敢作为，与广东省疾病预防控制中心合作，出版了疫情发生以来的第一本科普图书。除了"广东速度"令人惊叹外，通过广东科技出版社的案例我们可以看出一直敢为人先、精益求精的党员队伍及团队合作的重要性。可以说，广东科技出版社打响了出版助力抗疫的"第一枪"[3]。

（二）防控指导出版物迎来高峰

第二阶段共39天，其间172家出版社响应，出版各类出版物320种，占全部出版物品种六成以上。

1. 地方出版社反应优于中央级出版社

第二阶段科技、社科类出版社表现突出，地方出版社的快速响应速度明显要优于中央级出版社，具体如表1所示。

表1　第二阶段出版社快速响应情况

中央级出版社类别	快速响应出版社家数/家	快速响应出版社占比/%	地方出版社类别	快速响应出版社家数/家	快速响应出版社占比/%
社科	24	13.95	社科	26	15.12
科技	9	5.23	科技	27	15.70
教育	0	0.00	教育	14	8.14

续表

中央级出版社类别	快速响应出版社家数/家	快速响应出版社占比/%	地方出版社类别	快速响应出版社家数/家	快速响应出版社占比/%
少儿	2	1.16	少儿	12	6.98
文艺	1	0.58	文艺	7	4.07
美术	0	0.00	美术	6	3.49
古籍	1	0.58	古籍	2	1.16
民族	0	0.00	民族	7	4.07
大学	28	16.28	大学	6	3.49
合计	65	37.79	合计	107	62.21

注：快速响应出版社占比指该类出版社在第二阶段快速响应出版社中所占比例。

2. 防控指导与知识普及类选题比重大

笔者将第二阶段的出版物按照选题进行分类，发现防控指导、心理辅导与防疫知识所占比重最高。值得一提的是，在第二阶段出版社密集推出面向少数民族地区及特殊人群需求的抗击疫情主题出版物。新疆人民出版社、延边人民出版社、青海民族出版社、广西民族出版社、德宏民族出版社、辽宁民族出版社、四川民族出版社等，快速出版藏语、维吾尔语、壮语、蒙古语、彝语、朝鲜语等多种少数民族文字的双语指导及科普用书；延边大学出版社、陕西人民教育出版社、山东人民出版社等发布韩语、日语等其他文版的出版物信息。全国各地区的出版社都承担起传播抗疫知识的责任，真正做到了"全国一盘棋"。

综合来看，第二阶段是疫情防控的关键阶段，防控指导与知识普及类图书出版是这个阶段出版社的工作重心。这与第二阶段习近平总书记要求的坚决打赢疫情防控的人民战争、总体战、阻击战，坚持"全国一盘棋"的战略重心是一致的。

3. 出版物表现形式十分丰富

第二阶段出版物表现形式十分丰富，有电子书、纸质书等共11种表现形式，其中电子书所占比重最大，占到了一半。这反映了我国出版业在转型升级过程中，电子书技术已经十分成熟。而多媒体图书及有声书也在第二阶段集中出现，此类图书需要各部门密切配合，动用资源多，这次能够快速出版发行，彰显了出版社超强的凝聚力与号召力。

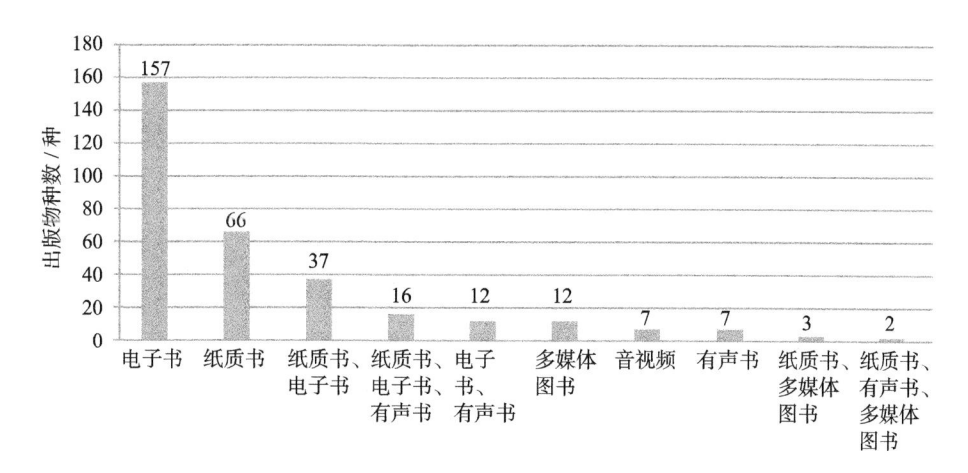

图 2　第二阶段出版物表现形式多样

（三）社科文史类出版物比重上升

第三阶段共 24 天，其间 93 家出版社响应，出版各类出版物 127 种。

第三阶段中，社科类出版社是出版社快速响应的"主力军"。在第三阶段，中央级出版社快速响应家数后来居上，特别是社科类出版社表现突出，但是地方出版社依旧坚持多点开花，每个板块都做出了快速响应。

笔者将第三阶段的出版物按照选题进行分类，发现防疫科普类的出版物所占比重有所下降，纪实类、法规类出版物占比有所上升。此外，还出现了复工复产指导主题的出版物。

第三阶段疫情防控取得阶段性成效，复工复产加快提上日程，关于复工期间的防控主题出版物也应运而生。疫情防控期间，防疫工作进展很有成效，但也存在一些问题，因此针对这些问题的法律指导类出版物的出版是必不可少的。

此前出版社策划的文史纪实类出版物也在这个阶段出版，这一类出版物选题需要沉淀，形式也多为纸质书，因此在第三阶段才如雨后春笋般出现。总的来说，第三阶段出版物的选题在防控指导的基础上，结合取得的抗疫成绩和治理问题，符合第三阶段的时间特征。

（四）持续发力，出版物加速向外输出

第四阶段共33天，其间有43家出版社响应，出版各类出版物66种。

1. 中央级社科类出版社持续发力

第四阶段疫情进入常态化阶段，与前三个阶段的出版物相比势头更强劲，各板块出版社多点开花，渐渐从战时阶段进入恢复日常工作阶段，特别是地方出版社面临更多的挑战，需要尽快地复产复工，继续打造出版社的品牌出版物。中央级出版社则持续发力，承担了疫情快速响应的收尾工作。抗疫类出版物仍在继续出版。第四阶段社科类出版社依旧是快速响应出版社的"主力军"。

2. 抗疫主题出版物加速向外输出

笔者将第四阶段的出版物按照选题进行分类，发现文史纪实类出版物占比达到第一位。整理分析发现，第四阶段的文史纪实类出版物更多地面向国际市场，如外文出版社在第四阶段编译的《2020：中国战"疫"日志》《武汉封城：坚守与逆行》，分别推出了尼泊尔文版和日文版；山东友谊出版社策划的抗疫主题外宣图书《让我隔空抱抱你——镜头下的人民战"疫"纪实》（中英双语）也在第四阶段出版[4]。这些优秀的文史纪实类图书及时记录和传播中国人民众志成城抗击新型冠状病毒肺炎疫情这段不平凡的历史，把中国的抗疫故事带到了世界的每个角落。通过时间线的整理不难发现，出版社的快速响应出版物主题与四个阶段的抗疫主要战略目标是一致的。可以说，在"全国一盘棋"的战略下，出版单位很好地在不同阶段抓住了主要矛盾，为抗疫工作贡献了自己的力量。

目前，疫情防控主题的出版物仍在持续推出，但我国已进入疫情防控转入常态化巩固来之不易的防控战果，完成实现第一个百年奋斗目标任务，扎实推进国家安全、生物安全、治理体系和治理能力现代化建设，以及做好较长时间应对外部环境变化准备的新阶段。

(五) 出版社快速响应阶段特征观察

通过100多天的观察分析，笔者发现，从第一阶段到第四阶段，从疫情开始时的科普到恢复经济复工复产的指导，出版业都展示了响应国家号召、坚持把社会效益放在首位的良好新时代出版风貌。通过阶段观察，笔者发现出版社快速响应有如下阶段特征。

1. 分类板块的变化轨迹与阶段部署重点相适应

按照党中央抗击疫情各阶段工作重点的部署，各个出版物板块的数量变化趋势与阶段工作重点部署的要求相一致、相匹配，体现了出版社主动作为助力疫情防控，出版服务作用明显，这是第一个鲜明特点。第一阶段广东科技出版社为助力抗击疫情打响"第一枪"；第二阶段是打赢防控阻击战的关键阶段，这一阶段防控指导、防疫知识、心理辅导等主题出版物密集发布，起到消除恐慌情绪、引导正确防护的作用；第三阶段及时满足加快恢复生产、稳定社会发展的指导需求，面对疫情在全球蔓延，各国携手守望相助，我国出版界通过多种形式助力全球抗疫，与国外同行联手，快速推出多种外文版的疫情防护手册，与各国分享抗疫经验；进入第四阶段，工作重点转移到常态化疫情防控下推进经济社会秩序加快恢复，出版快速响应也转入常态化防控恢复正常生产活动阶段。

2. 优秀出版社能够持续发力

通过观察发现，许多优秀的出版社能够在各个阶段持续推出出版物，这说明出版社"功在平时"。突发疫情时的快速响应,不是一日之功所能应对,而是需要久久为功的深厚资源积淀。人民出版社的《中国疫苗百年纪实》及党建读物出版社与接力出版社合作的《钟南山:生命的卫士》的共同特点是,他们的选题并不是仓促之间策划而成,而是经过长时间的沉淀酝酿。《钟南山:生命的卫士》本是党建读物出版社"中华先锋人物故事汇系列"图书中的一本,疫情防控期间以电子书提前上线[5];《中国疫苗百年纪实》的撰写更是历时两年,作者以采访所获一大批疫苗研制领域老专家、老学者的珍贵口述史料作为素材[6]。人民出版社及党建读物出版社等社科类出版社的选题积淀深度厚度不言自明。

3. 出版社选题贴近市场

贴近市场不是要投其所好,而是要根据市场形势推出人民群众容易接受、喜闻乐见的优秀出版物。例如,地方的教育出版社能够根据所在地区的中小学生的课程进度、返校安排进行出版物的策划与组稿;地方民族出版社要将优秀的出版物译成民族语言文字作品。这些都是贴近市场、贴近群众的体现。

三、关于出版社做好"战时"快速响应的建议

图书出版是出版业的重要组成部分,疫情防控快速响应如同大考,是一次对"把社会效益放在首位、实现两个效益相统一"的重要检验。由此,笔者对出版社如何做好"战时"快速响应的工作提出以下建议。

(一)要始终体现政治敏锐性和责任担当

疫情发生以来,我国依靠强大的制度动员、制度协调和制度组织能力,以及改革开放40年来形成的综合国力、制造能力,各族人民紧密团结在以习近平同志为核心的党中央周围,全力抗击疫情。出版人要在这场人民战争中贡献出

一份力量，首先就是要做到坚持党的领导，提高政治觉悟，坚守自己的初心和使命。在快速响应出版社中的每一位工作人员都在逆境和挑战中为抗击疫情做出了自己的贡献，体现了自己的责任担当。

把社会效益放在首位也是党对新闻出版工作的一贯要求，从中华人民共和国成立之初就有出版的意识形态属性的规定，在法律法规层面，如《出版管理条例》中有明确的规定。近年来，随着社会主义市场经济深入发展和文化体制改革不断深化，国有文化企业积极参与市场竞争，实现了社会效益和经济效益的同步提升。疫情暴发以后，多家出版社快速响应，免费推出出版物，积极响应国家号召。出版业下一步在继续推进改革、推动文化事业全面繁荣和文化产业快速发展、建设社会主义文化强国的同时，要把握好意识形态属性和产业属性、社会效益和经济效益的关系，继续完善补充出版社社会效益评价指标体系，引入战时评价指标，坚持社会主义先进文化前进方向，把社会效益放在首位。

（二）建立强大的作者队伍及选题资源库

通过四个阶段的观察发现，很多出版社并不是在面临重大事件时仓促进行选题组稿的，即使是为了完成响应仓促约稿组稿，恐怕也难出精品。很多优秀的社科类、科技类出版社的"资源库"很大，这种"资源库"并不只是选题多，更是指出版社平时积累的专家团队多、作者多，如人民卫生出版社在选题策划和编辑出版中，为了确保权威性和科学性，在国家卫生健康委员会疾病预防控制局指导下，与中国疾病预防控制中心合作；中国中医药出版社依托国家中医药管理局应对新冠肺炎疫情联防联控工作专家组，先后策划出版了多种防控疫情图书；四川科学技术出版社与四川大学华西医院及"四川新冠肺炎疫情心理干预工作组"专家团队迅速通过线上线下联动的方式推进防护知识的宣传等。严谨、权威的作者队伍和专家团队可以使出版社面对各种突发事件时迅速做出正确的反应，举重若轻。

(三) 要坚持应变创新，加快媒体融合

疫情带来的不仅仅是营销渠道的改变，受众对出版物载体的选择也发生了改变，电子书和有声书的优势格外突出。数字出版为出版行业在科技和经济社会发展中稳固文化强国的地位提供了强大的内生力。在5G时代到来的今天，每一家出版社、每一个出版人都要在挑战中完成转型升级，迎接创新是出版业发展的内在动力。疫情期间，"云阅读""云办公"、网上书店、网上直播进行宣传，甚至直接发行内容已经是大势所趋。种种迹象表明，在人工智能和5G技术蓬勃发展的今天，数字化、信息化已经成为不可逆转的大势。在全球出版业面临变革的今天，加快媒体融合的速度，构建丰富的出版形式，迎变创新势在必行。

(四) 要提升治理能力，练就体系化作战本领

从2003年的"非典"到2020年的新冠肺炎疫情，我国在突发公共卫生事件中找经验、补短板，不断完善国家治理能力和治理体系。出版业在应对突发公共事件也有多次的经验教训，练就体系化作战能力是有必要的，还可以尝试根据突发公共事件的级别制定不同的应急预案，自上而下进行统一规划。出版物的出版需要多部门协同发力，在数字出版作为主流出版形式的今天，所涉及的部门更多。从广东科技出版社的例子我们可以看出，出版社只有练就体系化作战的综合能力，才能从容应对。

疫情终将过去，出版人要化危为机、勠力同心，出版社在继续推进改革、推动文化事业全面繁荣和文化产业快速发展、建设社会主义文化强国的同时，要把握好意识形态属性和产业属性、社会效益和经济效益的关系，坚持社会主义先进文化前进方向，始终把社会效益放在首位，这对推动数字化转型升级、出版融合高质量发展，以及推动出版行业国家治理体系和治理能力现代化的进程都有深刻的影响。

(北京印刷学院　陈天宇　刘华坤)

参考文献

[1] 国家新闻出版署. 加强出版服务 助力打赢疫情防控阻击战 [EB/OL].（2020-02-06）[2021-12-20]. http：//www.nppa.gov.cn/nppa/contents/719/45513.shtml.

[2] 刘华坤，张志林，陈丹. 疫情防控主题出版服务快速响应观察 [J]. 中国出版，2020（22）：40-45.

[3] 粤小科，广东科技出版社. 广东科技出版社11个部门通宵作战，《新型冠状病毒感染防护》节前出版 [EB/OL].（2020-01-24）[2021-12-10]. https：//mp.weixin.qq.com/s/paA2lepOQVGqH9R5YEDBhA.

[4] 山东友谊出版社. 山东友谊出版社抗疫主题外宣图书即将在全球78个国家和地区的45 000多家图书馆上线 [EB/OL].（2020-04-25）[2021-12-10]. https：//www.sohu.com/a/390842042_120058526.

[5] 接力出版社. 担当的使命：电子版《钟南山：生命的卫士》电子书快速上线 [EB/OL].（2020-02-18）[2021-09-05]. http：//baijiahao.baidu.com/s?id=1658851189711881472&wfr=spider&for=pc.

[6] 文化中国. 人民出版社提前出版《中国疫苗百年纪实》电子书 [EB/OL].（2020-02-04）[2021-12-10]. http：//cul.china.com.cn/2020-02/04/content_41046336.htm.

我国应急响应图书版权输出新发展初探*

摘　要：在2020年抗击新冠肺炎疫情中，出版业积极行动，为版权输出探索新的发展方向。本文剖析出版社图书版权输出经受的新考验，观察版权输出的突出表现，对图书版权输出的发展提供一些建议与启示。

关键词：抗击疫情；应急出版；版权输出；公益性

面对2020年年初突如其来的新冠肺炎疫情，全国人民在以习近平同志为核心的党中央领导下，众志成城、团结奋斗，铸就了"生命至上、举国同心、舍生忘死、尊重科学、命运与共"的伟大抗疫精神。截至目前，疫情依旧持续在全球蔓延，打破了国家、种族和文化的界限，给各国经济社会的复苏带来阻碍。这场公共卫生危机成为全人类的集体经历与记忆。全国各地出版单位积极响应国家新闻出版署"加强出版服务，助力打赢疫情防控阻击战"号召[1]，出版了大批的应急响应出版物；同时，肩负大国的使命与担当，充分利用数字化技术将疫情防控出版物输出国外，源源不断输送中国抗击疫情的方法、经验和故事，鼓舞着世界各国人民战胜疫情的信心，在推动中国版权"走出去"方面做出了突出贡献。

一、应急响应图书版权输出概况

党的十八大以来，党中央高度重视媒体融合发展，推动文化"走出去"战略，习近平总书记于2019年提出"要推动媒体融合向纵深发展，加快构建

---

* 本文原载《北京印刷学院学报》2021年11月第29卷第11期，为国家数字复合出版系统工程实验室课题研究成果之一。

融为一体、合而为一的全媒体传播格局"[2]。我国出版业在开展传播能力建设，推进版权贸易发展和文化"走出去"战略中取得了阶段性成果。新冠肺炎疫情暴发后，出版业积极响应党中央号召，助力抗击疫情，创造了许多优秀的版权输出案例、方法和模式。

（一）应急响应出版物版权输出的两种类型

国家数字复合出版系统工程实验室的研究团队从2020年1月下旬开始，在283天里密切跟踪抗击疫情的时间线索，对出版行业抗击疫情应急响应进行时间空间特点、类型分布特点等多维度数据分析，完成并更新《抗击新冠肺炎疫情全国出版服务响应报告》[3]。本文所指的应急出版物种类、数据、案例等均以此报告为基础。

在长达9个多月的跟踪观察中，我们共采集558家出版社的疫情防控出版物676种，其中版权输出图书选题和已实现版权输出图书共计57种。跟踪分析发现，此次大量优质的应急响应外文版图书被输出至国外。其版权输出可分为两种类型：一类是以国外官方用语为主，多为国际通用语言，包括英语、法语、德语、西班牙语、俄语、日语、韩语、波斯语、阿拉伯语等多语种，是国家之间进行文化交流与版权贸易等国际化合作的重要体现，是版权输出的主体；另一类是以地域性民族语言为主，多为我国偏远地区少数民族语言，包括藏文、维吾尔文、蒙古文、朝鲜文、哈萨克文、彝文、壮文等，该类型主要为我国少数民族群体服务，同时辐射影响使用此类语言文字的周边国家地区群体，是版权输出的另一个方向。尤其是在坚决打赢疫情防控阻击战期间，我国出版的应急响应出版物大多以公益性形式，免费提供版权输出。

（二）版权输出出版物的选题内容与表现形态

在选题和表现形态上，出版社朝融合出版的方向迈出大步、收获颇丰。版权输出出版物选题内容涵盖了抗疫指导、防疫科普及宣传读物三大板块，具有明显的输出目的性,体现在通过介绍中国的防控方法、抗疫故事等传播中国声音、展现中国形象,其中较多的选题内容为防控指导、少儿科普、文史纪实[4]。这表明大众、少儿、专业等板块具备阅读共性的读物,更具有版权输出的优势(见图1)。

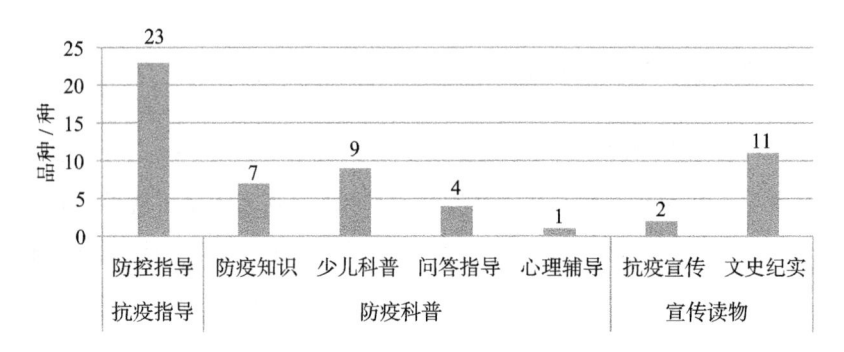

图1 版权输出出版物的选题内容和品种

从出版物表现形态上看,完全顺应了融合发展的大环境,以电子书为主的数字出版物数量最多。传统纸书仍有一定比例的版权输出,但数字形态出版物及一种内容多种形态出版物的输出优势更为明显。总的来看,疫情应急响应出版物表现形态丰富,集中体现了出版社实现融合发展、拥抱互联网数字技术的努力。此阶段的版权输出践行了对传播效果与传播力的要求,为我国国际文化交流传播做出示范(见图2)。

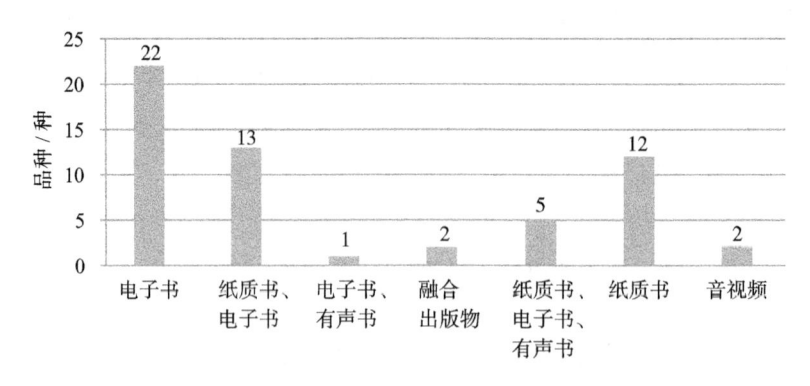

图2 版权输出出版物的表现形态和品种

二、应急出版物版权输出的突出表现

在疫情防控非常态化阶段，出版社应急出版物版权输出的突出表现有以下四个方面。

（一）数字出版物得到优先发行

在阻断疫情的封闭阶段，由于纸质书受到物流交通的限制，严重影响了传统出版物的出版发行，因此各大出版单位审时度势，迅速转入互联网数字化阵地，以数字图书为主要制作对象，为疫情防控服务。疫情防控非常态阶段推动了出版物网络首发的传播模式，电子书成为更多的出版物表现形态。在出版物版权输出中，抛开以往抽象的"版权"为核心的概念，电子书及各类有声书、融媒体出版物成为优先输出对象。

中国国际出版集团承担党和国家的对外宣介重任，为展示真实、立体、全面的中国形象奋战在抗疫应急出版服务的前线。自疫情暴发以来，该集团下属出版单位外文出版社、海豚出版社、新星出版社等紧急策划18种选题并相继出版发行，大部分选题以电子书形式优先发行，如新星出版社以融合联动形式发行的多语种图书《站在你身后！——从特拉维夫到黄冈的384小时》，登录亚马逊Kindle、掌阅、豆瓣等线上阅读平台及美国亚马逊网站等，是一场跨越国界、时区、城市的手递手出版接力。上海科学技术出版社和新星出版社分别发挥内容资源优势和"走出去"渠道优势，合作完成《张文宏教授支招防控新型冠状病毒》（日文版）一书。两社合作利用已搭建的版权输出渠道，并以纸质书和电子书等多种形态将该书成功输出至日本。该书的出版不仅帮助日本读者加强对新冠病毒肺炎防控相关知识的认识与了解，还有助于日本读者领会中国抗疫精神、感受中国抗疫力量，促进中日两国在疫情防控方面的合作交流。

（二）早期版权输出突出公益性

抗击疫情的紧急需求决定了版权输出以公益性为主的特点。这种捐赠方式的公益性版权输出打破了国外媒体对中国抗疫的质疑，有利于彰显中国抗疫精神、传播中国声音、体现大国担当，也反映了我国出版业信息内容聚合的高效性。

外文出版社把《武汉封城——坚守与逆行》《2020中国战"疫"日志》等两书版权授予海外9国，巴西的孔特拉庞托出版社率先完成葡萄牙文版，并在当地上线免费发行宣传。2020年3月，山东文艺出版社联名推出的公益电子书《新冠肺炎防护手册》（漫画版）上线第二天，黎巴嫩数字未来出版社即与该社联系此书的阿拉伯语版电子书事宜。在图书编写组免费授权后，双方积极配合，短短两周即完成翻译出版工作，随即该书阿拉伯语版电子书正式上线[5]。河南科学技术出版社用28天时间改写编译的《巴塞尔公约》国际发布英文版《中国医疗废物应急管理与处置指南》，被《巴塞尔公约》187个缔约方免费使用，这是中国出版业助力世界卫生防疫工作的大国担当表现[6]。2020年3月，全国38家出版社及10位作者、绘者积极响应国际儿童读物联盟（IBBY）"全球抗疫童书互译共读项目"号召，无偿捐赠版权共计56种。在第54届国际儿童图书节之际，经评审重点译著的11种中国抗疫儿童读物，同时在全球抗疫童书互译共读项目平台——生命树童书网（www.lifetreebooks.org.cn）上线，包括英语、法语、俄语、日语、韩语、德语、意大利语等多语种版本。这些凝结了编辑、作者、译者、绘者、专家、设计师、网络技术人员等中国出版人的善意、智慧和汗水的儿童读物，同时用十几种语言出版供全球儿童免费使用，受到国际同行的广泛关注，国际儿童读物联盟80个国家分会在各自国家推广这些绘本。此外，还有78个国家的4.5万个图书馆也将其免费上线、免费阅读[7]。可见，依托文化的共通性，抗击疫情类出版物版权输出很受国外读者欢迎，版权输出取得成效。

（三）同内容多语种版本协同发力

疫情期间的出版物版权输出最明显的特点莫过于多语种、全方位。这也体现了当下中国出版业的版权输出战略。多语种的同步输出依靠出版单位和出版企业雄厚的出版资源基础与强大的资源整合能力，这些是做好版权输出的根基。出版单位积极协调版权输出事宜，版权输出公司依靠成熟的渠道积极推广，收到全方位的一体化协同效果。

五洲传播出版社与人民卫生出版社强强联手，积极合作紧急推出了权威防疫出版物《新型冠状病毒肺炎公众防护手册》的英语、意大利语、日语、韩语、法语、西班牙语、波斯语共7种版本，以供海外读者阅读。此书在2020年3月26日二十国集团（G20）网络会议召开时全球首发，并在多个电子平台上供读者免费下载阅读，向全球宣传有关新冠肺炎的正确、权威、专业的防护知识。青岛出版社先后推出《新型冠状病毒感染防护手册》中文、韩文、英文、日文、波斯文、阿拉伯文等6个版本。湖北科学技术出版社出版的《新型冠状病毒肺炎预防手册》，以市场化运作方式成功面向17个国家和地区进行了版权输出，包括英语、韩语、德语、法语、意大利语、西班牙语、葡萄牙语、希腊语、泰语等12种语言版本。陕西师范大学出版社的《新型冠状病毒肺炎疫情下的心理健康指导手册》出版了中文、英文、俄文、日文、韩文等5个版本。中国少年儿童新闻出版总社图画书《新型冠状病毒走啦！》的书稿完成后，便第一时间整理英文书讯及审阅材料，并及时在海外寻求合作事宜。该书在印度发行印地语及英语版本，全球阿拉伯语版由黎巴嫩代发行。此外，该书还在东亚、南亚、东南亚、中亚等多区域国家进行国际版权输出[8]。

（四）线上云办公助力版权交易

疫情防控使线上协同办公优先级得到提升，线下活动被按下暂停键，传统的版权交易受到影响。利用云端沟通，拓宽引荐渠道，表面上看是对线下出版活动及出版流程的阻碍，但实质上推动了出版流程的数字化转型升级。云端沟通极大地了弥补了线下大型活动延期的缺陷,线上的版权交易功能、文化交流功能得到即时发挥。

北京国际图书博览会(简称 BIBF)在技术上进行创新,借助"互联网+云平台",利用云书展实现了线上交互式沟通,原有内容也相应深化、扩展或调整,形成书展新平台。中国图书进出口(集团)有限公司根据受疫情影响,国际性的展览会议相继延期甚至取消的客观情况,迅速提出了"PLAN B",即转战办公室,继续云版权,借助国外社交平台及视频网站,定期推送宣传视频、图片等,丰富推广方式,扩大传播途径,以"云会面"的方式实现国际出版人与中国出版人的持续交流。新世界出版社采取"云签约"方式,与奥地利、瑞典等国的出版机构签订了 46 项出版合作协议,进一步拓展了该社版权输出合作的国际版图,也为疫情防控相关出版物的相互引进输出,提供了良好的渠道基础[9]。

三、应急响应图书版权输出考验出版社的四种能力

根据课题组跟踪研究,我们认为,应急响应图书版权输出在四个方面考验出版单位。

(一)站位高远的应急出版组织能力

应急出版首先靠的是政治意识和组织能力,站位稳固是社会责任担当的体现。建立高效、机动的应急出版管理机制,已成为新的环境下版权输出发展、制胜的关键。新冠肺炎病毒是全世界人民共同的敌人,不但关乎中国人民的健康安危,而且关乎各国人民乃至整个世界的健康稳定发展。能否及时推出抗疫出版物及译作并输出国外指导抗疫斗争,考验着出版单位在重大突发公共卫生事件面前的快速响应、应急出版能力。这就要求出版单位首先要积极响应国家的号召,以社会责任为重,担起中国出版业在全球公共问题上的大国责任,展现大国形象,践行构建人类命运共同体的理念。此外,要审时度势,开阔视野,

适配国外读者需求。在策划选题、内容创作的过程中，出版物所承载的内容不仅要个性化，也要有普适性，既能有针对性地满足我国疫情期间多群体、多层次、多维度的大众阅读需求，又能够兼顾不同历史文化、不同国家环境的需求，奠定版权输出的基础。

（二）强大的资源整合应用能力

不同出版单位的资源禀赋与积累不同，所擅长经营的出版领域不同，如何快速调配利用社内外人力、物力资源进行应急响应出版，是对出版单位的现实考验。

一是出版单位要运用自身强大的应急能力及时制定选题策划计划，明确读者的阅读需求，组织优秀权威的作者团队，推出适需的高质量出版物；二是依靠大量的作家、译者资源，加强跨界联动，引导各行业专家参与出版物的选题策划与内容创作，提高疫情防控读物的科学性、专业性，生产通俗易懂的抗疫主题出版物；三是重视提高译作质量，讲好中国故事、传播好中国声音，以正视听，展示真实、立体、全面的中国。

（三）灵活的环境适应拓展能力

突发的疫情打破了原有的出版计划和一以贯之的出版流程，常规的线下工作转移到线上，能否利用互联网、数字化技术突出重围，显得尤为重要，对出版人的创新应变能力同样是一种考验。基于云端的办公模式更需要强大的适应力，要求出版人善于运用大数据开发策划选题，同时利用即时高效的数字化方式生产制作出版物，如 H5 电子出版物、AR 或 VR 出版物；需要营销人员拓宽新的出版物信息传播渠道与产品流通渠道，打通抗疫出版物在线下物流受阻状态下的互联网发布渠道；版权输出的交流依赖于版权运营人才的运筹帷幄，要增强在常态化版权交流困难、版权贸易受阻时的破局能力，积极促成版权洽谈业务，推动抗疫类主题出版物走向世界。

（四）出色的版权输出开拓能力

疫情期间，线下出版物展示、商务洽谈活动等的优势荡然无存，少数西方媒体传播了对中国不友好、不和谐的声音，这使版权输出合作中中国的抗疫主题出版物遇到一些阻碍。2020年，博洛尼亚国际童书展、法兰克福书展等国际性书展与活动被迫取消或延期，这些都给我国的版权输出活动造成重重困难。能否采用互联网云端办展参展方式开展版权贸易工作，决定着版权输出业务能否顺利进行。因此，加强既往的版权合作关系，积极参与版权贸易交流合作，开拓维护新的版权合作关系尤为重要，这都考验了中国出版人的版权输出开拓能力。

可喜的是，我国出版单位经受住了这些考验，是一支忠于党和国家的出版队伍，整体表现优异。

四、关于疫情防控常态化形势下的版权输出建议

面对应急出版环境，我国图书版权输出实践发挥了较好的示范作用。当下，疫情防控已经进入常态化，从巩固应急出版版权输出建设成果，提升我国出版业在服务国家大局和国际传播效果的角度，笔者提出以下四点建议。

（一）加强队伍建设，注重复合型版权人才培养

版权输出不只是单纯做产品的商业交易，更应被提升到文化输出、文化交流的高度，为此需加强对创新型、复合型版权人才的培养，既要重视政治、文化、思想素养等方面，又要重视数字化运用能力等实操性技能。只有这样，才有助于实现版权与文化共同"走出去"。

新型版权人才培养要聚焦三个方面。一是要培养版权人才的摸排调研能力，及时与海外合作方沟通了解图书的创作过程及市场表现情况。二是要格局开阔、

思维创新，利用原创图书内容开发相应的文化衍生资源，从单一到多维，从一种形态单向输出到同一内容多形态输出，多形态内容多维度衍生产品矩阵输出。三是要持续跟进，落地影响。版权代理人务必以长远发展的眼光，协助打造图画书海外版本在当地的影响力。版权交易只是版权输出的开始，将无形"版权"产品发展为多维度衍生产品矩阵才是版权输出的根本，这也是版权"走出去"、文化"走出去"的最佳效果。

（二）提高译著质量，共情文化与民族特色并存

很多时候，缺乏文化认同感是版权输出的最大壁垒，版权输出遇到的困难主要是文化的差异与冲突，内容质量是版权输出的首要环节。在公共议题环境下，应利用好文化本身的共性，考察其他民族的文化需求与热点，凭借深耕多年的版权输出经验，推动体现中国特色、中国声音的优质出版物走向世界。这就要求出版的译著质量要高，一方面要展示我们的文化理念、民族特色；另一方面要符合时代语境，具备共情文化。江苏凤凰少年儿童出版社策划出版的"童心战疫·大眼睛绘本"系列图书，就以绘本的形式，通过柔软的文学故事、人类共通的情感，以强大的亲和力、感染力展示疫情之下人们的精神面貌、生活感受和防疫措施，体现了中国社会和家庭守望相助、团结一心、同舟共济、众志成城的精神风貌。上海交通大学出版社多次深入考察日本岩波书店的出版结构与阅读需求，以此为基础才推动了后面《查医生援鄂日记》（日文版）的版权输出。

（三）开拓传播渠道，利用数字化平台提质增效

疫情对出版业融合发展提出了更高目标，在传播渠道开拓建设上也产生了新要求。数字化平台包括两类：一类是统一的安全、可靠、权威的官方平台，开设各大博览会、版权贸易渠道，侧重于管理与交接，以信息获取、资源聚合为核心；另一类是出版单位或企业自行搭建的数字化"走出去"平台，此类平

台集中性较强，具有专精性、目的性，侧重于专业化与贸易，以版权运营为核心。一旦形成规模化、规范化的数字化平台，对版权输出的增益是巨大的。从数字音乐版权经营来看，国内的版权管理十分零散，会极大地阻碍文化艺术作品的繁荣交流。目前来看，版权输出还主要依靠出版单位、版权运营个人及单位寻求商机的自主意识，因此在整体的版权输出管理上，要有一个自上而下的数字化平台，才能使文化"走出去"、版权"走出去"的高度得到提升。

在自建设方面，安徽少年儿童出版社是值得借鉴的，在数字出版方面，该社以多媒体互动阅读平台为核心，搭建数字化"走出去"平台。早在2013年年底，世界汉学大会与中国国家汉语国际推广领导小组办公室孔子学院总部达成了"孔子学院数字书苑"电子书采购协议，孔子学院上百种电子图书产品在"孔子学院数字书苑"上使用。

（四）深入数字化转型，推动出版文化"走出去"

数字出版为版权输出打开了新的空间，基于云端的"云上协同、网上互动、屏上阅读"的融媒体出版服务得到很好体现。出版单位要加快各出版流程的数字化转型建设，转变思维、顺势而为，无论是技术、内容方面，还是管理与服务方面，都应加速科技赋能效果。要加强对大数据、云计算、VR等数字化技术的运用，坚持"内容为王"，挖掘更具文化传播效果的选题与出版物内容，提供良好的阅读体验；还要不断强化出版物形态、出版物内容的丰富度，打造多形态、多媒体的融合出版物。在新的时代环境下，出版单位更要主动加快融合步伐，寻求新的管理模式、发展路径，在风云变幻的融合发展格局中找准定位，完成数字化转型，更好地推动图书版权及中国文化"走出去"。

五、结语

依托数字化浪潮的红利，中国出版业为全民族乃至全世界抗疫交出了一份满意的答卷。应急响应出版考验了我国出版单位、出版从业人员的社会责任担当及突破困局、勇于尝试的创新能力，展现了他们顺势而为、奋勇创新的精神，以及为加强世界文化交流与版权输出合作所付出的努力。

（北京印刷学院新闻出版学院　丁　帅　刘华坤）

参考文献

[1] 国家新闻出版署. 加强出版服务　助力打赢疫情防控阻击战 [EB/OL].（2020-02-06）[2021-12-20]. http：//www.nppa.gov.cn/nppa/contents/279/45476.shtml.

[2] 习近平. 加快推动媒体融合发展　构建全媒体传播格局 [J]. 求是，2019（6）：4.

[3] 张志林，刘华坤. 抗击疫情出版服务快速响应特点鲜明 [N]. 中国新闻出版广电报，2021-01-18（5）.

[4] 刘华坤，张志林，陈丹. 疫情防控主题出版服务快速响应观察 [J]. 中国出版，2020（22）：40-45.

[5] 山东宣传.《新冠肺炎防护手册》（漫画版）阿拉伯语版电子书在黎巴嫩上线 [EB/OL].（2020-03-24）[2021-12-20]. http：//www.sdxc.gov.cn/sy/xcdt/202003/t20200324_11575336.htm.

[6] 李肖胜. 抗疫科普读物走出国门的思考 [N]. 中国新闻出版广电报，2020-12-22（4）.

[7] 梁杰. 全球抗疫童书互译共读项目推出多种中国抗疫儿童读物 [N]. 中国教育报，2020-04-08（9）.

[8] 图画书《新型冠状病毒走啦！》获海外出版商关注，5个语种版权输出 [N]. 北京日报，2020-03-05.

[9] 中国外文局. 新世界出版社与四国出版机构签订46项国际合作出版协议 [EB/OL].（2020-04-24）[2021-12-10]. http：//www.cicg.org.cn/2020-04/24/content_41134282.htm.

第三编

出版领域新技术应用

人民出版社数字出版堆叠创新初探 *

一个世纪以来，从研究领域到应用领域，从企业到产业、区域、国家甚至国际组织等各层面，创新已成为经久不衰的话题。尤其是进入21世纪，在全球化、信息化的推动下，国内外对创新的研究更加广泛深入，对其认识更加丰富深刻，关注视角从技术、工艺、产品、服务、内容、集成、组织、管理、制度及理论等的创新，到"创新"与"战略"融合形成"国家创新战略"的研究和应用，更深层地解读创新的内涵、价值和方法，把握创新探索未知、寻求和谐发展的时代精神。出版领域的创新实践和理论探索也已开展。本文根据人民出版社2008年以来开展数字出版的实践，从创新的角度进行观察，以期通过典型案例解析出版单位创新实践的时代特征，为正在转型中的出版业发展提供参照。

一、堆叠创新在数字出版中的引入

当今，在信息科技飞速进步、经济全球化和市场竞争的冲击下，出版业正在经历资源重组、结构演化的创新变革。出版业科技与经济结合过程中发展最快、最活跃的领域是数字出版。对数字出版企业创新的观察显示，创新所发生的节点、环节、领域是全面、开放、立体的。链式、网状、体系化的创新模型都可以用来解释数字出版企业正在经历的变化。尤其是第六代创新模型的提出，为内容生产企业的创新分析提供了新视野[1]。笔者在学习前人思想的基础上，提出用堆叠创新来阐述数字出版企业的创新实践。

---

* 本文原载《中国出版》2011年第9期，为2011年新闻出版总署重点课题"我国数字出版产业发展模式研究"成果之一。本文写作得到沈水荣、马杰、黄犟三位同志的支持与帮助，特在此致谢。

"堆叠创新"概念的提出，源于对半导体产业摩尔定律（Moore's Law）重大突破的联想。2005年，国际半导体研发联盟将三维硅导孔的金属导线互连技术列入首要挑战性技术[2]。2007年，国际商业机器公司（IBM）宣布，在制造环境中实现了"穿透硅通道"的芯片堆叠技术，这项技术创新实现了芯片设计从二维到三维的转变，使摩尔定律能够突破原来预想的极限[3]。

本文中的堆叠创新，是对人民出版社"中国共产党思想理论资源数据库与传播工程"（简称"理论数据库"）"十一五"期间建设成效的一种观察和总结，是指体现在数字出版实践中技术、组织、管理等维度全方位的、开放的创新，以及体现在基本结构层面改变的突破性创新。堆叠创新主要包含三个互相联系、互相影响、共同推动的创新实践活动，即搭建内容资源库与网站建设，实现出版资源的结构化、信息化加工和网站基本功能的开发；形成出版单位和技术公司、各领域专家"虚拟创新实验室"的组织管理模式；开发基于语义分析的方法与技术，实现网站特色服务功能开发应用，以及数字出版核心信息技术的基本结构性突破。

二、理论数据库堆叠创新的特点

（一）实现党的思想理论传播形态的创新

随着全球信息化进程的加快，特别是网络技术的普及，数字化阅读成为新的阅读方式。但是，在理论数据库建设之前，权威的党的思想理论网络传播尚为空白。

人民出版社是党和国家的政治读物出版社。面对网络成为思想文化传播的重要平台的历史潮流，人民出版社利用自有图书资源和高素质编辑队伍优势，建立了数字出版平台，为公益文化服务提供新的手段和方式。理论数据库建设是党的思想理论网络传播的创新举措，对加强社会主义核心价值体系的建设和传播具有重要的社会效益和经济效益。理论数据库于2008年启动建设，2009年

5月试运行，2010年"七一"前夕正式上线，三年中完成了1万余册重要图书入库和上网，在全国第一次系统、规范地实现马克思主义基本著作、中央文献的网上传播，填补了党的思想理论类网络媒体空白。该项目已被新闻出版总署列为"十二五"时期重大项目之一。

（二）实现理论数据库开发体系的创新

理论数据库建设在体系架构上实现了多种、多层堆叠创新。

1. 体系架构特点

从逻辑层次上看，理论数据库的整体架构可划分为六个互相联系的有机体系。①运行支撑环境层是理论数据库的基础设施平台；②数字化加工处理层实现出版资源由纸质媒介向数字媒介的加工转换；③数据层进行资源安全、级别、调度、权限控制、元数据等数字资源管理；④应用支撑层是体系架构的核心层；⑤业务应用层通过支撑平台，实现不同业务子系统的功能调用和数据访问；⑥展示层是对外服务平台。在系统的软件开发中，数字化加工处理、应用支撑、业务应用及产品展示等四个层面实现堆叠的出版新业务开发。理论数据库系统架构如图1所示。

2. 体系功能特点

理论数据库是一个典型的数字出版产品生产与传播服务平台。前台以门户网站形式呈现内容的各种产品形态及提供的各种服务；后台支撑除了满足网站的运行外，还具有出版业内容资源生产管理与发布的特点。

（1）运行支撑环境层为整个工程提供网络服务器环境、通信链路上的支持，提供计算、存储和网络硬件，操作系统及网络协议等，并通过系统软件和平台支撑软件对应用系统提供数据和运行环境上的保障。

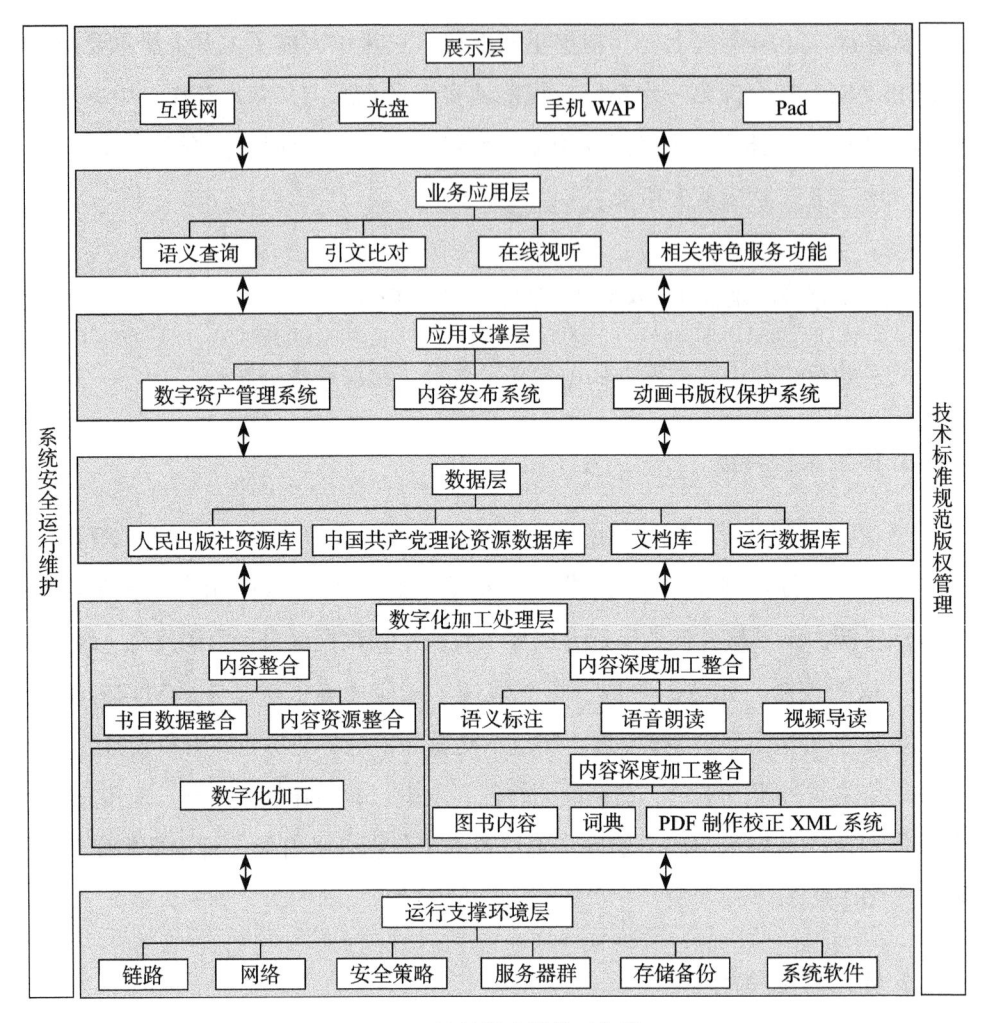

图 1　理论数据库的体系架构

（2）数字化加工处理层采集印刷、音频、视频等资料进行格式转换、元数据标引等处理；整合各种异构的数字资源使之形成统一的检索使用界面；对经过加工和标引的数字资源进行多种表现形式的发布，进行元数据、数字版权及数字对象等多种管理。

（3）数据层由人民出版社资源库、中国共产党理论资源数据库、文档库和运行数据库组成，存储不同类型的结构化和非结构化知识。经过加工的数字资源进入数据层，可实现资源的存储、永续保存、异地备份、数据迁移、数据仿真等，并能实现异地、异构数据的综合调度。

（4）应用支撑层与数据化加工处理层、数据层共同构成内容资源管理系统。它由三部分组成：一是数字资产管理系统形成统一的检索和使用界面，实现网络资源的分类、整合，并向网站提供结构化数字资产；二是内容发布系统使用元数据信息将经过加工和标引的数字资源进行多种表现形式的发布；三是动画书版权保护系统对网站动画书提供版权保护措施。

（5）业务应用层各应用模块共享组件，但功能相对独立，实现在线阅读、语义查询、概念关联、引文比对、自助听读、校对伴读等子系统的功能调用和数据访问。

（6）展示层体现纸质出版与数字出版的"相互补充、相得益彰"理念，将不同业务系统中发掘的知识展示出来，为党政思想理论研究提供权威、准确的依据，通过门户网站为用户提供定制内容和页面外观及版式的表现形式，用户可利用相应工具编制个性化内容，满足不同的需求和兴趣。

（三）实现"自主当家、深度参与"的组织管理创新

理论数据库建设的目的不仅仅是满足于"网站上看书"，而且要实现出版的"三个延伸"，即向知识资源的深度加工开发延伸、向多种媒体结合运用形式的延伸、向满足个性化需求服务的延伸。数字出版是一项专业性、知识性很强的工作。理论数据库从立项开始就确立了与技术公司、各领域专家"早期整合、深度参与"的创新策略，把外部的技术知识与本社的内容资源紧密结合，先后与45家服务和产品提供商签订117份合同（协议），本社人员深度参与，从而减少了系统开发的反复，缩短实施周期，大大节约了建设成本，走出了一条管理创新的道路。项目管理有"四个坚持"的创新特点。

（1）坚持"业主当家、需求主导"，使项目更加紧贴需求，有效避免技术与内容"两张皮"的现象，实现了"服务与需求、技术与内容"的无缝对接。

（2）坚持"博采众长、优化组合"，对项目进展管理协调完全掌控。通过招

标确定国内优秀互联网技术公司和数字化加工公司参与建设，合理分配建设任务，顺利履行全部合同（协议），有效保障了工程建设的优质高效。

（3）坚持"严格标准、严控细管"，注重数字化加工中的质量控制和理论数据库系统的运行安全。建立质量管理保障机制，数字化加工上有严格的质量规范要求，安全运行上聘请专业公司对系统进行运营维护管理。

（4）坚持"深度参与、人才培养"，组建一支复合型数字出版人才队伍。发挥专家智库作用，培养专兼结合的建设队伍，形成数字出版人才网络。除了拥有数字编辑、技术开发运维和项目管理人员外，还培养了一批知识点开发、多媒体融合制作、数字化加工质量验收等专门人才。

（四）实现语义智能分析技术的突破性创新

与一般网站不同，理论数据库的信息服务需要内容精准、形式多样，需要提供强大的信息检索功能，以满足专业研究者、党政军部门、高校师生、媒体从业者及广大网民等不同层次的应用需求。目前，主流的基于关键词匹配的检索技术在功能上存在很大局限，如检索结果不精确，信息冗余量大，无条理，需要人工对信息进行筛选和过滤；在信息的语义和语用揭示上，无法准确定位用户所需要的知识、无法进行逻辑推理、无法挖掘用户潜在的信息需求等。因此，包含语义分析和智能搜索的语义智能分析技术是国内外计算机领域研究的前沿。多数语义检索工作仍处于实验室阶段，实现知识点检索的准确率和有效性比较低，成熟可用的语义检索系统很少，但人民金典语义检索系统实现了检索技术的突破性创新。

这套基于语义的检索系统实现了五个创新[4]，即提出并创建了模拟人脑思维过程的计算机知识点检索模型；创建了"中国共产党思想理论专题词库"；实现自动分词和词组抽取处理；体现文章（起码是论理性文章）知识点切分内在逻辑的固定词组作为"人民金典语义查询"系统目录；制定切分知识点依据的"句内概念关联自动判定规则"。最终，该系统实现了检索技术的计算机知识点检索取代关键词检索的基本结构突破性创新。经过一年多的运行,语义准确率和有效率均超过传统全文检索[5]。

三、对数字出版发展的启示

理论数据库建设所取得的突出成绩为快速发展的数字出版业提供很多启示与借鉴,其主要体现在以下四个方面。

(一)内容结构化是实现数字出版传播的重要基础

出版社是内容生产经营的实体。内容的文档有层次结构之分。层次是指内容文档的加工由数据分析得到信息,信息综合得到知识,知识提炼得到智慧等逐步递进;结构是指文档有结构化和非结构化之分。出版社要顺应数字化内容生产经营的发展趋势,必须充分利用计算机系统的结构化、信息化特征,在内容文档的组织上进行结构化处理。

出版社在数字化转型中要对自己的内容资源重新结构化,才能利用数字媒体传播手段和方式拓展内容的传播时空,实现出版的价值。内容结构化与满足阅读需求的关系如图2所示。

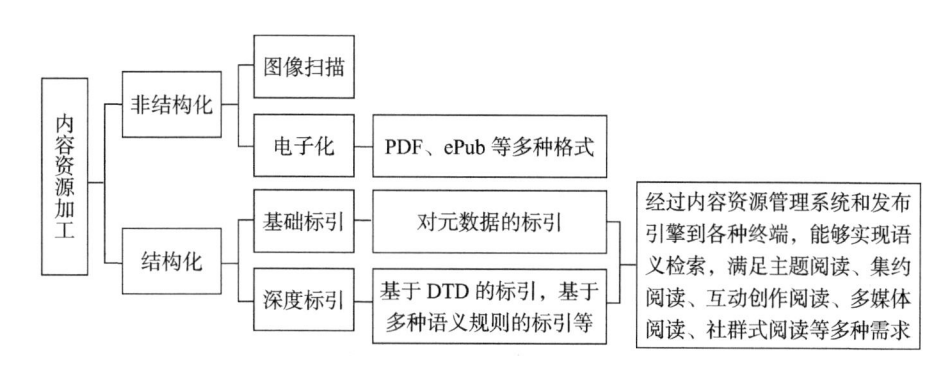

图2 内容结构化与满足阅读需求的关系

（二）内容资源平台是开展数字出版的典型形态

数字出版的本质是出版内容的结构化、信息化，最终实现大规模定制化，提供丰富多彩的出版物产品与服务。平台是数字出版的主要生产方式，内容结构化标引、数据库管理、技术标准、多媒体处理，以及数字化生产、管理、发布、商务等所有产业环节，都可以在平台上完成。因此，以内容资源的结构化管理、用户体验的数据挖掘及随需应变的运作服务为三维构建的动态开放内容资源平台是开展数字出版的典型形态。

网站建设不等同于内容资源平台建设，但是可以统一在一个信息基础构架之中。出版社数字化转型要从关注内容向关注如何利用技术实现内容的有效生产传播转变。不论是公益性还是经营性出版单位的内容生产传播，内容资源平台建设都要顺应网络时代特征，面向网络融合的信息消费市场，提高快速响应的创新运作能力，提升传播品牌能力。对经营性内容生产来说，还要适应如何将内容有效转化为赢利能力的变化。因此，内容资源平台建设首先要满足出版社提高对市场需求快速响应能力的需要，还要通过市场考验加强和巩固自己的文化传播影响力、市场竞争力。

（三）"字符"技术向语义技术提升是数字出版的突破性创新

互联网的链接、关联、互动与搜索功能，形成不同于纸媒时代的崭新内容生产与消费方式。出版社生产的内容资源转化成数字化形式，有两个阶段的提升。现阶段的数字化主要是历史文献资源的电子化，所采用的技术和服务模式仍沿用传统纸质出版模式，还不能充分发挥网络媒体的上述功能，缺少革命性的突破和创新。出版社的内容资源还需要进入信息化阶段，实现文献按知识元拆分重新组织，以便充分利用内容形成适合跨媒介、跨平台、跨渠道传播的出版物，最终快速响应市场的需要。

出版社开发、选择内容，以读者喜欢的方式把内容送到其手中，这是出版业存在的根本。在数字环境下，出版社要解决的是如何使出版内容符合数字媒体的链接、关联、搜索、互动的特性，如何与读者产生新的联系以取得经济和社会效益。理论数据库实现的突破性创新表明，数字出版的信息化阶段是内容的语义智能化处理的新阶段，实现中文信息处理、知识提取、语义分析与搜索、数据挖掘与分析等技术堆叠创新，实现内容在新媒体上的信息化传播，进入知识获取、知识传播、数字化阅读的新境界。这种突破性创新将为信息产业注入新内涵，树立数字出版在信息产业中的新标杆。

（四）加强自主创新能力是发展数字出版的根本途径

在快速变化的环境中，传统出版要实现数字化转型，根本途径还是要加强自主创新能力。目前，出版社的组织架构不符合创新的要求，需要在组织结构、人员构成、建设方式上有新的思路，创新团队、创新网络将有助于在传统组织架构外开展创新实践。人民出版社理论数据库建设采取在传统架构之外建立独立的项目团队的形式，充分放权、独立工作，借助外脑、自主创新。在项目建设中，已经申请人民金典语义查询系统、人民金典自动比对系统两项著作权，与语义智能处理技术相关的专利申请也在受理中，创造出创新的产品和新媒体应用领域。

（北京印刷学院数字出版研究所　张志林）

参考文献

[1] 程新章.第六代创新模型的启示[J].科技管理研究，2006（1）：113-117.

[2] 许明哲，詹印丰，李景贤.3D-IC TSV 堆叠技术之发展趋势[EB/OL].（2009-10-06）[2021-10-12].http：//www.semicontoday.com/NewTechnology/157.html.

[3] 陈如明.Moore 定律内涵及其创新发展策略[J].邮电设计技术，2007（10）：7-12.

[4] 沈水荣.建立计算机知识点检索模型探索语义自动识别的相关问题：关于"人民金典"语义自动识别[J].中国传媒科技，2010（12）：53-56.

[5] 王洪俊，黄翚."人民金典"语义检索系统实现方法和技术[J].中国传媒科技，2011（4）：74-77.

出版业网站评价指标的优化与应用分析 *

互联网行业的蓬勃发展对出版业产生巨大的影响，数字出版新技术强力推动，新媒体厂商大量涌入，数字出版盈利模式不断发展，不仅影响着本单位的数字出版业务，而且影响着出版业的数字化转型与发展格局，出版业网站建设对产业转型提升的基础性作用日益凸显。笔者在连续参与出版业网站年会活动，进行出版业网站建设观察的基础上，吸取互联网网站评价的各方智慧，构建了出版业网站评价指标体系。层出不穷的新技术、数字阅读新形态，促进了出版业网站的创新发展，也提出了进一步优化出版业网站评价指标及开展评价应用的新要求。

一、对出版业网站建设意义的新认识

（一）考察出版业网站的双重属性

在评价出版业网站时，要综合考察其双重属性的实现效果。与其他类型网站比较，出版业网站建设的双重属性要求更为突出。一是出版业网站的企业属性。互联网发展经历了从 Web 1.0 到 Web 3.0 的阶段，尽管每一阶段的网站有其特性，但企业网站的展示、交互、交易建设目的始终如一，遵循万维网联盟提出的网站标准，应用标记化语言、终端支持、搜索引擎优化、标签、数据挖掘聚类等技术不断发展。二是出版业网站的文化属性。出版业网站是新兴的媒体平台，不仅是传播信息，而且生产内容知识产品并提供服务，承担着满足不断

---

* 本文原载《中国出版》2013 年第 4 期。

增长的大众文化消费需求的责任，是网络信息服务业的重要组成部分。满足社会主义核心价值体系和中华文化的新媒体方式传播、用户的信息和知识服务需求，使出版业网站在建设之初就被赋予了鲜明的行业特色，与其他商业网站在定位上存在差异。

（二）拓展互联网应用的新功能

《第 30 次中国互联网络发展状况调查统计报告》显示：截至 2012 年 6 月 30 日，中国网民数量达到了 5.38 亿，互联网普及率为 39.9%，网站数量为 250 万个❶。网站打破了出版业与互联网产业、通信产业及文化类其他产业的界限。这表现为：一是网络媒体发展促进了传媒业的竞争，国际上不少知名报刊或倒闭重组，或缩小经营，或转向网络出版数字报刊；二是亚马逊等电子商务网站的成功，颠覆了传统的图书销售模式，引领出版发行模式创新；三是移动设备和应用平台的持续发展，使出版内容开始面向多版本、多渠道、多平台的传播方式应用；四是大批新媒体公司进入数字出版产业领域，从纸质书刊出版权到电子音像出版权，再到互联网出版权及其细分，从事内容生产传播的企业的出版资质也变得多样化；五是以社会媒体为特征的互联网应用，不仅成为专业生产内容（即 PGC）模式的有效网络营销工具，而且推动用户生成内容（即 UGC）模式进入数字出版的创作生产和销售领域；六是互联网技术应用形成的商业模式使出版变得越来越丰富多彩，出版的盈利模式也出现很多创新模式。互联网的进一步发展使用户在互联网上的消费体验习惯逐渐形成，数字阅读的生态环境正在逐步构建。因此，要紧跟互联网的发展，创新出版业网站的应用。

（三）探索出版业网站应用的新模式

出版业历来就是新技术应用的聚集地。数字技术对出版行业的影响已经凸

---

❶ 中国科学院.CNNIC 发布《第 30 次中国互联网络发展状况调查统计报告》[EB/OL].（2012-07-20）[2021-07-20]. https://www.cas.cn/xw/yxdt/201207/t20120720_3619353.shtml.

显，内容数字化、结构化，内容管理服务、数字版权运营、数字化出版标准等，不断推动出版业新内容、新业态的演进。在数字出版技术的推动下，出版产业链上的编辑、复制、发行（传播）相对独立的三个环节已经融合在一个信息化构架的数字出版平台上，产业链形态发生变化，与互联网结合的紧密程度越来越高；通信网络的便捷和清晰的商业模式使移动阅读满足了用户信息获取碎片化的需求，通过手机接入互联网的网民数量达到 3.88 亿，手机成为我国网民的第一大上网终端。数字阅读的发展使京东、淘宝、苏宁易购等 B2C 电商纷纷涉足数字出版平台。

出版业网站是内容建设与传播的基础设施，是数字出版平台的呈现应用形式，是实现数字出版物产品和服务价值的重要途径。数字图书馆、电子书等阅读形式，都可以通过互联网进行内容传播。依托网站进行纸书和电子书的数字营销，向其他数字化内容生产分发平台、传播渠道拓展，是目前出版业开展数字出版比较普遍的策略。

现阶段，数字出版技术已经进入云时代。天津国家数字出版基地的云计算中心、北京方正阿帕比技术有限公司的云出版服务平台、盛大文学有限公司的云中书城、同方知网数字出版集团的云出版＋云数图＋云服务平台、北京当当网信息技术有限公司的数字分销中盘等创新模式的推出，有利于创新出版业网站的应用模式，云计算技术在出版业中的应用将会带来业界更多的改变。

（四）利用政策扶持提升网站的新价值

新闻出版总署公布的《新闻出版业"十二五"时期发展规划》提出了七个重点任务，其中之一是"顺应数字化、信息化、网络化趋势，推进新闻出版业转型和升级"❶。出版业各类网站作为新兴内容生产传播服务出版模式探索的基础平台，其规划发展影响自身，乃至全行业数字化发展的布局。

---

❶ 广东省广播电视局. 新闻出版业"十二五"时期发展规划（全文）[EB/OL].（2011-04-21）
　[2021-11-15]. http://gbdsj.gd.gov.cn/zxzx/ztbd/2012/gdsxwcb/zswj/content/post_1760454.html.

作为出版现代化的一个标志，出版业网站越来越成为重要的物质载体，成为决定出版机构未来发展的重要基础，甚至成为提升中华文明跨文化传播和国际影响力的重要方式。出版业网站建设不仅是认识问题，而且是能否创新融合、数字化生存发展的问题。出版业网站需在国家政策的指导下，进一步加强内容资源的规模化建设，还需在出版产品服务、出版模式创新等运营层面，将自身优势与新媒体、新终端应用有机结合，在提高网站流量、内容吸引力、盈利模式等方面取得更大突破。有条件的出版集团和大型企业还需在资本层面采用现代企业公司化运作机制，加快出版资源的聚合与投送平台建设步伐。因此，在政策引导下加快提升出版业网站的应用价值刻不容缓。

二、出版业网站分类和评价指标的优化

建立出版业网站评价指标体系，既要考虑出版业网站与其他网站的共性，又要对其差异性评价进行强化；既要结合当前出版业的发展对出版业网站进行分类，又要根据互联网网站发展进行预测，尽可能建立比较科学具体的评价指标体系。

（一）出版业网站分类的优化

对传统的出版机构和新媒体机构来说，网站建设的重点是一样的，只是在功能上存在差异。科学公正地评价出版业网站，需要从网站分类入手。

目前，网站发展出现新变化，网络媒介机构凭借新兴的数字阅读在规模和档次上有所提升；传统出版机构加快了数字化步伐，产品和服务形成类别特色。根据这些变化，我们对网站分类进行了以下调整：①将原有企业门户类中的新媒体机构调整为一级分类，形成了五个二级分类（手机网站因受数据采集条件限制，暂未被监测评价）；②考虑出版集团网站建设逐渐出现内容整合、功能增强等特点，形成集团类门户特色，将其作为企业门户类中的二级分类；③非

传统出版机构建设的内容平台逐渐增多，将内容平台类网站分为两类，如表1所示。

表1　出版业网站分类

一级分类	二级分类	一级分类	二级分类
企业门户类	图书	行业服务类	资讯服务
	报业		政务服务
	期刊		媒体服务
	集团	新媒体类	网络游戏、动漫
内容平台类	出版社办平台		电子音像
	其他内容平台		电子书刊
电子商务类	发行集团		网络文学
	新华书店		互动出版（个案）
	民营书店		手机网站（未监测评价）
	网上书店		

（二）出版业网站评价指标的优化

从网站评测的实际出发，为便于对网站的量化评价，我们吸收前人评价指标的科学合理内容，构建了由主观指标和客观指标组成的出版业网站评价指标体系，主要优化了网站影响力，增加了出版物认可度指标。

1. 主、客观指标选择的优化

客观指标包括第三方监测数据分析、出版物认可度及网站运营能力等。网站访问流量数据采用第三方评测。出版物认可度评价中，一是用户认可，二是内容建设导向的行业认可，理想的状态是二者的统一。由于出版业网站内容建设的重要性及用户认可度标准目前难以统一的现实，采用获得中国出版政府奖这一认可度指标。目前，网站运营能力评价实施有难度，原因是客观公正的数据获取比较困难，并且绝大多数出版机构还处于对网站的持续性投入阶段，达到赢利或者收支平衡的网站较少，因此在评测时暂未被纳入。

主观指标包括用户体验、服务创新、专家评价等指标。用户体验度是访问量的基础，获得顺畅的使用体验、舒适的浏览体验、高信任度的情感体验、快速准确的获取信息体验，要求网站界面友好，页面下载、显示响应速度快，页面底部的官方认证多，站内信息内容可搜索并获取快速等。服务创新也是网站成功的重要因素，主要从技术、内容、页面设计等三个方面考察。一般来说，网站都能实现服务，但实现的方式、多少、广度和深度有差异；业界专家对行业发展的关注度高，把握网站建设的导向、预测出版业网站的发展趋势、对内容建设质量的判断就更准确。因此，在体现出版业网站建设双重属性的标准上，专家意见必不可少，并且其拥有一票否决权。

2. 影响力指标的优化

一般来说，网站影响力跟流量有关系，流量越大，网站影响力越大。但是，反过来说，网站影响力大，流量不一定大，这主要因为网站性质和公信力的差异。对网站影响力的权重进行调整，由专业的数据公司根据自己的技术方案在监测期内采样获取数据，重点使用访问量监测指标。访问量是用户对网站使用情况的反馈，通过该数值可以发现网站用户群体的规模及其用户黏度。访问量具体包括月均独立访问者数量、月均用户总访问次数、人均停留时间及人均访问频次。

3. 出版物认可度指标的优化

实现内容传播，首先要有大量的优质出版物产品，其次要坚持正确导向下的服务，这是出版业网站的使命与其他网站的区别。对出版物的认可度体现了主管部门对出版业网站的评价，体现对出版业网站发展的导向性，可以促进出版业网站与自身出版业务的结合，促进出版物数字化的应用。优化后的评价指标体系如表2所示。

表2　出版业网站的评价指标

评价项目	评价指标	评价内容
网站影响力	商业性测量	月均独立访问者数量
		月均用户总访问次数
网站影响力	商业性测量	人均停留时间
		人均访问频次
网站传播度	搜索引擎覆盖权威网站评价	搜索引擎收录页面（百度和雅虎）
		知名搜索引擎（Alexa流量排名、谷歌PR值）
出版物认可度	行业评价（暂未细分）	"十一五"期间中国出版政府奖（网络出版物）获奖情况
用户体验度	响应速度	网站页面下载显示速度
	网站界面	界面友好程度、操作性
服务创新力	技术创新	互联网技术应用的创新
	内容创新	互联网内容的创新
	设计创新	网站页面设计的创新
专家评价（一票否决权）	行业专家对网站的评价	网站建设导向性
		内容资源丰裕性
		产品服务创新性
		整合服务广泛性
		对数字化转型拉动性

三、对出版业网站评价的应用

出版业网站评价指标体系对我国出版业网站建设具有客观的评价指导作用，对推动出版业网站建设产生积极的影响，由此笔者得出对出版业网站建设一些新特点的认识。

（一）出版业网站建设尚存在差距

1. 独立访问者数量网站类别差异明显

网络跨地域、跨时空的特性保证了访问者数量指标的客观性，独立访问者数量是一个网站用户群体规模的最直观体现，采用独立 IP 访问量具有科学性。数据显示，五类网站的独立 IP 访问量差异明显，这从一个侧面反映了在出版业网站建设水平上类别之间的差异。监测期内五类网站独立 IP 访问量如图 1 所示。

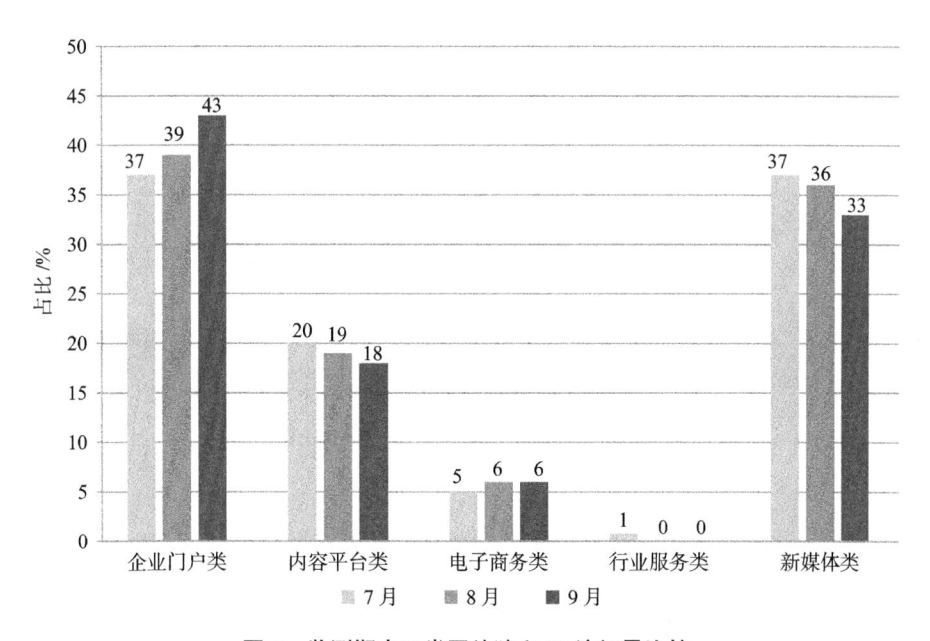

图 1　监测期内五类网站独立 IP 访问量比较

2. 量化得分网站类别差异明显

对具体出版业网站进行量化评价时发现的差异如下。

一是同类别网站比较时综合得分差距较大。在企业门户中，报社网站整体水平较高，期刊社水平参差不齐，图书出版社则较显弱势。从第三方监测指标数据来看，绝大多数出版社网站达不到发布数据的要求。除少数出版社在网站建设和出版社业务的结合上具有亮点之外，其他出版社的网站基本上未能产生明显的影响。五类网站前 3 名量化得分情况如图 2 所示。

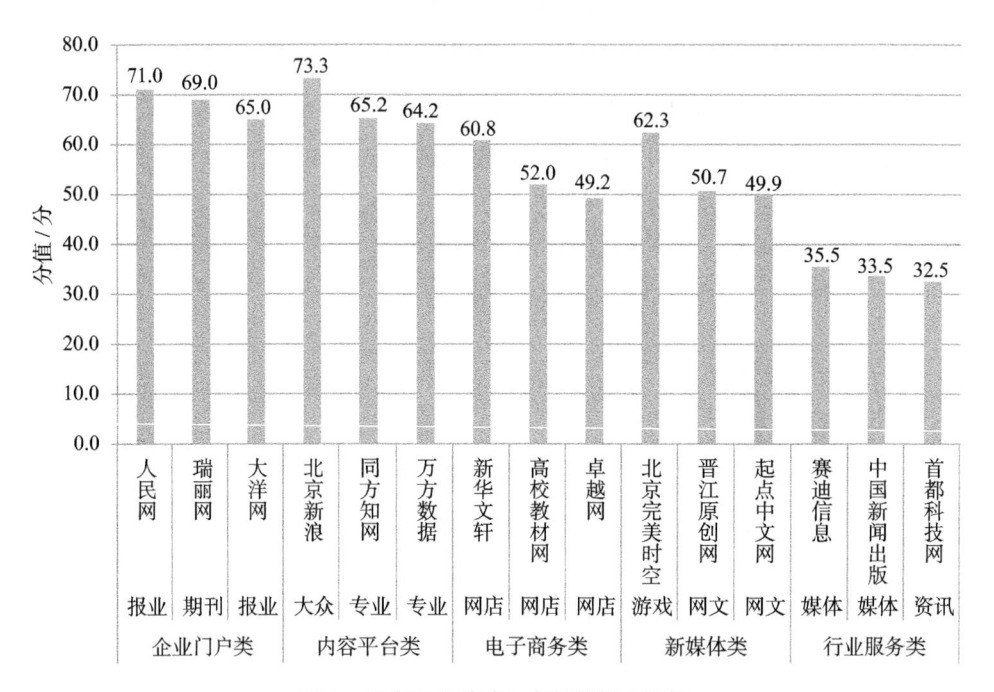

图 2　五类网站的前 3 名量化得分比较

二是不同类别网站横向比较时差距也很明显。根据出版业网站前 10 名量化得分显示，内容平台类和企业门户类网站的竞争优势更为突出，企业门户类中报业网站排名靠前，新媒体类中的网络游戏也有进入。出版业网站前 10 名量化得分比较如图 3 所示。

图书出版社网站总体分值较低的原因，除了通常认为的认识、人员、技术、资金等方面的不足外，还有商业模式上的差别。出版社主要靠出版物内容销售盈利，报业主要通过信息聚集人气依靠广告收入盈利，二者存在差异，对流量的敏感度不一样；期刊社一般都比较小，专业类内容平台集中了绝大部分期刊内容，形成新的增值服务是一个方面，但像瑞丽网这样定位特色鲜明，综合线上线下多种服务，也能成为流量较大的网站。因此，不能仅从分值上判断出版业网站建设的效果，要针对具体类别进行评价。

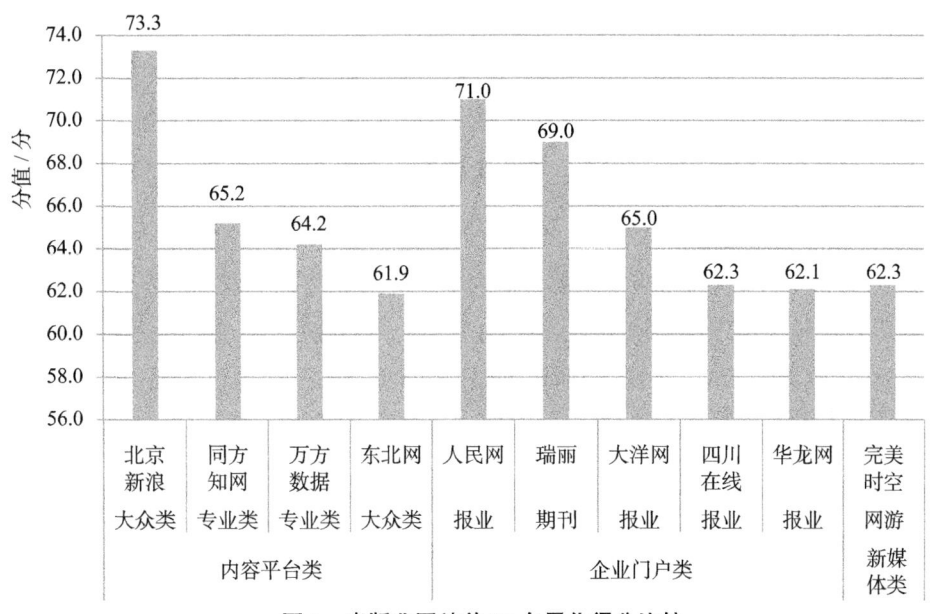

图3 出版业网站前10名量化得分比较

网站	类别	大类	分值
北京新浪	大众类	内容平台类	73.3
同方知网	专业类	内容平台类	65.2
万方数据	专业类	内容平台类	64.2
东北网	大众类	内容平台类	61.9
人民网	报业	企业门户类	71.0
瑞丽网	期刊	企业门户类	69.0
大洋网	报业	企业门户类	65.0
四川在线	报业	企业门户类	62.3
华龙网	报业	企业门户类	62.1
完美时空	网游	新媒体类	62.3

（二）互动应用成为出版业网站的标准配置

目前处于 Web 2.0 技术兴盛时期，博客、简易信息聚合、百科全书、网摘、社会网络、点对点网络、即时信息等都是具有代表性的 Web 2.0 技术。这些 Web 技术强调的是网络互动，由用户来决定、生产内容。在出版业网站中，使用 Web 2.0 技术传播形式已较普遍。全国各主流报纸和主要都市报，如《人民日报》《南方周末》《广州日报》《北京青年报》等，全面推出 iPad 客户端。互动和多媒体内容呈现已经成为出版业网站的标准配置，如设置微博、博客、视频、电子书、电子杂志等，甚至利用虚拟体验等方式拓展网站的服务功能。

(三)跨平台、集约化、开放式经营趋势更明显

人民网、大洋网、红网等报业集团网站利用行业优势和区域优势进行渠道与资源整合,已初步形成了全球性、区域性的网络媒体集群,形成了集约化经营发展趋势;以高等教育出版社、人民教育出版社、外语教学与研究出版社为代表的教育出版社,同方知网、万方数据、龙源期刊等数字出版集成商,使内容资源的集成度大幅度提高,同时开展细化销售单元业务,满足个性化需求,具有较大的产业发展潜力。盛大文学依托庞大的数字版权内容,推出云中图书馆,将旗下文学网站的内容储备全部接入,同时还向内容提供商开放内容自有接入、自主定价,开放图书分销资源,接受报纸、杂志、论坛、博客等版权。中文在线通过与国内 400 余家出版社、2000 余位知名作家、4 万余名网络作者的签约授权,现在可提供 10 万种电子图书。孔夫子旧书网以独一无二的特色占领了二手书交易市场,成为全球最大的中文旧书网上交易平台。

随着手持设备的发展,电纸书、平板电脑、大屏幕手机终端等的流行,对内容的需求也愈加明显。因此,一些门户网站、内容平台及电子商务网站开始推进出版内容的跨平台传播,为多种电子终端用户量身定制内容,丰富与用户的交流方式,不仅为优质内容资源找到了新的媒介平台,极大地增加了出版内容传播的时间、空间和效果,而且进一步延伸了自身品牌。

(四)社会媒体应用成为出版营销的新方式

旨在帮助人们建立社会性网络的互联网应用服务已经渗透于出版业网站建设。社会性网络服务的兴盛与脸书、开心网、人人网等大批社交型网站的崛起有关。出版从业者发现,通过网络搜索得到信息的可信度比不上熟人推荐信息的可信度,利用社会性网络服务进行图书、电子书等出版物营销,比在搜索引擎中使用关键词的竞价排名产生的效果更佳,而且社会性网络服务的推广更为低廉。利用微博发布图书营销信息成为促进产品销售的新渠道,同时改变了作者、出版者和读者连接的方式与途径,具有崭新的湿营销传播

意义。上海译文出版社、机械工业出版社、人民文学出版社、广西师范大学出版社等，在利用微博进行图书营销方面成功找到新途径。互动百科作为一种新的出版传播形态，利用社区培育和细化内容消费需求，在知识的互动、集成和共享上受到业界的关注。出版业网站开设微博官网，积极进行社会媒体营销，成为新的亮点。

四、对出版业网站建设与评价的思考

开展出版业网站评价是为了更好地促进出版业网站建设，进而更好地推动数字出版新业态，发掘出版新价值。作为互联网网站中的一个群体，出版业网站在建设与评价中应注意以下几点。

（一）突出特色实现差异定位

和商业性网站相比，出版业网站在规模、技术、人员及速度上都存在差距，单靠拼数量、拼规模不是最佳策略，要结合自身条件，突出特色，实现差异化定位。由于所处的外部环境、地域及自身条件的差异，出版业网站依托的出版机构不同，内容资源、业务重点和运作模式也不同，在网站建设上应突出自己的优势和特色，同时做好发展规划。目前，利用互联网的最新应用做好本版出版物的网络营销，包括纸质书和电子书等的宣传和销售，是一种基本的应用。突出特色实际上是组织自身资源，实现满足特定用户群体的需要，如科技类出版社在科技类出版资源的组织、选择和互动上多下功夫；教育类出版社则要强调教育教学规律，通过教育资源的开发、整合和集成服务吸引用户。

（二）实现内容增值服务促进盈利

内容是出版业最具价值的资源，但并不意味着拥有内容就会拥有用户。一是用户容易在海量的信息中迷失，网站也容易被海量的网站淹没；二是网站积淀的海量信息的内容组织和呈现方式等不能满足用户个体的需要。因此，借助技术手段对内容资源进行多维标签化，整合、集成为方便用户浏览、阅读和使用的有效资源，才是对内容资源的充分利用，才能实现内容的保值和增值。例如，对出版社存量资源的数字化加工，建立分类清楚、易于检索、易于操作的知识资源数据库；向电信运营商、媒体机构有偿提供出版资源并分享用户行为数据；关注用户体验，为注册会员提供下载平台、具有参考价值的市场调查报告等，都体现了内容集成增值服务。

出版业网站本身是一个媒体平台，打造知名度、扩大受众面、黏合新老用户是其不能忽视的环节。目前，数字出版产业链长、产品线短的情况没有改变，在探索盈利模式的道路上出版机构、网络书店等都在寻求突破。要想盈利就需要分析用户心理，满足用户需求。网络游戏和网络文学的盈利模式为业界提供了借鉴与参考。

（三）加强管理引导促进健康发展

我国新闻出版行业发挥着引导舆论方向、传承中华文明、普及科学知识、丰富文化生活等功能。新技术的兴起和互联网的应用，对现行的出版管理提出了新的要求。出版业网站中存在一些品位不高的内容，网站内容的随意粘贴侵权现象依然存在。业界专家评审时呼吁，除了要求网站自律外，还应完善出版业网站相关法规，加强内容的引导和监督，完善和规范出版业网站的准入机制，培训出版业网站内容建设人员等，从而促进出版业网站健康发展。

（四）进一步完善出版业网站评价方法

虽然对出版业网站评价指标进行了优化，尤其是在客观指标选择上进行了优化，但仍存在继续提升的空间。第一，目前获取的第三方监测数据仅是网站流量的单点抽样数据，是监测期内对网站服务器端流量数据的抽样，未能做到实时连续量的监测，有调整的必要。第二，目前的用户体验是客户端上的主观体验，具有客观公正的准确性，但也需要改进。第三，对出版业网站的内容评价需要深入产品页面进行监测分析，用户到达率、到达频次、时段等数据分析对内容质量的评价十分重要。完善评价方式，通过服务器端布码方式获取客观实时数据，对出版业网站建设的指导意义将更明显。因此，改进离散单点抽样方法，进行网站流量的全景数据分析，对指导出版业网站内容优化、网站运营效果监测、分析用户行为及对访问趋势预测、舆情分析等，将会提供更科学、可靠和可信的研究成果。目前，商业网站开展的全流量数据监测和挖掘是一种更加科学有效的评价方式，在出版业网站建设与评价上值得借鉴和运用。

[北京印刷学院新闻出版学院　张志林
同方知网（北京）技术有限公司　何志成]

参考文献

[1] 程晓龙，李淼，孙寿山. 新闻出版业网站要"接地气""聚人气""壮生气"[J]. 中国产业，2011（12）.

[2] 张志林，何志成. 出版业网站评价原则与指标体系构建 [J]. 中国出版，2010（3）.

[3] 苏开颜. 我国出版业网站分析 [J]. 图书情报知识，2002（3）.

[4] 王知津，李明珍. 网站评价指标体系的构建方法与过程 [J]. 图书与情报，2006（3）.

[5] 张俊，马凌珊. 基于流量数据的出版业网站特点分析 [J]. 北京印刷学院学报，2012（3）.

[6] 王德前，邱世昌，张艳霞. 加强主题资源网站建设　实现优质资源共享 [J]. 中国现代教育装备，2011（18）.

我国学术期刊出版平台的多元构建与运行选择*

摘　要：在数字网络环境下，传统出版商业模式与OA出版模式并存。通过对两种商业模式的比较，从OA期刊运行的角度，提出期刊出版平台OA模式、用户订阅混合模式及学术社交媒体补充模式等三种类型，构建学术期刊出版的多种运行形式，指出目前我国学术期刊出版形成一种混合多元的格局。

关键词：期刊出版平台；商业模式；运行形式；OA出版；多元运行选择

学术交流是科学劳动的一种重要实现方式，学术期刊出版是学术交流不可或缺的环节。对研究人员来说，获得社会承认就是对其首创精神的肯定和激励，这与追求销量和码洋的大众畅销书出版有不同的利益驱动。

一、学术期刊出版开始选择性改变

在传统的学术交流体系中，纸媒期刊出版的"用户付费订阅"模式发挥了重要作用，但在数字网络环境下这种商业模式遭到学术交流系统的抵制。学术期刊开放获取（Open Access，简称OA）出版，这一免费、在线、开放的新型学术交流模式迎合了研究人员对科学发现优先权的重视，满足用户在网络环境下学术交流的信息需求，是学术出版的重要发展方向。

寻找可持续的运行机制是OA出版的核心问题之一。基于网络的OA出版降

---

* 本文原载《科技与出版》2014年第9期。

低了学术期刊的出版成本,但不意味着不需要经费维持运行。传统出版商也逐渐关注 OA 出版对其商业模式的影响,由向用户收费售卖内容,转变为通过向作者收取一定的发表费用来维持运营的模式,并给作者提供一些不同的开放获取选择[1]。

二、学术期刊出版模式发生新的演化

进入 21 世纪以来,学术期刊的数字化转型成为必然的发展方向。数字出版利用数字技术进行内容编辑加工,并通过网络传播内容产品,其主要特征是内容生产数字化、管理过程数字化、产品形态数字化和传播渠道网络化[2]。OA 期刊或 OA 仓储都符合数字出版的形态特征。

(一)用户付费订阅模式中出版商处于主导地位

基于用户付费订阅的纸刊出版和基于"作者付费发表、读者免费阅读"的 OA 期刊出版商业模式中,出版商的地位、作用存在差异。在用户付费订阅的商业模式中,出版商在学术出版市场中处于主导地位,通过经营期刊维护文献生产方(作者、评议者)和文献传播应用方(图书馆、读者)之间的关系,如图 1 所示。

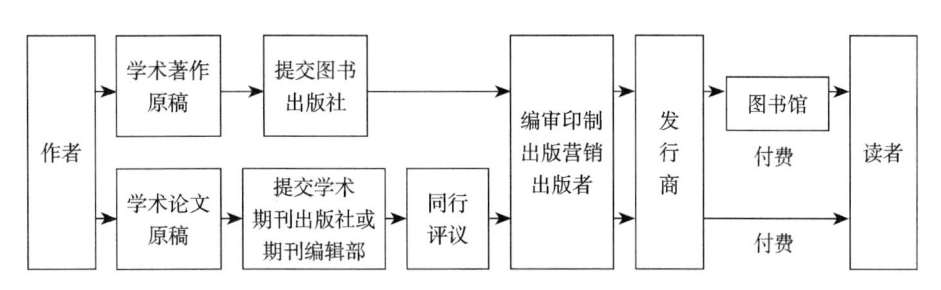

图 1 基于用户付费订阅的学术期刊出版模式

（二）网络环境下 OA 出版模式和用户付费订阅出版模式并存

数字网络环境下，研究人员非营利的信息传播动机和网络技术带来的出版成本降低，共同为研究成果的开放获取提供了发展空间。由于 OA 出版为作者、读者和评议者提供了新的网络学术交流通道，并且这种通道更加畅通便捷，促使出版商的主导地位开始弱化。在发达国家，科学研究和学术交流比较充分，学术出版商的学术期刊集中度和高端期刊的集中度优势明显，通过数字化期刊和数字出版平台建设，文献已经全部实现数字化出版传播，在学术期刊出版中具有较大话语权。OA 期刊出版在化解发达国家图书馆系统的学术期刊订购危机中作用较为明显。

用户付费订阅出版不再是学术出版市场中的唯一形态。当前，OA 出版和用户付费订阅出版两种模式并存，并且用户付费订阅出版模式向 OA 出版模式选择性改善。数字网络环境下并存的两种学术期刊出版模式如图 2 所示。

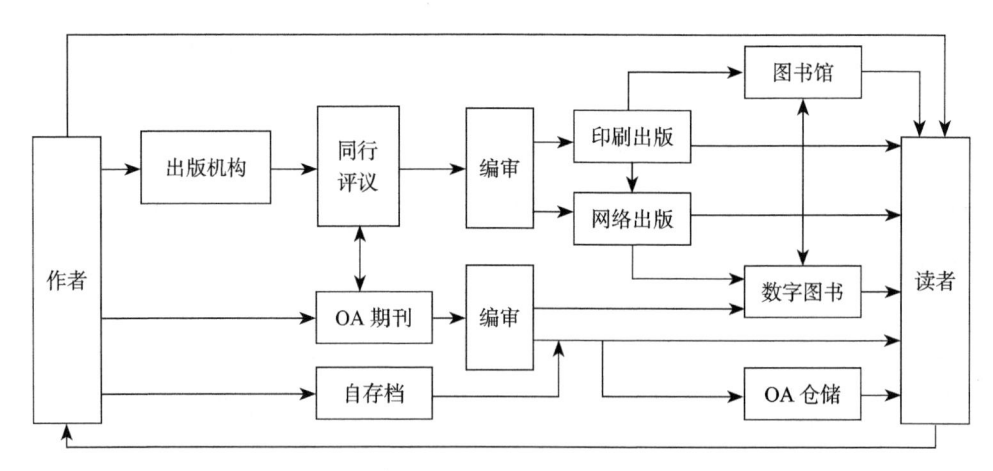

图 2 数字网络环境下用户付费订阅出版与 OA 出版两种模式并存

图 2 中，作者与读者之间有了更多的学术交流和期刊出版通道，除了用户付费订阅模式外，还有开放获取的各种形式，主要有通过同行评议的 OA 期刊，以及不通过同行评议的自存档或者混合型的 OA 仓储等。在 OA 期刊的基本运

行模式中，需要作者为自己的研究成果支付一定的出版费用[3]，如全球最大的 OA 期刊出版商美国的科学公共图书馆（Public Library of Science，PloS）和英国的生物医学中心（BioMed Central），都主要采取这种形式维持其学术期刊的出版，另外辅之通过信息慈善项目[4]，以及对发展中国家的作者或没有课题经费的作者进行减免等方式资助 OA 论文[5]。

三、我国 OA 期刊出版运行新模式的构建

目前，我国市场经济体制仍在不断完善，OA 期刊出版处于起步阶段，并且大多是从传统纸媒转化而来，或是兼有纸媒、数媒特点的混合出版。

（一）对当前 OA 期刊出版类型的判断

根据我国现阶段 OA 期刊出版发展的情况，笔者的基本判断如下：一是单一的或者少数期刊联合建立网站，或者依托主管部门网站开展 OA 出版，这种模式很难有生命力；二是 OA 期刊出版单纯依靠或主要依靠资助的形式难以形成常态，很难发展；三是依靠财政投入是一种重要的形式，但这种形式的 OA 期刊出版只有示范作用，不可能被全面推广，而且一般缺乏市场活力，创新比较困难，服务难以提升；四是面向市场兼有公益性的混合多元 OA 出版平台是现实的选择。用户付费订阅出版和 OA 期刊出版这两种模式都朝着满足学术交流快速、便捷、互动和学术期刊品牌建设的方向进行选择与协调。

（二）我国 OA 期刊出版的运行模式

1. 期刊出版平台模式下的 OA 运行

OA 期刊出版的固定成本非常高，在互联网上如果没有强大的推广策略是很难被用户访问的，OA 期刊与论文的被发现率很低。具有显示度、能够形成

品牌影响力的是平台类 OA 期刊群，如学科平台、信息内容集成服务平台，尤其是后者，它具有聚集资源、连接用户、数量规模超大的特点，有强大的生存发展能力。期刊出版平台模式下的 OA 运行分析如表 1 所示。

表 1 期刊出版平台模式下的 OA 运行分析

模式	类型	特点	方式	代表性机构或说明
OA 期刊出版平台	电子印本型	已完成尚未正式发表的学术论文，包括未投稿的文献、未采用的文献和已经被采用但尚未发表的学术文献。以电子方式复制的学术文献，包括预印本和后印本两种形式。学术论文的数字形式大多是 PDF 格式或 PS 格式。专门收集、整理和提供上传、下载预印本资料的网络数据库服务系统，即电子预印本系统	电子印本资源搜索系统	中国预印本服务系统（http://prep.istic.ac.cn），由国内预印本服务子系统和国外预印本服务子系统（即国外预印本门户 SINDAP 子系统）构成。奇迹文库论文预印本网站（http://www.qiji.cn/eprint/），主要收录中文科研文章、综述、学位论文、讲义及专著（或其章节）的预印本及幻灯片、报告、书籍章节等，覆盖所有学科领域
			电子印本学科信息门户	
			电子印本资源系统	
	原生型	直接利用网络创办的期刊，不受既定模式的束缚。可以先开放再经过同行专家评议后，发表在同名纸刊上	对在线论文进行同行专家评议	中科院科技期刊开放获取集成平台（CAS-OAJ，http://www.oaj.cas.cn）
			评出优秀论文作为纸刊主要稿源，电子与纸刊互相促进	中国科技论文在线（http://www.paper.edu.cn）、搜索引擎开网（http://beta.paperopen.com）
	选择型	从传统纸刊转变为出版纸媒与数媒两种类型期刊，又分为数媒提前、即时、延迟开放等多种情况	提前型	纸媒出版之前先期数媒开放
			即时型	纸媒出版同时，数媒开放
			延迟型	纸媒出版后，整期或部分论文全文延后开放

在期刊出版平台模式下，OA 期刊运行有电子印本型、原生型和选择型等三种类型，又可细分为若干具体方式。其主要特点是，OA 期刊文章要经过同行专家评议，但电子预印模式中有例外，只有部分满足同行专家评议条件。

2. 用户付费订阅出版模式下的混合运行

我国科技与医学（STM）领域的学术期刊，主要采取学科平台和信息内容集成服务平台的方式运行，尤其是通过集成服务平台之间的市场竞争而创新发展。现阶段，平台与出版社或编辑部的合作不是简单的买卖内容关系，而是通过提供各种增值服务，几乎所有的期刊都采用了数字化的出版形式，运用在线投稿系统和在线编辑审稿系统，与集成服务平台同步生产，提供纸媒和数媒两种形态的期刊出版。用户付费订阅出版模式下，我国学术期刊的数字化出版服务如表 2 所示。

表 2 用户付费订阅出版模式下我国学术期刊的数字化出版服务

模式	类型	特点	方式	代表性机构或说明
用户付费订阅出版	出版者	期刊生产者和销售者，又分为编辑部和期刊社或社办期刊等机构形式；实力强的期刊社建立或者购买自己的电子期刊服务系统；有条件的期刊社创办英文期刊或加入国际出版商平台	自建网站提供信息访问服务	中国科学技术协会及其所属一级学会1050 种学术期刊编辑部
			提供信息内容集成商提供服务	学报编辑部或科研院所期刊编辑部
				其他研究机构期刊编辑部
				出版社办期刊
	信息内容集成商	汇集各出版社期刊，数据加工制作流程化转档、标引，以便检索；以相同界面及查询系统供用户查询、访问与使用；为出版社提供论文提交、审稿等系统；用户可以从统一入口登录。从响应速度、跨库查询、知识聚合、云服务等方面不断推出增值服务	个别订阅	信息内容集成平台具有中国特色，代表性平台，如中国知网、万方数据、维普、龙源等
			机构单位包年订阅	
			全文资料库期刊包库订阅	
			平台商与出版社合作出版发行	

国际上，期刊出版的数字化、平台化、集团化运作成效显著，一些科技与医学数字出版平台吸引我国优质的研究成果向其投稿。世界级出版集团爱思唯尔出版集团、施普林格出版社等纷纷进入中国，在科技与医学领域开展国际合作[6]。我国的信息内容集成商在推动中国期刊整体水平提升和提高期刊国际影响力方面所做的工作非常有意义。虽然是一种用户付费订阅的商业模式，但用户付费订阅出版还是被广大机构用户和研究教学人员接受的。用户付费订阅出版模式下的混合型平台开放运行分析如表3所示。

表3　用户付费订阅出版模式下的混合型平台开放运行分析

模式	类型	特点	方式	代表性机构或说明
混合型平台	信息内容集成商平台	为期刊提供绿色网络出版通道，出版期刊的网络预印本，印刷版与网络版同步上网，期刊优先加工上网，与一些期刊共建网上出版快速通道等	优先数字出版（单篇定稿出版和整期定稿出版）	万方数据、同方知网等信息内容集成商，约有三至四成期刊参与
			独家授权出版	国内几大信息内容集成商都开展此业务，国内市场被瓜分和交叉覆盖
	学科平台	学科领域知识动态聚合、动态发布，面向专业人群需求的资源集成平台；加入国际出版集团出版英文学术期刊	采用云存储技术，运用新终端，资源的积累、聚合进行实时推送；与国际著名出版商开展合作	国内如《癌症》《国际肝胆胰疾病》《中国肺癌》等英文学术期刊与施普林格出版社、爱思唯尔出版集团等国际著名出版商合作，提升我国学术期刊影响力
	行业平台	聚合专业领域的相关资源，提供各种类型的信息服务	垂直专业网站	交通运输知识服务数字出版平台以人民交通出版社交通科技知识内容管理系统为基础，面向交通行业用户提供在线文献检索、阅览和下载、移动阅读、按需出版等信息服务

还有一个现实的问题，与信息内容集成商签订了"独家数字出版合作协议"的期刊社或编辑部，担心实施OA会降低独家数字出版合作费，打破其已有的期刊运行经费格局，但又难以找到更好的经费来源渠道[7]。这是我国OA期刊出版中需要破解的困境之一。

3. 学术社交媒体模式下的补充运行

当下，开放获取的发展已经由启蒙个体的觉悟转到资源的大规模整合，以及泛在的互动式参与交流方面。除了 OA 期刊与 OA 仓储这两种主要的形式之外，满足互联网特性和学术交流内在需求的学术社交媒体应用，在全球科学界也引起越来越多研究人员的关注和参与。

专门为科学研究提供数据与资料开放获取的新型学术社交媒体，集聚了全球数以千万的科学家按照学科或者研究兴趣互动交流，并产生新的学术成果[8]。我国学术界对社交媒体这种新型 OA 形式的及时跟踪应用，融入国际学术交流过程，产生新的成果呈现交流方式，如学术社交媒体网站 My Science Work，从 2008 年开始每年都举办全球性 Open Access 周活动。全球数以百万的研究者、学生及科学家在世界各地庆祝这一规模空前的年度科学盛事，探讨 OA 期刊的创新运营模式及 OA 理念全球化推广等话题[9]。我国的研究人员也加入社交媒体，如社交媒体 Linked In，国内一所高校就有近千名研究人员加入，他们上传的 OA 论文和资料达 2 万多篇。

笔者将这种在线开展的学术交流称为学术社交媒体模式，它是对 OA 期刊和 OA 仓储的有益补充，如表 4 所示。

表 4　学术社交媒体模式下的补充运行

模式	类型	特点	方式	代表机构或说明
媒体型	自建型	个人文档包括已发表、未发表、未录用等各种形态，利用网站提供的各种服务发布、分享	个人网站	是一种补充形式
			电子书	
			博文	
			电子邮件清单	
			服务列表	
	共建型	发表意见、看法，交流观点、数据	网上论坛	
		对概念、术语、新词等参与在线编辑	Wiki 环境网站	

续表

模式	类型	特点	方式	代表机构或说明
媒体型	共建型	信息聚合允许用户持续接受其朋友的数据流、跟踪其朋友的行为，而无须访问网站	简易信息聚合反馈	既包括个体参与机构的内容建设，也包括机构仓储的绿色OA内容。尤其是在获得财政或者基金资助的项目成果发表后，应该强制上传至机构或学科仓储，实现共建共享
		由浏览器/服务器模式演进到P2P，连接资源发布和获取者，直接发表、找到、下载资源	PSP文件共享网络	
	社交平台型	利用社交媒体创建OA期刊出版平台，国际化编委会组成和开放式审稿体系完全颠覆了传统期刊出版的模式	以OA为基础的科学界社交网络	利用社交媒体创建OA期刊的出版商Frontiers，是目前发展最快的OA出版商之一；专门为科学研究提供数据与资料并开放获取的社交媒体网站My Science Work，旨在向全球研究人员及普通民众提供多语言、多学科的内容

4. 我国学术期刊出版平台的多元运行选择

不论何种学术期刊出版模式，其运行经费的来源都是要解决的共同问题。笔者排除了单个或少数几个期刊联合的自建OA平台，以及依托主管部门网站建设OA期刊的模式选择，而将重点放在跨机构、跨学科、跨媒介的大型平台的选择上。

笔者构建我国学术期刊出版的平台模式，并进一步对各种模式的资金安排及主要来源做出相应判断。现阶段，我国学术期刊出版平台的多元选择如表5所示。

表5 我国学术期刊出版平台的多元选择

模式	类型	资金安排[①]
OA期刊平台	电子印本	资助
	原生型	资助
	选择型	兼有
混合型平台	信息内容集成商	市场
	学科平台	资助
	垂直行业平台	市场
媒体型平台	自建型[②]	市场
	共建型[②]	兼有
	社交平台型	市场

注：①资助是指以政府财政支持为主；市场是指以自主经营为主；兼有则视具体情况在资助和市场两种情况中选择。②表示不属于平台性质的OA模式，但为了分析的需要归类处理。

由表5可以看出，在理想的OA期刊出版与用户付费订阅期刊出版两种商业模式之间，可以找到多种共存和改进的途径。在以政府财政和资助为主要选择的运行模式中，OA期刊平台已经运行多年的电子印本系统和原生型科技论文在线平台仍需继续下去；混合型平台中的学科型模式也需要以财政和资助为经费来源的主要途径。在以市场主导的混合型学术期刊平台中，垂直型行业平台和信息内容集成商平台将引领学术期刊出版的潮流。

笔者认为，现阶段两种商业模式及其中间的各种过渡性设计都是现实可行的，尤其是混合模式中的信息内容集成商平台，目前已经是我国学术期刊出版传播的主导力量。另外，直接走国际化办刊路线的中国英文学术期刊，也将以市场机制为主、辅之以获取资助的方式运行。我国学术期刊出版将形成一个混合多元的出版格局。

（北京印刷学院　张志林　宋婧怡）

参考文献

[1] 王应宽，吴卓晶，程维红，等.国内外开放存取期刊研究进展综述与发展动态分析[J].中国科技期刊研究，2012（5）：715-724.

[2] 新闻出版总署.关于加快我国数字出版产业发展的若干意见[EB/OL].（2013-08-10）[2021-10-20]. http：//www.gApp.gov.cn/cms/html/21/508/201009/702978.html.

[3] 李建辉，徐宏，孙梦婕，等.学术期刊的OA模式及其对学术交流系统的影响[J].中华医学图书情报杂志，2009（4）：34-37.

[4] 陈丹，董鑫，张玉洁.爱思唯尔期刊运营模式及数字出版研究[J].科技与出版，2013（2）：16-20.

[5] 中国科学家首获BioMed Central开放数据奖[EB/OL].（2013-10-08）[2020-08-15]. http：//news.cnr.cn/native/city/201310/t20131008_513763415.shtml.

[6] 姜美萍.创办英文期刊提升我国科技期刊的国际影响力[C]//第七届中国科技期刊发展论坛执委会.第七届中国科技期刊发展论坛论文.重庆：重庆大学出版社，2011：200-202.

[7] 程维红，任胜利，路文如，等.2007—2011年中国科协科技期刊开放存取出版进展[J].中国科技期刊研究，2012，23：710-714.

[8] 新型社交媒体Open Access亮相[EB/OL].（2013-11-04）[2020-08-15]. http：//www.why.com.cn/epublish/node37623/node37624/node37626/userobject7ai377229.html.

[9] 程铭劼.My Science Work开创科学领域国际化社交媒体新平台[EB/OL].（2013-10-14）[2020-08-15]. http：//news.hexun.com/2013-10-14/158687901.html.

基于云存储服务的云编辑功能实现探析*

——以谷歌云端硬盘与微软云端硬盘云存储服务为例

摘　要：云存储是在云计算基础上提出的一个外延性与功能拓展性的概念，是指允许用户在手机、个人计算机或者平板电脑等各种智能终端与网络连接的情况下，上传并存储在网络空间中各种形式的数据文件。其中，云编辑功能是云存储服务中的一大亮点，使用户实时编辑、修改、备份、更新"线上线下"数据文件成为可能。本文在云编辑概念界定的基础上，以谷歌云端硬盘与微软云端硬盘云存储服务为例，对云编辑这一功能在不同云存储服务中进行深入对比分析，指出其目前存在的问题，提出相应建议，同时预测其未来的发展趋势。

关键词：云存储；云编辑；云备份

云存储是云计算的网络资源存储服务，其核心是应用软件与存储设备的有机结合。用户使用的不是实际的存储设备，而是直接享受云存储系统为其带来的数据存储、共享、编辑、访问服务。其中，在云存储服务中的云编辑功能使用户上传、共享数据给其他联系人后，共享数据者可以在线实时地进行协同编辑、修改、加工。例如，目前报社内部普遍使用的飞腾等排版软件仍不能完全实现实时协同编辑，编辑需要将各自负责的版面做好后上传到系统中，最后多了一个统筹版面步骤，使纸媒的刊发进度无法大幅度加快。虽然学术界对基于互联网的实时协同编辑系统已有相关研究，但是相对缺乏对个别案例实践

---

* 本文原载《中国编辑》2014年第6期。

的效果和功能研究。本文从云编辑的概念厘定出发，以谷歌云端硬盘（Google Drive）与微软云端硬盘（One Drive）云存储服务为例，深入探讨云编辑功能的特征，对云编辑在自助出版、协同工作创新及大数据应用层面的发展进行探讨。

一、云编辑的概念界定

唐真、吴化碧等在其论文中从三种维度定义"云编辑"，分别从行为方面的云编辑实践活动、工作方面的云编辑专业工作及身份方面的云编辑专业人员界定[1]。从中可以看出，他们将"云编辑"概念拆分为"'云'+'编辑'"，其中"云"指云计算技术，是云编辑特有的依托互联网（包括移动互联网）进行的这一特性，这是对其概念界定最为重要的一点。

出版业产生以后，我们需要对作为成书方式或著作方式之一的"编辑"与作为出版等专业工作部分的"编辑"进行区分。从事前一种编辑活动的人，即作品编辑者，属于著作权人之一，享有著作权；后者则被称为出版社编辑，虽然对组织的稿件进行了审读加工工作，但不享有著作权[2]。这种作为出版方式之一的编辑概念理应被补充进来，当编辑作为成书方式或著作方式时，不等同于编辑专业工作，可以将其理解为"编著合一"的著作权人。云编辑则为应用云技术的"编著合一"的著作权人。例如，现在许多自由出版人利用云平台进行自助出版正是云编辑成果的很好体现。

二、不同云存储服务中云编辑功能的对比分析

谷歌云端硬盘为美国谷歌公司的一项云存储服务。用户可以通过其创建、分享、协作各种类型文件，包括视频、照片、文档、便携式文档格式等，并通过其内置的谷歌文档实时与他人进行协同办公，实现云编辑行为。微软云端硬盘是微软公司的一项云存储服务，在支持文件类型及协同办公性能上与谷歌云

端硬盘类似。此外，微软云端硬盘还可以支持桌面版微软办公软件进行实时云编辑。

下面撷取云存储服务中云编辑功能实现这一云编辑实践行为，将谷歌云端硬盘与微软云端硬盘进行对比，进而针对其在云编辑功能实现上的各自不足提出改进建议。

（一）相同点

1. 打开、存储、编辑多种格式文件

谷歌云端硬盘可直接从网页浏览器上打开 30 多种文件格式，如微软演示文稿软件（PPT）、微软试算表软件（Excel）、微软文字处理器应用程序（Word）、便携式文档格式（PDF）、高清视频和奥多比图形设计软件文件等，即使在没有安装相关软件的情况下也可以直接打开。微软云端硬盘在此基础上又有一个新亮点：如果上传便携式文档格式文件到微软云端硬盘，点击编辑文件，即会在线将其转换为微软文字处理器应用程序进行编辑，解决了便携式文档格式无法正常转换为微软文字处理器应用程序格式的问题，可谓其一大创新之处。

2. 有多种版本可选

谷歌云端硬盘支持从任意地点访问，包括个人计算机、多功能计算机、苹果手机、苹果平板电脑、安卓手机等设备，还有苹果公司的操作系统（iOS）和谷歌公司的操作系统（Android）应用。谷歌云端硬盘还被集成到谷歌基于网页的操作系统（Chrome OS）中；微软云端硬盘除支持以上系统外，还支持微软桌面操作系统（Windows）、微软电视游戏器（Xbox）。终端版本多样化为云编辑功能的发挥提供了更好的平台。

3. 登录账号具有垄断性

虽然谷歌云端硬盘和微软云端硬盘均可根据外链进行在线云编辑功能的使

用，但是上传、保存、下载、共享各种文件均需要有一个与其服务系统对应的账号，且不可以使用其他账号代理登录。相比之下，如聚美优品、折800、当当网等电商网站均具有使用其他账号登录的功能，而谷歌云端硬盘与微软云端硬盘均不能使用此种功能。从这点看来，它们具有垄断性。这在保护它们云存储系统的知识产权等方面可能有所裨益，但给用户云编辑功能的实现带来诸多不便。

（二）不同点

1. 保存方式不同

微软云端硬盘能够实时、自动保存，且保存最后一个版本；谷歌云端硬盘跟踪用户的每一处更改，每次点击"保存"按钮，系统会保存一个新修订版本，且自动显示30天之内的版本，用户可以选择永久保存某个修订版本。相比之下，谷歌云端硬盘的云编辑功能使用户可以轻松找到任一修订版本，有利于编辑行为的连续性与实时更新维护。微软云端硬盘自动保存的编辑功能，能够有效避免类似个人计算机等终端突然断电使文件的完整性遭到破坏等意外情况出现。它们的保存方式各有优点，倘若将其结合，云编辑中的保存功能定会获得更多用户的喜爱。

2. 编辑载体略有不同

微软云端硬盘具有2010版微软办公软件（Office 2010）的基本功能，由于被融合到微软的操作系统中，所以和微软桌面操作系统（Windows）能够进行无缝衔接，如微软文字处理器应用程序或微软演示文稿软件，用户可以轻松地将其开启并编辑文件。谷歌云端硬盘只能使用内置谷歌文档（Google Docs）进行在线编辑。微软云端硬盘与微软办公软件的无缝"线下"链接及"线上"编辑各类格式文件可谓谷歌云端硬盘同种功能的"修订升级版"，编辑载体的适宜为在线协同云编辑功能的实现提供了便利。

3. 存储容量不同

微软云端硬盘的存储容量以 2012 年 4 月 22 日为分界点：22 日之前在微软云端硬盘完成注册可以获得 25 吉字节（25GB）免费存储空间；22 日之后注册则获得 7 吉字节（7GB）免费存储空间。除免费存储空间外，微软云端硬盘额外提供了"梯级"付费购买存储空间的模式，如 10 美元可获得为期一年的 20 吉字节（20GB）存储空间、25 美元可获得为期一年的 50 吉字节（50GB）存储空间等，每一年需再续费。注册谷歌云端硬盘可获 15 吉字节（15GB）免费存储空间。同样，谷歌云端硬盘也为用户提供了购买额外存储空间的服务，即用户每花费 1 美元可以购买 5 吉字节（5GB）存储空间，最多可以扩展到 16 太字节（16TB），且不需再续费。存储容量的大小对云编辑各种其他功能的实现具有制约作用，同时免费容量越大亦可认为越能够带动用户数量的增长。大容量是云技术的核心。为了用户获得更好的使用体验，以谷歌云端硬盘和微软云端硬盘为代表的云存储服务亟待解决其容量不足的问题，能够为云编辑功能的实现提供更为充足的容量保障。

三、云编辑存在的问题与对策

（一）云编辑保存的实时性不够

谷歌云端硬盘云编辑界面的稳定性不够，常会有卡死情况出现，相较于微软云端硬盘来说流畅性欠佳。因此，用户在谷歌云端硬盘进行云编辑过程中，需时时点击保存按钮，才能确保文件的完整性。例如，在多人进行实时编辑微软文字处理器应用程序文档的过程中，为避免因忘记保存而有损于文件的完整性，用户则多会选择微软云端硬盘进行实时编辑，所以谷歌云端硬盘的云编辑功能迫切需要增加微软云端硬盘的这种实时保存功能，同时网站后台需要进行相应的数据调整，提升云编辑界面的稳定性，这样其云编辑的成果呈现才有保证。

（二）呼吁账号开放性

系统账号登录是用户体验云编辑功能的开端，也是云编辑功能实现的基本入口。如果系统登录成了难题，那么后续的云编辑服务未免成为纸上谈兵。账号的开放性将直接影响用户对该存储服务的第一印象。许多电商网站，如聚美优品、当当网等均有使用其他账号登录的功能，为用户减少了注册、登录等麻烦，使账号注册变为一种可选择行为。相较而言，以谷歌云端硬盘与微软云端硬盘为代表的云存储系统的账号登录应当借鉴电商网站的做法，添加其他账号代理登录的功能选项。

四、云编辑功能的未来发展趋势

（一）助力自助出版

自助出版是指作者越过作为第三方出版商的中介行为，自行完成文字编辑、封面设计等编辑加工及出版环节，将作品标价后发表到电子图书平台上，直接向读者销售，以网站回馈的版税作为收益的一种出版模式[3]。

在英国、美国等诸多出版业较为发达的国家中，已有不少作者试水自助出版，并从中获得了高额的版税收益。例如，美国亚马逊公司旗下的电子书阅读工具（Kindle 阅读器），使任何人都能将一部文字作品直接放入电子书商店（Kindle 图书商店）进行出售，从而根据梯级的版税规定获得相应收益[4]。相较之下，我国的盛大文学旗下的许多原创文学网站，虽然已有诸多签约写手或注册会员将其作品上传至该网站，但其收益来源主要是网站按月支付的稿费和读者对其喜爱作品的"打赏"。

自助出版以电子书籍为产品形式，可以基本忽略其出版及发行环节，因此编辑加工环节显得尤为重要。其中，云编辑这一云存储服务中的特色功能可以被很好地加以利用。例如，作者在创作长篇小说时，可以选择在微软云端硬盘上进行撰写、编辑,并将每次创作的成果保存到云端,方便下次继续撰写,在节省了电脑存储空间的同时,可以实时地将创作成果备份到云空间中,省去了个人计算机、平板电脑等终端因临时故障未保存数据而丢失的担心。

(二)协同工作创新

顾名思义,协同工作指的是多人共同完成一件或多件事项,或协调两个或者两个以上不同资源及个体协同一致地完成某一目标的过程或能力。在日常工作中,80%的事项均需与同事协作、与其他部门协调或向领导请示汇报等。通过使用类似微软云端硬盘或谷歌云端硬盘等云存储服务,人们可以实现员工之间的头脑风暴、分工协作、资源整合,并且可以通过共享某种类似"模板"的文件使很多处于随机、发散的工作实现有序化、可跟踪化、可追溯化,实现工作的敏捷性与有效性的统一。简单地理解,协同工作实现了员工的工作"1+1>2"的效果。

(三)云存储服务向大数据发展

目前,云存储服务的存储容量均有所限制,以谷歌云端硬盘为例,虽然其考虑到了用户对大存储空间的需求,允许用户支付美元购买存储空间,存储容量上限达 16 太字节(16TB),但对于诸多非个人用户,如企业等,其数据存储容量达到 16 太字节(16TB)以上是轻而易举的。因此,未来的云存储服务必然朝更高维度的大数据方向发展,从而高效地满足用户对大存储空间的需求。

(北京印刷学院新闻出版学院　宋　宁　张志林　张　聪)

参考文献

[1] 唐真,吴化碧,林义华.云编辑:概念与实践[J].编辑之友,2012(10):86-88.

[2] 阙道隆,徐柏容,林穗芳.书籍编辑学概论[M].沈阳:辽海出版社,2004:73.

[3] 林华.自助出版露端倪[J].中外文化交流,2013(8).

[4] 林华.自助出版露端倪[J].中外文化交流,2013(8).

教辅图书二维码应用探析 *

摘　要：教辅图书应用二维码实现纸质图书不能呈现的多媒体互动。内容的呈现方式是出版者不断探索的一个创新方向，市场中的教辅图书应用二维码实现多媒体互动满足了读者的多方位需求，但同时存在一些问题。笔者对目前市场中教辅图书应用二维码实现多媒体互动的现状进行分析，并提出有针对性的建议。

关键词：复合型教辅产品；二维码应用；多媒体互动；管理建议

一、引言

当前，出版行业转型升级融合发展的步伐不断加快，出版单位积极探索出版物出版传播形态的优化升级。《2016 年新闻出版产业年度报告》显示，2016 年全国共出版图书 49.9 万种，较 2015 年增长 5.1%；数字出版实现营业收入 5720.9 亿元，较 2015 年增长 29.9%，纸质出版物与数字出版物形成齐头并进的良好发展形势。在纸质出版物与数字化内容传播的融合发展中，二维码技术在教育出版、少儿出版、旅游、运动健康等大众类图书的出版中被广泛应用，成为连接纸质与屏显内容的通道、纸屏互动的桥梁。用户扫码阅读购买出版物的使用习惯已经形成，二维码技术在数字化出版传播中充分显示出对用户阅读消费黏性的优越性。本文关注教辅图书二维码技术的应用，以"生产加工标引化，出版资源数字化，资产管理收据化，传播服务智能化"为导向，对目前市场中教辅图书应用二维码实现多媒体互动的现状进行调研分析。

---

* 本文原载《北京印刷学院学报》2018 年 2 月第 26 卷第 2 期，系国家新闻出版广电总局"复合出版物二维码应用研究"课题阶段性成果（编号：11000300633）。

二、二维码技术简介

二维码是用某种特定的几何图形按照一定的算法规则在平面上分布的图形，运用计算机内部逻辑基础的"0""1"的概念进行代码编制，形成几何图形来表示文字数值信息，通过扫描设备自动识别实现信息的自动处理。

二维码是基于一维码技术发展而形成的二维方式的一种码制。一维码技术常见于商品中，作为识别商品信息的条形码使用。由条和空按照一定规则排列的一维码所携带的信息量有限，通过数据库建立条码与商品信息的对应关系用一维码技术表示汉字和图像信息几乎是行不通的，在其受限应用的情况下，20世纪90年代发明了二维码。在中国，随着移动设备的普及，二维码技术也十分常见于商品之中，可实现商家对商品的数据性、规范性管理及消费者对商品信息的即时获取。

二维码有多种码制来实现，常见的有PDF417、QR Code、Code 16K等，还有汉信码等。应用于新闻出版传播领域的最常见码制是QR码和MPR码。

三、复合型教辅产品二维码应用现状

（一）复合型教辅产品类型

教学辅导类的图书资料总称教辅，教辅的使用者一般为教师、学生与其他辅导者。教辅有以培养学生基本素质为主的软教辅和以通过考试为目的的硬教辅之分，其形式有图书、报纸、期刊、互联网平台等。教辅产品不再拘泥于纸质书，随着技术发展出现的电子书以方便获取、存储的优势占据了教辅产品的部分市场。随着二维码技术的广泛应用，多媒体融合类教辅产品在市场中大量出现，利用二维码作为多媒体的链接入口，使纸质教辅与网络教育平台、手机终端、平板电脑终端等融合成为新型的教辅产品。

（二）教辅产品二维码现状

随着新技术在出版业中应用的发展现状，教辅产品也利用新技术进行创新与升级，其中最常见的与新媒体融合的入口就是二维码技术。起初，教辅图书使用二维码与其他类图书使用二维码实现的效果是无差异的，将二维码设置在封面或封底供读者扫描，以进入出版社相关链接、微信公众号或微博客户端的页面，其目的在于宣传营销。而近几年，随着图书与新媒体融合的深入发展，教辅图书使用二维码的呈现形式趋于多样化，不仅与教辅内容紧密相关，还能实现读者与作者的直接交流、对读者数据进行统计回收等功能。

四、教辅产品二维码应用分析

（一）考试类教辅的答案链接

在教辅产品中，通过二维码链接答案、解析是最常见的一种形式。此类教辅图书常将二维码设置在每道题目的一侧，读者使用微信"扫一扫"功能一般就能链接包含文字答案的一个 URL 页面，或者第三方视频、音频平台，以获取出版者提供的视频或音频，内容常设置为题目解析。而将二维码设置于封面或封底，可使读者通过扫描获得视频、音频的一个集合链接，一般内容设置为章节讲解。通过市场调研发现，此类二维码多数用于理工科以通过考试为目的的习题类教辅，义务教育阶段各学科的教辅均有使用，金融、财务考试类教辅也有部分使用二维码链接题目解析。

（二）用于提供增值服务

教辅类产品利用二维码与第三方 App 或者出版者的自主平台建立链接，是实现出版者与读者连接的桥梁，其中第三方 App 平台一般归属作者或出版者。这样既实现了平台的引流，使教辅图书的读者通过扫描二维码进入平台，又在平台中为读者提供更加多元化的增值服务，对提高读者黏性有一定的效果。

读者通过扫描二维码进入此类教辅产品的增值服务端，可以获取除所购买的教辅产品所涉内容之外的更多知识、信息等。笔者在2018年图书订货会上发现西藏人民出版社出版的一套习题类教辅产品，在其封面下端印有一个二维码为读者提供增值服务，读者扫描此二维码后，首先关注名为"天利38套"的微信公众号，进入公众号在其下方设有"图书""提分""天利"三栏，"天利"一栏提供了教辅产品出版者的相关信息，而"图书""提分"两栏就是为读者提供增值服务的入口，具有在线购买图书、练习听力、自主测评、查看诊断等功能，还为读者生成错题记录，同时能使其进入学习社群。将封面上的一个二维码作为入口，读者进入一个提供多种多样增值服务的公众号，既超越了读者预期的使用体验，又能为公众号引流获取线上数据，从而为选题策划、新产品开发提供一定的数据基础。

（三）增强用户体验

VR、AR技术在图书出版中崭露头角，被运用于教学教辅中更能增强沉浸性、想象性和交互性，而教辅产品中VR技术与AR技术的实现都要先通过扫描二维码来实现链接。通过扫描二维码链接VR技术与AR技术的呈现界面，根据调研发现更多地被用于物理、化学类教辅产品中。在贵阳第二十四届全国图书交易博览会上，安徽某传媒集团演示了其教辅产品的实际使用过程：使用平板电脑扫描初中物理蜡烛成像题目的二维码后进入一个程序，用手指滑动程序界面上的蜡烛和透镜，就能显示不同情况下的成像结果。演示者说："这种富媒体讲解有声有色，非常直观，等于让书本活起来，对于学生学习兴趣的提升和知识的扩展，都是很有帮助的。"此外，值得关注的是医学类教辅通过二维码扫描融入VR技术，为人体构造、手术过程的学习增加了一条途径，弥补了平时缺少直接观察与解剖分析经验较少的短板。

（四）增加互动沟通

教辅类图书通过直接扫描二维码实现读者与作者或名师的线上直接沟通，扫描二维码后跳转到微信"加为好友"或微博关注页面。读者与作者除就教辅内容进行交流外，还能直接建立知识传播通道，便于读者接受作者的真实思想，同时增加了读者对教辅图书的黏性。在2018年图书订货会上，笔者发现一本教辅的封底还专门印上了与技术服务者的微信链接的二维码，可为读者在使用过程中遇到问题时提供售后服务。此外，通过扫描教辅上的二维码还能进入指定的社群，读者可与相同知识背景的学习者进行沟通交流。

（五）用户数据沉淀有利于选题决策

MPR类教辅是通过点读笔设备来识读印刷在纸质图书中的MPR码，向读者传递点读笔设备中存储或链接的音频内容，常是英语类教辅。北京网梯科技发展有限公司自主研发的MP码应用于外语教学与研究出版社的英语教辅中，其在印刷实现上比传统的MPR码更有优势。此外，MP码通过点读设备识读后能将读者使用数据接入后台系统，此后台系统能进行读者的数据统计与分析，如读者群在哪个时间段使用数量达到峰值、哪些地区的读者使用其产品的数量最多，这些读者资源的回收数据都能一一呈现。回收读者使用数据，为教辅产品的出版者提供基础性数据，将有利于出版者抓取读者的关注点及其使用教辅中遇到的疑点、难点，从而为编辑的选题决策提供数据支持。对点读笔产品的开发团队来说，读者数据的沉淀为其产品的制作改进和新产品的开发提供参考依据。

五、教辅图书二维码应用存在的问题

（一）二维码本身呈现效果不佳

二维码通过印刷方式被印到教辅图书上，其印刷效果一般与教辅图书整体印刷效果一致。笔者通过调研发现，印制在内页的二维码所链接的内容一般与图书中的问题内容相关，但有的习题类教辅一题一码，排版控制稍显不佳；封面或封底的二维码印制位置与大小不尽相同，甚至同一本教辅封底的二维码大小也不一致。从二维码印制的位置、大小和印刷效果方面来看，二维码本身在教辅图书中的呈现是混乱不齐的。这说明教辅图书的编辑运用二维码时，可能缺少对排版的整体把控。

（二）数量未有控制

对读者来说，使用教辅就是在课余时间对知识查漏补缺，好的教辅能提高知识的获取效率与质量。目前来看，有的教辅一味追求使用二维码来增值，但这样过度使用二维码可能会适得其反。平时读者阅读纸质解析可能只需要 3 分钟，若教辅中每道题目均设置提供文字内容的二维码链接，读者需要打开读取设备的扫码功能进行扫描，在网络环境下跳转到包含解析内容的页面，结合纸质教辅中的内容同时读取纸质页面和电子屏页面，单单完成这个过程的时间就远远超过了前者，而且在读取过程中本来静心解题的读者做出新的操作动作，可能导致其专心程度下降，从而降低学习效率。

（三）链接内容过于形式化

教辅的价值在于使读者掌握知识，如果一味追求与新技术融合，就会导致不能真正掌握读者需求，甚至还会出现读者对繁杂的形式化产生反感，造成实际内容资源的浪费。教辅市场中二维码链接的内容质量参差不齐，由于扫描二维码之后才能获取其链接内容，所以内容的质量存在隐患。此外，针对不同的学科设置适合其内容接受效果的形式是十分必要的，如英语类教辅通过二维码链接到视频、音频内容更能满足读者对英语学习的需求，提高读者学习知识的兴趣。若英语类教辅使用二维码与文字内容链接，不仅会造成资源的赘余，而且可能会使读者对二维码的设置产生怀疑。

（四）链接失效问题

笔者在调研中发现，已经进入市场的印有二维码的教辅类产品，通过两种以上的扫描设备扫描二维码后均出现空白页面，甚至有扫描二维码后毫无反应的现象。教辅图书印制了二维码却出现链接失效问题，不但造成了资源的浪费，而且读者发现后可能会对教辅图书的使用体验降低，从而导致出版社在读者心目中的信誉度下降。

（五）缺少对教辅链接的相应监管机制

2017年教育出版界发生的一个重大事件就是中学语文教材中的网站链接被篡改，打开链接后却发现是非法网站。随后，教育部发布通知要求做好2017年中小学教材用书工作，要求中小学教材中一律不得出现提供额外教学辅助资料的各种链接网址、二维码等信息。而在市场中的教辅图书并未被点名，在二维码在教辅图书中大范围应用的情况下，无论是监管部门还是出版单位，目前来说是缺少对二维码这个链接通用桥梁的监管的，防患于未然，在教辅类出版恐将二维码作为"噱头"的现状下[1]，有必要建立相应的监管机制。

六、增强教辅产品二维码应用效果的建议

（一）教辅图书编辑要对二维码负责

建议教辅图书中二维码的设置由该书的编辑负责，实行一书一责任人制。首先，严把链接内容的质量关，严格选择图书作者、链接内容的制作者，二维码生成后应及时查看和更新，避免出现二维码链接被篡改或失效的问题。其次，编辑对图书的排版美观问题要有一定的把控，对所负责教辅图书的类型定位后，需要对二维码的放置位置、数量多少及印刷效果从全书的角度进行合理的设计，对教辅学科与二维码的呈现形式也需要在对市场需求及时调研分析后进行合理

的安排。实行教辅责任到人制度，能及时发现问题，对出版社来说也能有效避免因二维码链接出现问题造成的严重后果。

（二）出版社切勿将二维码作为"噱头"

二维码是实现多媒体互动的链接桥梁[2]，教辅图书设置二维码的本意是为读者提供更加丰富的知识。而就目前市场现状来看，有些出版商将二维码作为"噱头"，十分明显且夸大地印制在封面上，或在内页中布满二维码以体现教辅的增值性，给消费者造成"物超所值"的假象，却往往是"噱头"越夸张，其内容的价值反差就越大。一度追求数量也是将二维码作为教辅图书"噱头"的一种体现，这种做法的后果是可能会导致读者"扫码疲劳"[3]，适得其反。二维码要实现其真正的"桥梁"意义，就需要在扫码方式和扫码后的呈现效果上为读者提供更好的体验，设置适度、适量，不要"虚、多、空"。

不同的教辅类型在内容呈现上需要与教辅的定位紧密联系。知识类的教辅可以设置链接音频、视频内容的二维码，还可以链接VR或AR技术实现的页面，侧重将文字内容与其创设的情境更直观生动地展现给读者；习题类的教辅侧重的应是通过二维码实现答案解析和对易错点、难点的分析。

根据不同的学科教辅设置的二维码链接所呈现的方式也应有所区别，做到将呈现内容以配套的方式传达给读者。建议物理、化学、生物等理工科类多使用视频、AR或VR技术来呈现，为读者提供纸质图书不能直观呈现的知识；语文、英语等文科类可使用音频来实现内容拓展，既符合文字类学科的学习规律，又避免烦琐的呈现方式增加教辅的成本；数学类则使用flash动画或名师讲解视频，把步骤明细化，有利于读者对解答过程有更加深入的学习。

（三）相关部门建立标准规范，严控内容质量

目前，我国经济已由高速增长阶段进入高质量发展阶段。"高质量"是新时期的关键词之一，作为内容产业的出版更应把牢质量关，而标准就是质量的

基础。在我国出版标准领域中，2011年12月国家质检总局、国家标准化管理委员会颁布《MPR出版物国家标准》规范MPR出版物，但关于其他二维码技术在图书中的应用标准规范尚未建立。作为传播基础知识的教辅类产品更要防患于未然，在教辅类产品使用二维码作为内容链接桥梁，且图书尤其是教辅类图书应用二维码出现诸多问题的情况下，出版物应用二维码标准规范的建立就显得极为必要且紧迫。

对于目前教辅类图书使用二维码放置位置随意、放置数量失控、印刷效果参差不齐等形式上的问题，需要多做市场调研，多听读者意见，对出版者进一步提出合理的规范性建议。二维码应用于教辅是为了链接数字化的内容资源，数字化内容资源对图书来说是隐性存在的，这就要求数字化资源的制作质量应当精良，读者扫描二维码后的操作是否烦琐、多种呈现形式的效果能否精准流畅、呈现内容是否健康，都需要有标准来规范，从而使隐性内容也被监管且达到高质量。

七、结语

总体来说，目前教辅图书使用二维码虽然呈现的方式多样化，但与此同时也出现了一些问题。随着技术的不断更新与发展，教辅图书应用二维码实现多媒体融合的空间还会继续增大，问题也会增多。本着防患于未然的原则，抓紧制定教辅图书使用二维码的标准规范是十分紧迫的。为了给读者提供更多样的体验，出版者还需要在保证链接内容高质量的前提下，继续努力实现更多创新。

（北京印刷学院新闻出版学院　王　津　刘华坤）

参考文献

[1] 蔡晨露.对二维码在教辅图书中使用的深度思考[J].科技与出版，2017，8（8）：79-82.

[2] 苑超."互联网+教辅出版"要做好战略转型准备[J].教育教学论坛，2017，1（2）：62-63.

[3] 田鹏.教辅图书内容二维码的发展现状与对策分析[J].出版广角，2015，8（4）：99-101.

出版社微信公众号应用观察 *

摘　要：在移动互联网快速发展中，各种类型传播渠道彼此推进、互相融合。通过量化出版社微信指数和调研访谈，观察其微信公众号应用表现，分析其应用特点，提出传统出版社创新应用传播渠道、实现与用户精准互动、促进生产方式变革实践等评价及建议。

关键词：出版社；新兴传播渠道；公众号应用

以习近平同志为核心的党中央高度重视互联网环境下的内容生产传播，国家新闻出版广电总局与财政部印发《关于推动传统出版和新兴出版融合发展的指导意见》，要求"打通传统出版读者群和新兴出版用户群，借力商业网站的微博、微信、微店等渠道，不断扩大出版产品的用户规模，进一步扩大覆盖面"。在出版融合进程中，传统出版单位运用新兴传播渠道，如设立网页版、App，开通官方微博、微信，尤其是公众号渠道的巨大流量红利聚集了大多数出版单位的应用，各种传播渠道呈现彼此推进、互相融通的景象，为融合发展提供了新鲜经验。

笔者采取文献分析、辅助量化分析的方式，对当前出版社应用新媒体、实现融合发展的现状进行考量，形成对出版社微信公众号应用的总体观察判断。

---

* 本文原载《出版发行研究》2018年第5期，系原国家新闻出版广电总局"新兴传播平台在出版融合发展中的作用"课题阶段性成果，是"新闻出版领域关键技术应用研究与服务综合实验室"及"跨媒体出版北京市重点实验"建设成果之一。

一、应用数据量化

课题组与北京清博大数据科技有限公司合作，对照出版社名录进行微信公众号匹配，监测到 2016 年与出版社同名的 463 个微信公众号全年的原始数据 65 535 条，然后对数据进行清洗、分类，利用微信指数公式算出各个出版社的微信 WCI 值[1]，再进行区间分段表现描述等量化分析。

（一）出版社微信公众号开通率较高

截至 2016 年 12 月 31 日，出版社中已有 464 家进驻微信公众平台，其中，中央级出版社 153 家（占比为 33.0%），地方级出版社 225 家（占比为 48.5%），大学出版社 86 家（占比为 18.5%），开通率均占各类出版社数量的八成以上。在开通微信公众号的出版社中，社科类、大学类、科技类均占到出版社微信公众号总量的 10% 以上，尤其是社科类占比为 34.4%，细分类别的微信公众号占比如图 1 所示。

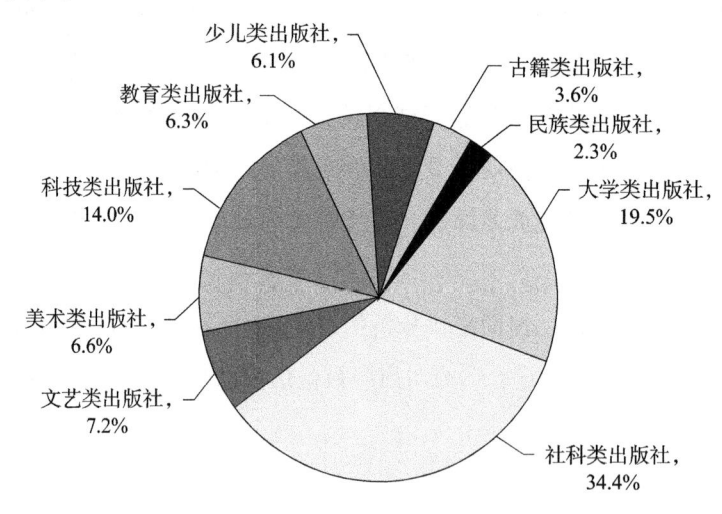

图 1　各类出版社开通微信公众号占比

---

[1] 微信 WCI 值是微信官方提供的基于微信大数据分析的移动端指数，它整合了微信上的搜索和浏览行为数据，是一个跟踪关键字热度的工具，方便了解微信流量入口关键词的热度和搜索量。

（二）微信 WCI 值分布区间较靠后

微信 WCI 值的主要用途是通过捕捉关键词热度，了解搜索趋势；监测舆情动向，形成研究结果；洞察用户兴趣，助力精准营销。微信 WCI 值的高低反映了用户对该公众号的关注程度，客观体现该公众号的新媒体渠道传播力。

观察出版社微信 WCI 值分布（图 2），可以看出出版社微信 WCI 值分布整体比较靠后，且全年尚未发文的居多。经分析发现，有的出版社公众号注册初期更新较快，一段时间后速度变慢；有的公众号已被其他的公众号替代；有的公众号只是抢注并未发文，一开始就成了"僵尸号"，但抢先注册自己社名的公众号，反映了出版社有较强的品牌保护意识。进一步分析可知，分布在微信 WCI 值头部 700~899 区域的都是中央级出版社；一些出版社由编辑部独自运行多个公众号，有的编辑直接运营一个甚至多个公众号，但本次采集的仅仅是与出版社同名的公众号，尚未合并其他的公众号数据，这会影响到具体出版社的 WCI 值排名。

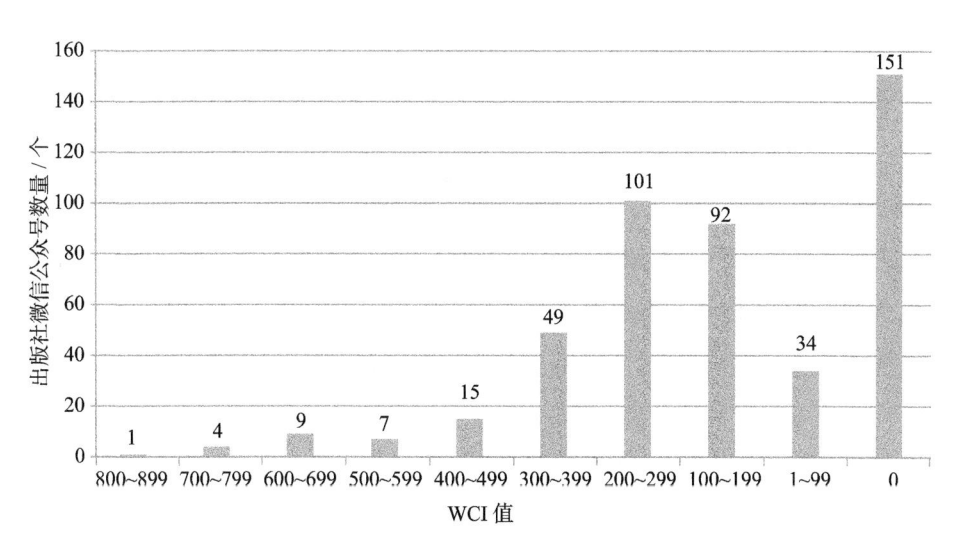

图 2　出版社微信 WCI 值分布

（三）头部公众号社科类出版社居多

根据微信 WCI 值排序的前 20 名榜单，中央级社科类、文艺类、科技类、大学类出版社占据头部公众号前六位置；换一个维度，专业类、教育类出版社也在头部公众号占据半壁江山，如图 3 所示。

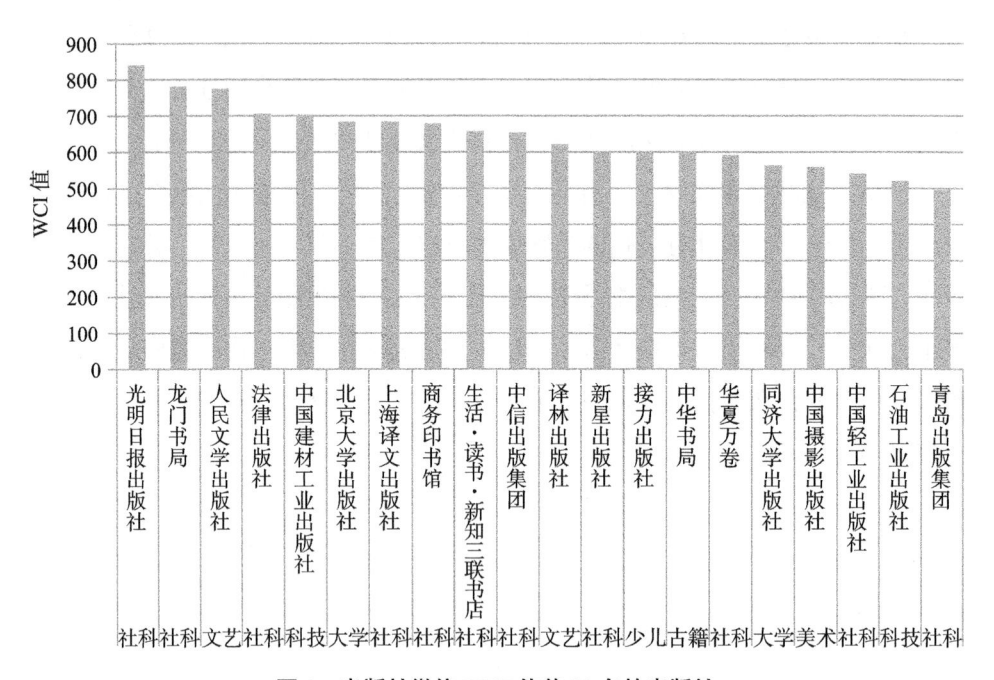

图 3　出版社微信 WCI 值前 20 名的出版社

由图 3 判断，虽然大型出版社、中央级出版社微信公众号的运营具有相对资源优势，但大而美、小而美亦能够取得成功。出版社"大众喜爱的 50 个阅读微信公众号"与本文的公众号 WCI 值排序相吻合，形成一个很好的呼应。❶

（四）出版社公众号内容更新较慢

课题组共监测到 2500 个书报刊出版公众号，年均发文量为 462 篇，日均发

---

❶ 中国作家网．第二届"大众喜爱的 50 个阅读微信公众号"揭晓 [EB/OL]．（2017-05-31）[2021-12-11]．http://www.chinawriter.com.cn/n1/2017/0531/c403992-29309430.html．

文量为 1.26 篇，其中图书出版社年均发文量为 145 篇，日均为 0.4 篇。出版社的年均发文量远低于全行业的平均水平；出版公众号年均阅读量为 7123 篇，点赞量为 63 次，其中出版社年均阅读量为 1103 篇，点赞量为 11 次，阅读量和点赞量都远远低于全行业的平均水平。这表明出版社新兴传播渠道应用有不同于媒体特点的特性。

二、应用表现观察

课题组根据各种量化图表，又进一步结合文献、案例及访谈内容，对出版社的公众号应用表现进行观察，发现以下特点。

（一）以出版社命名的公众号居多

出版社的 463 个微信公众号中以订阅号为主，其中有 438 个直接以出版社名字命名，也有少数在命名时使用与本社关联性较强的词语，如华夏万卷、人卫健康、武汉出版云、数字长江、方志中国、百花文艺等。如前所述，出版社公众号以本社名称命名，反映其具有较强的品牌保护意识。

（二）WCI 值整体偏低的原因分析

通过量化数据和相关文献梳理发现，公众号文章的更新频率影响 WCI 值的高低。大多数出版社的公众号更新频率慢，很少能长期保持一天多篇的更新速度。发文量少与图书出版社发布内容的特性有关，也与图书出版社投入微信公众号运营的精力有关。

分析微信 WCI 值偏低的原因，有以下三点。一是出版社出书范围广，一个微信公众号难以覆盖全部读者。出版社公众号应用满足发布信息、营销宣传、客户互动等功能，每种书有特定读者群，且往往也是微信公众号的订阅用户。一个公众号推送的文章不能满足所有读者群的阅读需求。二是采用社群圈层开展服务也是利用新兴传播平台进行营销推广、联系用户的方式。调研中，出版社认为由编辑营销人员利用微信群互动交流形成的黏性要好于单纯在微信公众号推送文章的效果。这些读者群定位精准，易于形成销售大数据的受众分析，达成相对精准的"定制性"销售。利用微信群开展营销推广的比例增加，客观上也减缓了对公众号的维护。三是出版社内部的微信管理机制也影响WCI值的高低。图书出版社存在"多个部门使用一个公众号、一个部门运行多个公众号"的情况。一般来说，出版社营销部门运营微信公众号，往往是在图书要推向市场时，才将写好的图书宣传文案发给运营人员统一推送，尚缺乏对微信传播渠道的统一管理。

（三）大社强社占据头部成因考量

出版大社强社占据头部公众号的情况突出。课题组认为形成此局面有以下四点原因。一是领导重视、人财物投入较多。传统的出版大社拥有更多的资源，有较充足的人力、物力投入公众号的运营。领导的出版融合意识越强，出版社资源越雄厚，投入新媒体研发和运营的资源就更多，效果就会好一些。二是出版社品牌影响力作用明显。与自媒体平台将原有受众从网站门户引流到微信公众号的做法相同，在出版融合发展下，出版社原有的品牌为其公众号带来一定数量的用户，形成品牌认知和定位，通过口碑衍生传播还能为出版社带来更多的用户，甚至通过搜索出版社名称直接关注其公众号，延伸出版社品牌效应。三是形成较强的营销推广能力。通过"文字+广告+图片展示"的推文，尽可能全面展示产品的信息，满足用户购买和阅读的愿望，会比电商平台的展示更容易吸引读者。同时，从粉丝的角度提炼不同的图书卖点，切入点不同，推文的选择角度也各不相同，体现较强的图书营销推广能力。四是重视微信公众号接触率、留存率的维护。出版社普遍将二维码印在纸质图书上，采用纸、端、屏多终端联动、多渠道分发的方式推送公众号，形成多维互动的良好状态。联动的多渠道分发，用户相对接触该社微信公众号的概率就高；接触率高，引来的留存率就会高。

（四）WCI 值提升受内容局限影响

出版社的微信公众号主要用于图书软文推广、活动信息发布、出版行业报道，还有部分鸡汤文，大多不关注相关领域的热点，公众号推送的内容富裕度欠佳。如果一个公众号长期推送不同种类图书的宣传文章，并非读者期望获得的内容，自然就出现用户关注量、阅读量、点赞量的减少。相对来说，出版大 V 公众号推送的是某个细分领域经过精选和精加工的内容，同时有专人管理公众号，因此关注度、阅读量和点赞量均较高，WCI 值亦较高。因此，过于局限的内容也是导致微信 WCI 值较低的一个原因。

（五）少儿出版公众号传播力突出

少儿出版中应用新兴渠道传播的有四类主体：

一是少儿出版社。全国少儿出版社的微信公众号开通率最高，达到 93%。比较普遍的运作形式是打通"书—网—两微一端"，线上线下活动联动，通过网站链接相关的出版社、民营出版公司、幼儿园、早教机构、研究院所等，为家长和少儿阅读服务。

二是出版社中的少儿图书部门或品牌，如中信出版集团股份有限公司的小中信童书馆、广西师范大学出版社的魔法象童书馆，这些经过市场考验的品牌，公众号的覆盖率、影响力高，双效表现就好。2017 年，广西师范大学出版社少儿图书新媒体渠道销售实洋达到 1200 多万元。

三是民营童书出版公司，如北京启发世纪图书有限责任公司的"启发童书馆"、上海读客图书有限公司的"小读客经典童书馆"、北京奇想国文化发展有限公司的"奇想国童书"等，线上线下一体运作，业绩不凡。

四是出版社与出版"大 V"的合作。"大 V"公众号推荐的图书往往是作者根据自己的育儿经验和阅读经验出版的图书。

另外，推送的软文往往关注儿童性教育、儿童安全等热点问题，落脚点在如何让儿童健康快乐成长上。长期高质量的内容推送，及时举办的线下营销活动，赢得订阅用户的信赖，对线上产品持续销售有很大的带动作用，如长江少年儿童出版社和出版"大V"合作销售《来喝水吧》绘本，依靠线下的故事会拉动线上销售，在该书带动下，2017年"葛瑞米·贝斯幻想大师"系列童书销售码洋达2000万元，在总销售中占比达10%。

调研中发现，由于出版社微信公众号的影响力低，往往投入大量资源进行推广宣传，但效果还不如出版"大V"一篇软文的效果好，因而有些类型的出版社将营销渠道重点放在与"大V"店合作上。

三、应用特点评价

课题组通过综合分析，对当前出版社微信公众号的应用特点提出以下四点初步判断评价。

（一）出版者角色定位不变

传统出版社是内容生产者和把关人，严格执行三审三校制度和图书质量保障体系规定，具备完备的质量控制流程，即使出现疏漏，采取图书回收和消除措施的可操作性强。互联网的开放性打破了信息获取和传播渠道的时空性，对编辑承担把关人责任提出更高要求，也提供了价值选择判断的用武之地。编辑需要具备敏锐的判断力，严格管理信息源头和传播途径，需要练就慧眼识珠的本领。无论是传统出版还是新兴出版，出版者的角色定位依然是内容的生产者和把关人，国家安全、文化安全的底线都必须被坚守。

（二）对新传播模式探索不止

新兴传播渠道打开了出版社销售增长的另一扇门，是生产经营的重要方向。图书出版社在新渠道的销售占比一般达到20%~30%，有的甚至主要依靠新渠道。出版社的新兴渠道传播融合模式探索可简要概括如下。

一是微信矩阵应用模式。以中信出版集团股份有限公司为例，该集团系统优化品种结构，持续扩大电子书品种规模，发力微信、微博、今日头条等新媒体平台，建设完善新媒体矩阵，发起"独立作者季"写作出版阅读推广计划，儿童电子书阅读推广季、科幻阅读季等数字阅读主题推广活动，提高读者阅读体验，打造咪咕－中信书店移动互联网图书销售平台，与豆瓣阅读达成独家战略合作，使豆瓣千余部原创作品首次向其他平台开放，这些举措推动了图书销售在新兴传播渠道的应用。

二是与电商平台合作荐书模式。以京东图书的微信荐书联盟为例，该联盟与传统出版社、民营出版公司、出版"大V"公众号等合作，通过口碑引领阅读，机械工业出版社、电子工业出版社、社会科学文献出版社等在该联盟推广的产品都有不俗表现。

三是与出版"大V"合作的读书推广模式。以广西师范大学出版社为例，形成从生产到营销再到用户反馈的闭环读书推广模式，选题策划阶段就和作者、新媒体渠道共同确定新书首发式，营销编辑制作活动方案，传统渠道预热、出版"大V"合作、落实发货及加印，协同打击网络及纸书盗版维权等。该社2017年与罗辑思维合作定制《男孩全书》《女孩全书》《365儿童百科》等，通过罗辑思维跨年演讲推荐的《枢纽》一书不到1个月销售逾10万册，在高效推广的同时也带动该社其他图书销售。

四是"一书一码"增值服务模式。调研中笔者了解到一些图书出版社善用一书一码，取得不错的推广营销业绩，如机械工业出版社的华章分社实行一书一码，对不同知识类型用户进行细分，通过微信实现多种媒体形式、多种营销方式，线上与线下活动的互动，心理学在线微课堂有10万人同时在线，纸书码的转化率达到20%~30%。

五是二维码定制化服务模式。以武汉理工数字传播工程有限公司的RAYS蓝海为例，该公司通过二维码配套线上衍生内容资源与服务，引导用户在阅读纸质书刊的过程中，扫码付费获取深度阅读内容或其他增值服务。这种"平台＋内容＋服务＋运营"的出版融合闭环生态圈，开展全新的精准知识与消费互动的定制化服务，收效显著，已有 200 多家出版单位参与"现代纸书"的生产传播平台。

除了微信之外，出版社还利用微博、QQ、直播平台等多种新兴媒体形成立体多维度的营销推广模式。

（三）提升数据运用能力

出版行业"十三五"科技规划提出，要逐步实现"资源编码化、生产数字化、运营数据化、服务知识化"的建设目标，数据运用对图书出版社掌控新兴传播渠道已经越来越重要了。

现阶段，出版社拥有的生产、销售、市场、用户行为等数据还很有限，出版社也普遍缺乏数据的采集、筛选、分析、利用能力。虽然出版社通过微信公众号平台获得用户数据，但建立用户数据库的很少，通过数据分析反作用于出版选题策划的则少之又少。因此，重视和加强对数据的采集、清洗、管理、分析、应用的能力，从图书生产到知识服务的转型是图书出版社发展的方向。

（四）公众号运营要加大投入

传统出版社在利用微信公众号时，需要关注网民使用微信公众号的目的是什么。根据中国产业发展研究网的调查和统计分析，有 52.3% 的人将公众号作为获取最新资讯的工具，26.5% 的人用于学习知识，15.8% 的人使用微信公众号是为了方便生活。❶但现阶段大多数出版社的图书生产传播是两套并行的体系，新媒体运营处在自由式、小规模阶段。课题观察发现：一是出版社缺少公众号内容资源的策划生产者。编辑人员主要职责是对内容的把关、加工；营销发行人员主要职责是拓展和维护图书发行渠道，策划和组织图书的推广活动，

---

❶ 产业信息网 . 2016 年微信号数量、微信公众号用途占比及文章阅读量分布情况分析 [EB/OL]. （2016-12-19）[2021-12-12]. https://www.chyxx.com/industry/201612/479002.html.

微信运营尚未被纳入出版社整体生产经营。二是依靠营销部门运营公众号有一定的难度和风险。往往编辑部门配合提供即将发行新书的内容介绍，而营销人员并未深刻了解内容价值点，不能提供有针对性的宣传文案，因而使图书的价值传播出现偏移。三是不重视微信运维互动的情况普遍存在。调研发现，由专职人员管理公众号和由实习生管理，在出版社的传播力、影响力和品牌力建设上存在很大差距。出版社往往让实习生负责微信公众号的内容生产和运营管理，没有专职社内人员带领，这样很难使公众号在长期的运营中保持整体性、连贯性，形成自身的特色。另外，与阅读相关的出版"大V"公众号相比，出版社公众号与粉丝互动上差距也很大，粉丝留言少，反映了维护精力投入不足。通过观察许多自媒体"大V"公众号发现，留言和回复是良好互动的开始，他们会精选每篇文章的留言，大部分留言都会有回复，还会不定期通过各种活动加强与受众的连接和互动，与粉丝保持一定的热度，也因此形成了一定的忠实粉丝群体。

四、应用推进建议

打通传统出版读者群和新兴出版用户群，进一步扩大覆盖面需要不断地探索实践，通过对现阶段图书出版社应用新兴传播渠道的观察，笔者建议：对于在编辑出版营销岗位的一线人员，要从思想上拥抱移动互联网，积极掌握新媒体技术工具，着眼满足用户需求，将编辑生产运营维护的能力从传统纸书转向具有交互功能的复合出版物，实现个体生产生存能力的新飞跃；对出版社管理层来说，既可以比较借鉴图书出版同行乃至报刊出版的经验，还要放开眼界向新兴的互联网新媒体企业学习，需要重新审视构建适应新兴传播渠道的出版物生产运营服务体系，引入创新人才、创新团队，谋划出版社供给侧结构性改革；对行业管理部门来说，需要按照党的十九大指引，建立新兴传播渠道应用的规则规范，建设开放性标准，打通新的传播渠道和原有渠道，有效解决信息孤岛、独立封闭小型系统的问题。要面向社会，发现、扶持便于在全行业推广的出版融合新兴传播平台,促进出版融合更好、更快、更高质量地发展。

[北京印刷学院新闻出版学院　刘华坤　张志林

同方知网（北京）技术有限公司　谢　磊]

参考文献

[1] 葛明驷,凡佳佳.2015年科技出版社微信传播指数解析[J].科技与出版,2016（2）:35-38.

[2] 覃凡.大学出版社"两微一端"平台运营现状调查分析[J].出版科学,2018,26（1）:76-81.

[3] 满艺.出版社微信公众平台盈利模式探析[J].出版参考,2017（9）:37-39.

[4] 周飞亚."罗辑思维"开创线上书店新模式图书绝非夕阳产业[N/OL].（2016-01-19）[2020-06-10].http：//book.people.com.cn/n1/2016/0119/c68880-28065166.html.

[5] 从2016年报,看中信如何做大做强[N].出版商务周报,2017-03-23.

[6] 王少波.6问出版社网络新渠道建设[N].中国出版传媒商报,2018-02-24.

农业知识服务模式探究 *

摘　要："互联网＋农业"是推进我国经济从高速增长向高质量发展的重要途径。由于农业是一个覆盖范围极广的领域，涉及生产对象多样化、生产条件复杂化，造成农业领域信息内容纷繁复杂、分类方式丰富多样，因此农业领域信息数据的收集、清洗、挖掘变成一项艰巨的任务。本文探讨农业知识服务的意义、农业知识服务的模式，并对我国农业知识服务体系存在的问题提出针对性建议。

关键词：农业；知识服务；模式；平台

农业是人类的衣食之源、生存之本，是一切生产的首要条件。中国作为一个农业大国，重视最基础的民生，有着极为庞大的刚需消费市场。当今，涉农企业专业化发展程度逐渐提高，有别于传统线下学校和培训班；新型职业农民通过互联网平台在线学习农业知识，接受现代化农业经营和管理理念，把握互联网时代农业的发展趋势。因此，构建农业知识服务平台是一项有现实意义的活动，符合"互联网＋农业"的发展要求。

一、农业知识服务的意义

我国是一个幅员辽阔的农业大国，具有五大特征：一是产业链众多。林业、渔业、畜牧业、种植业、副业五种农业产业形式均具有相当大的体量。二是从业人员多。国家统计局第三次农业普查数据显示，全国普通农户总计

---

* 本文原载《北京印刷学院学报》2019年9月第27卷第9期，是国家新闻出版署"国家数字复合出版系统工程应用示范"（采购编号：1741STC41049）SF31包"应用示范支撑"的成果之一。

226 290 104 户，规模农业经营户 3 980 406 户[1]。三是农业从业人员学历普遍不高。农业生产经营人员受教育程度构成为：未上过学的占 6.4%，小学占 37.0%，初中占 48.4%，高中或中专占 7.1%，大专及以上占 1.2%[2]。四是新型职业农民正在成为现代农业建设的主导力量。《"十三五"全国新型职业农民培育发展规划》中统计，2015 年新型职业农民数量达到 1272 万人。经各地农业职业培训活动推广，线上线下培训融合发展，预计到 2020 年，新型职业农民数量将超过 2000 万人。五是高质量农产品市场需求量大，且需求难以满足。随着食品安全意识的逐渐增强，消费者对农产品质量的要求也逐渐提高，但农产品质量受环境、生产者技术水平等因素的影响较大，恶劣环境、落后技术将导致农产品质量偏低。当前，高质量农产品在整个农产品市场中所占份额较小，农民获得利润较少。

传统的农业生产者由于年龄较大或硬件条件限制，缺乏对互联网的了解，并产生对互联网的距离感。该群体凭借个人经验进行农业生产，通过电视、报纸、经销商培训等传统媒介，以及口口相授等传统信息传播渠道，一般难以获得较高的产量和利润。随着硬件设施购买力的提高与信息技术的普及，以及物联网、大数据、人工智能等高新技术的应用，一些"70 后"和"90 后"的新时代农业生产者擅长利用农学学习平台、农技知识论坛、电商等互联网渠道，交流种植经验、生产心得，销售农产品，利用网上丰富的知识武装自己。该群体生产的农作物产量和质量均相对较高，利润空间较大。涉农知识的出版社作为知识服务商，除出版农业类书籍外，还顺应时代发展提出可满足不同年龄段、不同区域农业用户需求的解决方案。

二、知识服务及其模式

（一）对知识服务的理解

《新华词典》（第四版）将"知识"的名词定义为"人们在社会实践活动中获得的对客观事物的认识"；"服务"的定义为"为一定的对象工作"。张晓林

（2000年）认为，知识服务是面向知识内容，以用户需求目标驱动，融入用户决策过程并帮助用户找到或形成问题解决方案的增值服务[3]。周国民等人（2005年）认为，知识服务是隐性知识与显性知识根据用户需求进行转移的过程。随着"互联网+"理念的深入，知识服务由侧重于"知识"到侧重于"服务"[4]。严霞等人（2008年）认为，农业知识服务是以农业信息资源建设为基础的信息高级阶段，是针对用户专业需求，以解决用户问题为目标，集多种学科知识为用户提供智力支持、智力服务的高增值服务[5]。由此看来，内容生产商不仅应该为用户提供打包的精准丰富知识，还应该主动为用户提供相关延伸知识，深入挖掘用户深层知识需求。知识服务平台，即为用户提供知识服务的平台。知识服务平台商不仅包括出版社，也包括以提供知识为主的互联网企业，如得到、喜马拉雅等。有了便捷的移动支付方式及企业知识服务平台的信任做背书，知识服务触发了"知识付费"这一新的经济形态。

（二）国内知识服务模式分类

近些年，随着信息技术深入发展，知识资源逐步数字化和集成化，深度学习、人工智能、大数据等高新技术的运用，也使知识服务模式发生转变。知识服务平台需设立用户独立空间，可实现个人订阅、个性化服务等。同时，完善用户与管理者之间的交互流程[6]。张新新（2019年）将知识服务模式分为五类，即政策驱动型，政府通过政策建立购买的知识服务；产品驱动型，出版社利用自身原有的丰富内容资源，打造的知识精品服务；信息驱动型，平台服务商提供行业资讯，借用大数据等高新技术进行计算，为用户提供解决方案；技术驱动型，主要体现在VR、AR、AI等技术与传统资源融合，研发前瞻性产品，由传统业务流程升级为智能业务流程；智慧驱动型，以国家重点实验室资源为基础，通过产学研用结合提供智慧型产品服务[7]。本文基于上述五种知识服务模式，又补充一种市场驱动型知识服务模式。市场需求是推动产品更新换代的最好助力。时刻紧盯市场的动态，满足用户的最大需求，挖掘用户的隐藏需求，保持与其他产品的差异性，推动市场驱动型知识服务产品的诞生。

（三）国内农业知识服务模式

知识服务的过程，一方面利用专家知识转移到知识库，使隐性知识显性化；另一方面通过专家与用户的交流直接转移隐性知识[8]。农业交互式知识服务模式体现在传授双方建立交流机制，用户对内容具有较大的控制性和操作性，主要包括参考咨询模式，即利用网络、电子邮件等实时互动；个性化信息推送模式，即内容供应方根据个人用户的需求、爱好和知识基础提供频道式推送、电子邮箱推送和专门式推送；自助式知识服务模式，即运营人员根据经验将内容分类，供用户自行选择[9]。由于当前技术发展和理论研究的限制，以上知识服务模式大多为数字图书馆、数据库产品和网络信息查询服务等。

以前，农村信息基础设施建设还比较薄弱，农业知识服务主要为"宽带互联网+机顶盒+电视机"模式。通过互联网、杂志、走访等信息渠道收集当地农民需求，分析有价值的供求信息、技术信息等，通过网络信息服务平台发布消息。同时，农村信息员也可以直接选择以口头、墙报、宣传页的方式传播网络平台内容。如今，国家推进农村网络建设、移动端应用普及，用户群体增大。农业知识服务平台在PC端的平台基础上，开拓了移动端应用的服务，不仅开发App，还提供了微信等社交平台的服务渠道。微信、今日头条等新媒体交互性强、传播性佳，因此服务模式里多增设新媒体平台公众号，网站建设、微信公众号和开放科学计划（OSID）等三种新的知识服务渠道方兴未艾[10]。

三、农业知识服务模式分类

市面上有关农业类网站的主办方主要有国际农业组织、农技推广机构、农业行政机关、农业科技新闻网站、农业科研机构、农业学协会等六大组织，它们提供的农业知识服务模式可以分为以下三类。

（一）产品驱动型知识服务模式

中国农业出版社推出农业专业知识服务平台——智汇三农。智汇三农同时具有微信小程序和 App 移动端。该平台提供中国畜牧兽医全库、中国农业经济全库、中国农业年度数据、中国农业标准全库、中国农业图书库、中国农业视频库、农业科技成果库等多种资源库。针对不同的专业库，智汇三农会根据专业知识体系分类为用户提供详细的内容，内容不限于图片、文字、视频、动画、数据表格等多种表现形式。例如，在搜索栏中输入"奶业"进行查询，用户可以选择在单一或全部数据库搜取奶业相关内容；同时，可以在搜索结果中增设标题、作者、关键词、出版日期等筛选标准，以及图书、新闻、会议信息、项目信息、百科、问答等分类标准。

（二）信息驱动型知识服务模式

由中国农业科学院农业信息研究所承担研发的我国首个基于大数据的农业专业知识服务系统于 2018 年发布。该系统集合大量农业领域科技资源，根据综合知识资源体系搭建的知识服务平台为用户提供知识发现式普惠服务、深度挖掘的知识分析服务，可提供乡村振兴专题服务，人畜共患疾病、水稻产业知识服务，"一带一路"、国际农产品贸易分析，学术趋势分析、经济统计分析、饲料成分及营养、专家学术圈等专业应用查询。

基于数据群的农业网站还有针对农业、林业、渔业、畜牧业、种植业等专业型网站和综合类网站，如中国畜牧网、农产品网，主要提供农业新闻、行情分析，较少涉及电商产品销售、论坛等。笔者在百度搜索栏输入"农业平台"查询，在右侧栏目推荐的农业网站主要有 10 个网站，均为农产品信息交易综合平台，其中 3 个停用、1 个不更新、6 个在用网站，农业网站停更占比 40%。具体查询结果为农卖网（停用）、三农网（在用）、中国农产品网（在用）、中国惠农网（停用）、农人网（不更新）、中国养殖网（在用）、中国农业网（在用）、中国蔬菜网（停用）、金农网（在用）、农业网（在用）。笔者在百度搜索栏输入"农业知识服务平台",除去新闻、广告等,查询农业知识服务平台较少,主要有天天学农、智汇三农、农业专业知识服务系统、农世界网等。

(三)市场驱动型知识服务

国内很少有农业知识服务平台通过知识服务获取利润,但在农业知识服务平台中有一只"独角兽",它已成为国内首个农业知识付费平台——天天学农。天天学农成立于2017年8月,于2018年3月获得经纬创投(北京)投资管理顾问有限公司的千万元投资,被称为农业版"得到"。透过资本投资的动态,可以看出农业类知识服务的广阔市场和消费者的旺盛需求。

天天学农开始由小程序上线付费视频,逐步上新App和平台三种产品形式。该平台已经与中国农业大学、四川农业大学等五个农业大学合作,合作签约500多名农业专家,为经济作物(柑橘、猕猴桃、草莓、葡萄等)种植户提供各类农业知识课程,已经上线100多个门类、超过1000节的精品课程。用户通过该平台可免费学习2/3的课程,涵盖农业科普、新品介绍、技术动态。这些视频根据农业作物的时令性,针对作物重要物后期,分阶段果园实拍,全年指导。该平台还提供课程教学、专家问诊、线上线下培训会、公益活动、农业国外游学报名活动等形式多维度服务农民,使农民成为新型农业职业经理人。例如,天天学农联合农资电商平台大丰收在江西、广西、湖南等地举办了近百场"植保万里行"送技下乡活动,到场农民数万人。

四、农业知识服务模式的不足及改进建议

从总体上看,涉农领域的知识服务开展处在初期阶段。笔者对其进一步发展加以关注,并指出存在的问题及改进意见。

（一）目前存在的问题浅析

1. 缺少盈利渠道

目前市面上的农业知识服务平台天天学农处于有营收阶段，其他平台多为公益性服务。目前天天学农的资金有用户课程付费、用户线下活动费、用户海外游学费、资产市场的投资等多种渠道。根据相关数据，天天学农 App 月活 40%，线上课程售价为 10~1000 元，累计服务用户达到 50 万人。农业知识服务平台应树立品牌形象，增设"支付"一栏，针对不同的内容专业程度和整合体量，设定不同价位；开发内容产品销售收入、知识服务费销售收入、专家服务费收入、培训费收入、会员服务费收入、电子商务营收、广告费收入、知识版权费收入等多种知识付费渠道；根据农业种植时令，通过微信、今日头条、微博等新媒体平台推出知识促销活动。

2. 平台的差异性较弱

农业知识服务平台都提供专业分类知识库信息查询，专业内容大同小异、内容广泛，大多针对畜牧、果树、农业经济、养殖等方面，内容资源多为图片、视频、动漫等基本表现形式。农业知识服务平台根据内容资源，找准自身定位和用户群体。天天学农只针对柑橘、猕猴桃、草莓、葡萄等作物进行内容开发，只针对种植该类型果树的农民，利用 VR、AR 等先进技术，结合自身内容资源，开发内容新型表现形式。

农业知识服务平台的主要用户有科研人员、推广应用人员、科普大众、培训师生、农业从业者。每种类型的用户对农业类的知识需求不同，因此农业知识服务平台在设计平台功能时，要准确定位平台主要用户，研发针对用户的主要产品，才能做到精准的知识服务。

3. 用户无有效反馈机制

农业知识服务平台大多缺乏有效的用户反馈机制，与用户之间出现断层，不利于健康稳定的发展。农业综合资讯网站大多设有论坛模块，可通过用户讨论了解其需求，推进平台服务的迭代。

（二）建议增设使用场景及应用

农业知识服务的开展正如火如荼，各平台大多正处于设计原型、研发或上市推广阶段。在以往的农业知识服务产品中，也存在产品上市后得不到用户的肯定的情况，其主要原因有功能设计不符合用户需求、内容偏离用户需求、后期运营不到位、宣传不到位等多种情况。信息技术5G时代已经来临，农业知识服务平台如何利用现有的技术资源、知识资源，在PC端、移动端搜集用户需求，合理挖掘用户需求，满足用户需求，其中为用户提供增值服务是一个值得深入研究实践的问题。

笔者认为，农业知识服务存在多种场景，并简要梳理出以下8种，以便在涉农领域的知识服务场景实践中扩展思路。

（1）内容服务。为用户提供精准的农业内容，内容形式包括文字、视频、动画等多种形式。内容来源于论文、图书、期刊等信息渠道。

（2）咨询服务。知识服务平台为用户提供农业问题咨询服务。

（3）专家服务。知识服务平台为用户和专家架起沟通桥梁，突破时间和距离，为用户提供更专业贴心的知识服务，也为专家深入了解民情提供帮助。

（4）知识社区。农业知识服务平台为用户提供交流平台，专家、销售者、种植者等均在其中交流看法等。

（5）培训服务。为营销商、种植户等农业参与者提供培训服务。

（6）电子商务。图书、期刊、视频等可以直接在网上进行销售，用户可通过知识付费的模式获得知识。

（7）O2O服务。为用户提供线上线下知识服务。

（8）智能服务。利用AR、VR等技术为用户提供更多的知识形式。

综上，在产品技术到位之后，如何使产品成为一个受用户欢迎且有稳定利润收入的明星产品，还需要知识提供商在深入市场、了解需求、及时调整、大力推广等市场化研究上做足功课。

（北京印刷学院新闻出版学院　王丹阳　刘华坤）

参考文献

[1] 国家统计局. 国家统计局第三次农业经济普查 [EB/OL].（2017-12-19）[2021-12-15].http://www.stats.gov.cn/tjsj/pcsj/nypc/nypc3/d3cqgnypchzsj.pdf.

[2] 国家统计局. 国家统计局第三次农业经济普查 [EB/OL].（2017-12-19）[2021-12-15].http://www.stats.gov.cn/tjsj/pcsj/nypc/nypc3/d3cqgnypchzsj.pdf.

[3] 张晓林. 走向知识服务：寻找新世纪图书情报工作的生长点 [J]. 中国图书馆学报，2000（5）：32-37.

[4] 周国民，丘耘，郑彦妍，等. 基于网络的农业知识服务系统的设计与实现 [J]. 农业图书情报学刊，2005，17（2）：238-240.

[5] 严霞，张禄祥. 农业信息服务与农业知识服务比较研究 [J]. 广东农业科学，2008（11）：135-138.

[6] 罗建军，曾晓娟，刘翠娥，等. 农业科研图书馆知识服务平台建设的研究：以湖南省农科院图书馆为例 [J]. 科研信息技术与应用，2018，9（4）：68-74.

[7] 张新新. 知识服务向何处去：新闻出版业五种知识服务模式分析 [J]. 出版与印刷，2019（1）：1-5.

[8] 周国民，丘耘，郑彦妍，等. 基于网络的农业知识服务系统的设计与实现 [J]. 农业图书情报学刊，2005，17（2）：238-240.

[9] 熊大红. 知识服务模型和农业知识服务平台设计研究 [J]. 湖南农业科学，2009（6）：127-130.

[10] 刘文君，王贵春，王晓芳，等."互联网+"背景下农业科技期刊知识服务模式探索：以《湖北农业科学》实践为例 [J]. 农业经济与科技，2018，29（19）：280-283.

第四编

出版人才培养

北京印刷学院数字出版人才培养探索 *

摘　要：本文以北京印刷学院数字出版专业建设中的探索与实践为例，对数字出版人才培养的背景与意义、目标与原则、定位与特色及模式与方向等问题进行了探讨。

关键词：数字出版；人才培养；培养模式

一、数字出版人才培养的背景与意义

数字出版一方面能够挖掘传统出版资源，延长印刷出版物的生命周期；另一方面能够创新、加工制作各种多媒体出版资源。数字出版产业的发展既有传统出版业的数字化，又有新兴数字媒体产业的崛起，极大地拓展了传统出版的价值空间。在出版业数字化转型的过程中，复合型数字出版人才严重缺乏，大力培养数字出版传播人才是文化市场发展对教育的呼唤。据国家新闻出版总署测算，我国现有网站80多万个，其中涉及出版内容的网站约为1/4，从事网络编辑工作的人员约60万人。这个数字是传统出版机构编辑队伍人数的5~6倍。出版业的数字化转型和媒介融合给出版传播高等教育带来巨大的人才培养空间。

国家新闻出版总署于2008年公布了对全国图书出版社开展跨媒体出版情况的调研结果，其中各出版社对数字出版人才的需求情况如图1所示。从图中数据可以看出，出版社对技术研发、营销发行、管理、美编设计等各种类型

---

* 本文原载《科技与出版》2010年第8期。

的数字出版人才的需求强烈。同时，数字出版对人才的能力提出了更高的要求，主要表现在既要精通跨媒体出版物内容所属的专业，熟识出版知识，又能掌握特定出版环节的技巧，熟悉出版流程中其他环节的运作。

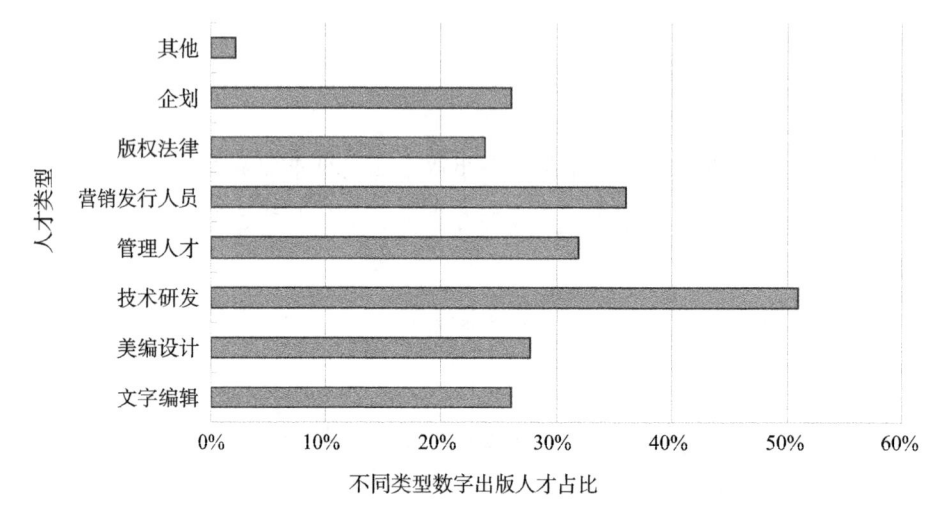

图1 我国图书出版社对数字出版人才的需求情况

北京印刷学院在2007年7月以出版传媒产业需求为导向，启动数字出版新专业申报，于2008年2月获得批准，开始面向全国招生。北京印刷学院的传播学（数字出版）专业是国内第一批经过教育部批准设立的面向出版业发展转型、培养数字出版急需人才的专业。

二、数字出版人才培养的目标与原则

（一）数字出版人才培养的目标

基于市场需求及行业发展背景，我们制定了如下数字出版人才培养目标：面向数字内容产业，主动适应国家文化、经济建设和社会发展对数字化人才的需要，培养具有现代科学文化艺术基本素养、掌握数字媒体素材编辑加工基本技术、具备数字媒体编辑出版传播技能、了解数字媒体产业运作规律的复合型高级专门人才。

（二）数字出版人才培养的原则

（1）坚持适应首都的经济建设与社会发展需要，突出学校办学特色的原则。学校以"立足首都，服务全国"为办学宗旨，重点培养印刷、出版等传媒类行业发展需要的应用型高级专门人才。

（2）坚持实施因材施教、强化基础、多样化人才培养的原则。前期按学科大类实行大学科基础教育，后期实行宽口径专业教育和弹性化、个性化的选择性教育。

（3）坚持知识、能力、素质协调发展和综合提高的原则。把素质教育融入人才培养的全过程，加强人文教育、科学教育与专业教育三者的有机融合，开设结合专业的人才素质教育、职业道德素质和专业技能课程。

（4）坚持课程结构、课程内容的整体优化，课堂讲授学时适当压缩的原则。优化课程体系结构，避免课程内容交叉与重复，加大选修课程开设比例，推进弹性学习制度，构建适应分层教学、分类培养的"基础平台＋模块"课程体系。

（5）坚持加强实践教学，注重培养学生的创新精神和实践能力的原则。合理制订实践教学方案，完善实践教学体系。创造条件让学生及早参与科学研究和创新活动，培养学生的创新精神和实践能力。

（6）坚持前瞻性、灵活性和适度稳定性的原则。要考虑学科专业的发展，要具有前瞻性、科学性和可行性，并要保持适度的稳定性及在合理范围内的灵活性；要注意培养方案的开放性，为课程体系的进一步完善与教学内容的更新留有余地。

三、数字出版专业的定位与特色

（一）专业定位

根据现代传播的发展特点和学科建设的基本要求，我们认为，数字出版专业人才培养要构建的主要核心能力包括对海量信息的发现能力、对优质内容的策划与整合能力、对数字内容的经营管理与运作能力、对跨媒体出版技术的运用能力。

我们根据目前出版产业对数字人才的需求，结合自己的办学优势与特色，形成如下专业定位：以数字技术为工具，以数字内容的创意表达为手段，以数字内容的开发与经营管理为重点，培养数字出版产业需要的数字媒体编辑专门人才。其中，以内容信息的有效表达为核心，重点培养学生对数字内容的编辑、创意表达与运用的能力。

（二）专业特色

我们将学校数字出版专业的特色归纳为以下四个方面。

一是"新"。数字出版专业是国内首批开设的。

二是"合"。数字出版专业在学科、行业及知识面等方面实现了多层次的融合。首先，学科的融合，涉及传播学、编辑出版学、电子信息科学与技术等不同学科。其次，多种行业的融合，包括数字内容产业、新闻出版、广电影视及新媒体等多个行业。最后，理论与实践的融合。

三是"广"。首先，数字出版专业就业面广。学生的就业单位包括出版社、期刊社、报社、文化公司等各类传媒单位，网站、数字媒体公司等新媒体企业及政府相关部门。其次，该专业对学生的知识面要求较广。学生在校期间，所学知识包括文科、工科及艺术等多学科、多模块的内容。再次，该专业与业界联系广。该专业已与科研单位、出版社及新媒体企业建立起广泛的联系，正在探索合作办学模式。最后，该专业的学生来源广。学校数字出版专业目前文理兼收，包括全国各地生源，学生知识结构及地缘的多元化为培养不同方向及层次的数字出版人才提供了便利条件。

四是"特"。数字出版专业实行"3+1"的培养模式，即校内课时在前3年内结束，第4年组织学生到相关的数字出版企事业单位实习，把教与学、理论与实践充分融合，实现了学习和就业的"零距离"接触。

四、数字出版人才培养的模式与方向

（一）培养模式

（1）以人文社科、法律素质教育及出版专业基本素养教育为基础，培养学生大出版、大传播背景下的人文素养。

（2）以数字出版的信息技术基本知识及相关技术应用教育为特色，培养学生对信息系统和技术的应用技能。

（3）以数字内容的采集、汇聚、集成与有效表达能力训练为核心，培养学生对数字信息的抓取能力和知识表达的能力。

（4）以媒介经营、资本运作、管理沟通、运营服务能力训练为重点，培养学生对数字出版媒介经营管理的能力。

（二）培养方向

（1）数字内容创意与表达方向：培养学生从海量信息中发现、策划、编辑、整合数字出版物内容，并进行创意表达的能力。

（2）数字出版技术应用方向：培养学生对数字出版资源平台的建设和维护，掌握运用信息技术和跨媒体出版技术挖掘、集成并有效表达数字内容的能力。

（3）数字内容经营与推广方向：培养学生对数字出版物的市场推广、跨媒体营销及对海量数字信息资源组织、管理和服务的能力。

数字出版专业的主要培养方向如图2所示。

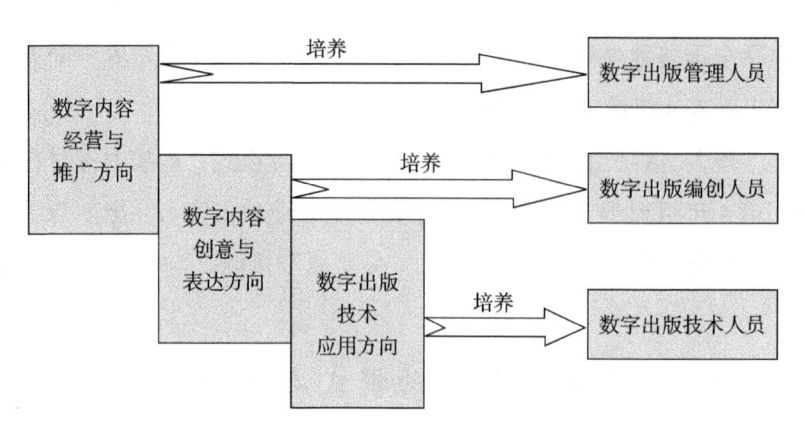

图 2　数字出版专业的主要培养方向

五、数字出版人才培养的探索

（1）调整课程结构体系，实现专业课程的"三增三减"。培养方案对课程模块进行结构性调整，实现"三增三减"，即增加同类课程整合，减少碎片化倾向；增加教学实训课时，减少理论课时；增加校外实践学时，减少在校上课学时。

（2）建立数字出版工作室（研究所），凝聚研究方向，提升团队影响力。数字出版研究所作为一个开放的平台，可以组织多学科教师，以科研为纽带，形成研究梯队，跟踪国内外数字出版前沿，开展跨学科研究活动，进行学术交流。在机构上，实现室所合一，共同支持数字出版专业建设。

（3）加强与业界联系，建设数字出版实训基地群。与中国出版科学研究所共建"中国数字出版人才培养基地"；与中国出版集团数字传媒有限公司、电子工业出版社、北京方正阿帕比技术有限公司、中文在线集团及国际版权交易中心等达成合作意向，已经或正在建立数字出版教育教学实践基地。此外，与同方知网（北京）技术有限公司、高等教育出版社、社会科学文献出版社、龙源国际集团、北京中鸿网略信息技术有限公司等单位，将进一步联系合作。

（4）实行本科"导师制"，带领并帮助学生开展各种形式的科研活动。效仿研究生培养模式，实行本科层面的"导师制"，选择部分具有丰富教学经验和较强科研能力的本专业教师，鼓励其结合自己的科研课题，有组织、有计划引导学生开展各种形式的科研活动。学生在导师的辅导下，通过参加科技、社会、社团、文体及各类学科专业竞赛等活动，提升自己的科研创新能力。

（5）借助各界力量开放办学，组织教学培训师资。学校每学期都安排相关的学术活动，集中邀请数字出版领域学界、业界著名专家、学者来校举办学术讲座，大大开阔了师生的视野，丰富了教学内容；学校还积极安排、组织学生到一些著名的数字出版企事业单位参观实习，让学生对数字出版相关流程及生产运作环境有一定的感性认识。此外，学校还通过各种渠道与业界一批从事数字出版的专家和新媒体从业者保持密切联系，随时了解并掌握数字出版业的发展动态，及时选派相关专业教师外出学习培训，以适应教学及科研需要。

（6）启动专业核心课程教材及教学资源库建设。学校已与高等教育出版社、中国传媒大学出版社合作，开发数字出版专业核心课程教材，"用数字出版方式制作数字出版教材"，进行特色专业教材建设；同时，结合课程建设及教材建设的需要，搭建数字出版教学资源库。

（北京印刷学院新闻出版学院　陈　丹　张志林）

媒体融合下数字编辑人才建设探讨 *

摘　要：媒体融合的关键要素之一是创新型人才队伍建设，数字编辑是数字传播领域的新兴复合型人才，是促进媒体融合、出版融合发展的中坚力量。在数字编辑复合型人才培养使用管理中，采用政产学研的人才建设方式，在学历教育、岗位使用、在职培训及职业规划等方面形成一体化管理机制，是加快数字编辑人才建设的有效路径选择。

关键词：媒体融合；数字编辑；人才建设

信息技术的发展，特别是 Web 2.0 技术的不断成熟，使媒体融合的广度和深度日益超出人们的想象，人类文化的保存、复制、创造和传播发生了深刻的变化。以数字技术为基础的新兴出版行业逐步发展壮大，并与传统出版行业相互渗透。国家大力推动传统媒体和新兴媒体融合发展，推动传统出版和新兴出版融合发展。时任中共中央宣传部部长刘奇葆于 2014 年 4 月 23 日在《人民日报》上发表《加快推动传统媒体和新兴媒体融合发展》的文章，在人才建设上提出要"建立统一的人才管理体系，加大新兴媒体内容生产、技术研发、资本运作和经营管理人才的培养引进力度，优化人才结构、统一调配使用"[1]；2015 年 3 月 31 日，国家新闻出版广电总局、财政部印发《关于推动传统出版和新兴出版融合发展的指导意见》，指出"制定出版融合发展人才培养规划，支持出版单位与高校、研究机构和创新型企业联合开展出版融合发展人才培养"。加强数字编辑人才队伍建设，创新数字编辑人才培养模式，搭建数字编辑人才成长的学习通道，将成为巩固壮大宣传思想文化阵地、履

---

* 本文原载《北京印刷学院学报》2015 年 6 月第 23 卷第 3 期。

行文化职责和传媒业生存发展的重要任务，也将成为推动媒体深度融合、创新创业、壮大数字内容产业的重要抓手。

一、媒体融合催生数字编辑人才

媒体融合的过程就是各种媒体形态的边界逐渐消融、复合型媒体逐步成为优势媒体的过程。笔者认为，媒体融合是由生产力和生产关系两个方面共同作用的全方位、深层次的一体交融[2]，可以将技术、内容、渠道、平台、人员、资本、经营机制等归结为媒体融合的生产力要素，组织架构、管理体制、传播体系等归结为生产关系要素，生产力与生产关系的持续运动才能推动传统媒体和新兴媒体在内容、渠道、平台、经营、管理等方面的深度融合。媒体融合的根本动力来源于信息技术，信息技术的快速进步催生不同于传统媒体的新的业务生产流程，使媒体生产方式发生巨大变革，也使在跨平台上整合、发布不同媒介的内容，提供多样化、多形态、个性化的服务成为现实。

传统新闻出版广电行业中的编辑，是借助他人作品展开社会实践、以扩散他人作品形式表达自己意识形态为客观必然的人[3]。编辑活动都是围绕单一传播媒介而进行的线性内容生产活动。到了互联网时代，数字化使媒介形态开始向融合的方向前行，"用户"一词可以将读者、视听者、听众及观众等消费人群的称谓囊括其中，如图1所示。

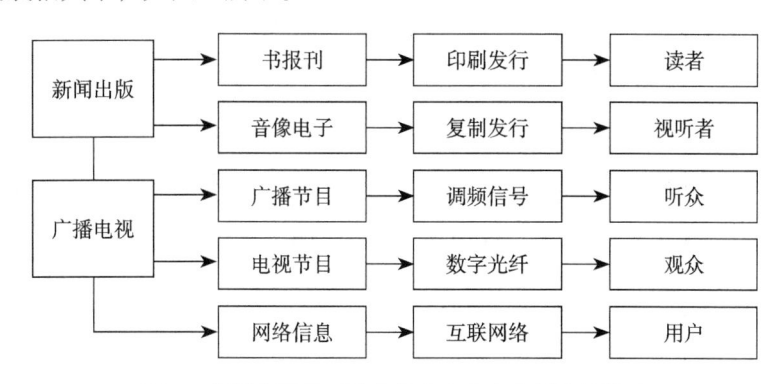

图1 出版物及节目播出的内容生产传播线性模式

媒体融合也对传媒从业人员的素质提出了更高的要求，仅仅懂新闻出版传播和广播电视节目播出，或者仅仅懂传媒市场已经不够用了，还需要持续地保持对技术的敏感性，思考数字技术应用将为媒体发展带来的各种可能[4]。媒体融合下内容生产传播的网状模式如图2所示。

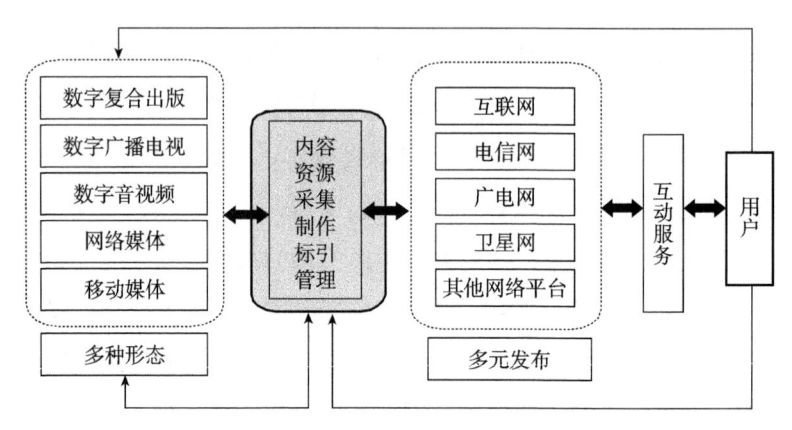

图 2　媒体融合下内容生产传播的网状模式

媒体融合催生数字编辑人才。编辑活动中有专职编辑与从事编辑活动的非职业编辑之分，本文所指的数字编辑是指传媒业内从事数字内容生产传播工作的专业技术人员为主体，再扩展到文化、信息等产业的相关人员。数字编辑的来源可以分为两类：一是传统新闻出版单位培养、引进的从事数字编辑工作的人员；二是大量新媒体企业中从事内容生产传播的人员。在数字传播中，越来越多的具有计算机、新闻、出版、文学、美术、经济、管理、法律等专业背景的人员加入数字编辑的队伍。数字编辑是媒体融合过程中的创新、创造型人才，其从业范围已经不局限于传统的新闻出版广电机构。这些从业人员的共同特征是，在网络环境下，运用数字传播相关技术从事内容的策划设计、采编制作、资源管理、多元发布、互动服务等工作，专职开展数字内容生产传播的专业技术工作。

二、现阶段数字编辑的培养使用

考察出版业数字化转型升级、推动出版融合发展的实践发现，数字编辑人才的培养使用与管理，涉及教育、企业、行业及行政管理等各种社会组织。

（一）传统媒体中的数字编辑使用

在传统出版行业中，编辑的使用采取的典型方式是师徒制，即每一位新入职的编辑都由指定的老编辑带领，但是在数字环境下这种口授身传的师徒制模式不再完全适应编辑业务的现实情况了。这主要是由于技术进步的驱动，市场变化太快，传播的信息量太大、渠道太多、内容庞杂，用户的消费需求越来越个性化，面对复杂的局面，要求编辑的责任意识、文化素养及技能操作等都要增强适应性，或者补充个体知识能力，或者由个体变团队式生产运营服务。因此，全媒体出版融合下的编辑活动更像影视的编导团队，更需要编辑的合理组织与分工。

传统图书出版社出版融合的 1.0 阶段，通过流程再造产生新的数字编辑类型。数字编辑从存量资源的数字化、结构化处理开始，将存量资源按照文字、图片、公式、音频、视频等元素，经由扫描、识别、校验、拆分、标识、关联等工序进入资源管理库；增量资源则采用复合采编、协同编辑等生产工具，进行出版资源的数字化、结构化、标引化和规范化，使其一并进入多媒体资源管理库统一管理，实现对内容的检索复用、动态重组与新产品开发。当出版社进入出版融合的 2.0 阶段，纸书编辑也进入复合出版的流程，形成全员数字编辑队伍，这是出版社成功转型的标志。在数字复合出版中，数字编辑的主体地位得到加强，职务类型也已细分，如人民交通出版社出现了策划编辑、产品经理、内容经理、技术经理、推广经理、销售经理和客服经理等相互依存、相对分工的职能岗位细分，建设现代团队式数字编辑队伍，这是未来很重要的书业编辑队伍形态。

报业转型的重要特征是根据多媒体内容生产的需要，整合业务形态，重新分工规划，变革业务流程，组成全媒体编辑部。一次开发，多次生成，多元发布，变革内容生产方式，拓展价值增值渠道，通过纸质媒体、网络媒体、移动媒体的内容产品滚动式、辐射状传播，实现品牌价值最大化，纸媒编辑转型为全媒体编辑[5]。

期刊出版单位采用期刊复合采编审系统，推动了编辑手段的数字化进程，在提高编辑效率的同时，编辑在业务上更为专注。期刊编辑需要运用文字、图像、动画、视频、音频等多种数字技术，有效引导读者深入阅读，进行编读互动。面对激烈的市场竞争，传统期刊编辑中产生新的策划型编辑或导演型编辑。学术期刊编辑需要充分利用期刊生产和数据库资源的优势，对内容进行加工整合，创造出新的特色资源和个性化的增值服务[6]。全能型、策划型编辑是期刊数字编辑职能的新扩展。

数字编辑的作用体现在两方面：一是对细分市场独到的策划和引导能力，在数字内容和技术等方面建立标准和规范。随着网民直接参与信息传播的数量剧增，作者和读者可以跳过编辑直接进行交互。数字编辑的发力之处是形成自己对细分市场的独到策划和引导能力，对数字信息的结构形态、标引组织、存储传输、显示交互等进行规范的知识表达。二是对出版物传播的增值作用。数字环境下，编辑对同一作品进行不同的编辑加工会造成文字规范性和可读性的差别，对知识解析度与关联度的不同会造成出版产品对读者使用价值有别。因此，编辑需要进行信息采集、产品策划设计、资源加工整合、建立资源标引、知识点关联等工作，使知识产品能够被快速检索和及时发现，给用户提供多条访问渠道，并互动服务以方便用户。这些知识服务的工作体现了数字编辑对出版物传播的增值作用。

（二）新媒体企业中的数字编辑使用

本文所指的新媒体是基于互联网和移动互联网发展创新的新兴传播媒体。

数字编辑涵盖了新媒体企业的所有编辑人员，主要有新闻信息传播网站编辑、游戏动漫编辑、App应用编辑等类型。笔者认为，数字编辑并不等同于网络编辑，而是指主要从事网络信息传播服务和数字内容产品运营的网络编辑，主要在门户类、垂直类及网络文学、网络游戏、动漫等网站平台从事内容建设的人员。

（三）高等院校数字编辑后备人才培养

高等教育承担着面向数字传播各行业培养应用型的潜在数字编辑人才的任务。由于互联网强大的渗透力，按照传统新闻出版广电行业的编辑分工结构和运行方式构建的新闻出版广电编辑的人才培养体系，正面临变革的诉求。数字编辑不仅是技术平台的运用者、操作者，而且是信息资源文化价值的发掘者、传承者。2012年，国家对高等院校的学科目录和专业设置进行了一次较大规模的调整。这对配置和优化教育资源、提高人才培养质量、促进高等教育与经济社会的紧密结合，具有十分重要的意义。在教育部印发的《普通高等学校本科专业目录（2012年）》中，与数字编辑人才培养相关的学科专业群包括但不限于以下类型，如新闻传播一级学科下设立的基础专业和特色专业❶、数字媒体技术（080906）、视觉传达设计（130502）、数字媒体艺术（130508）、动画（130310）等都与数字编辑人才培养相关。发展的背后也应看到不足。部分传统新闻出版课程体系还需完善，如以传统新闻出版传播模式和运营方式形成的编辑教育课程体系，整体上都需要加强创新性和实用性内容；新增的网络与新媒体、数字出版两个特色专业，本身是从市场需求出发设置的，与数字编辑人才培养的目标契合度更高，落实到具体的培养方案中更要体现专业特色。

由于数字编辑是一种应用型的专门人才，实践教学环节和实训实习环节尤

---

❶ 基础专业，即新闻学（050301）、广播电视学（050302）、广告学（050303）、传播学（050304）、编辑出版学（050305）；特色专业，即网络与新媒体（050306T）和数字出版（050307T）。

为重要。培养媒体融合的数字编辑，需要开设媒体融合性课程，搭建融合性的数字传播实训平台。在高等院校已有的基础设施建设中，满足单一课程、单一功能的教学设施比较齐备，但体现媒体融合的流程化数字化出版仿真环境还没有出现，这成为培养融合型数字编辑的一个瓶颈。北京印刷学院进入"十一五"规划期间，几乎每年都在修订本科专业人才培养方案，2~3年大修一次。2015年的培养方案修订，最迫切需要的是按照行业数字化转型升级的实践和出版融合发展的时代要求，面向出版新业态，组织和优化课程体系与教学内容，按照出版内容生产传播的现实场景，将模块化知识融会贯通，设计出版融合类课程，尤其是利用国家数字复合出版系统工程建设的良好契机，让师生与业界零距离接触，利用先进技术提升人才培养的产业符合度和先进文化传播的人才竞争力。因此，政产学研一体化办学、加快培育数字编辑后备人才成为业界和学界的共同呼声。

三、数字编辑人才使用管理的新创举

数字编辑是编辑中的一种新兴的人才类型，是互联网技术和信息内容传播深度融合产生的一种新的职业类别，正日益受到产业界、教育界和行政管理部门的关注。

笔者梳理了近些年数字编辑人才培养、使用、管理的脉络，人才成长和使用呈现从自发、分散与无规到自觉、聚合与规范的发展路径。笔者发现，在学历教育、岗位实操、职业培训、继续教育等与人才培养、使用、管理相关环节的部门，高等院校、企业、行政部门分别有所作为，但是针对数字编辑这种融合创新型人才的培养、使用与管理，还处在相互分离、各自为政的状态。数字编辑人才建设尚未建立起政产学研一体化机制，未形成贯通全链条的培养使用与管理模式。

（一）数字编辑使编辑队伍更具有时代气息

数字编辑是编辑队伍中的分支，也是编辑中掌握先进技术进行内容生产传播的新鲜力量，代表着编辑成长的方向。由于整个社会生产生活方式都在互联网的影响下发生改变，编辑活动将是数字化环境下的编辑活动，编辑队伍将会奔向互联网，数字编辑岗位将会进一步细化。更重要的一点是，数字编辑工作包括但不限于网络信息传播，更多的岗位是知识产品的生产，再利用网络进行传播。笔者认为，数字编辑的一部分岗位是网络信息的采集传播，但还有大批数字编辑是在进行知识产品的生产，并策划网上网下传播的最佳方式提供给用户消费。

网络改变了读者的思维习惯、阅读习惯，反映到传媒业活动中，就是改变传统编辑的思路和业务流程规范，在两个方面体现出数字编辑的引导能力和增值作用。从传统媒体数字化转型历程来看，数字编辑主要是在网站后台或在站点之外进行知识产品层面的生产，站点则是与用户互动服务的端口。如果将互联网站点比作冰山一角，那么大量的数字编辑是在冰山之下进行知识产品的生产。产品形态可以是基于网络的，也可以是纸质的、封装的；传播渠道可以是网络的，也可以是实体书店的，还可以是通过网络分发实现按需出版等形态。

（二）北京市将数字编辑纳入人才管理体系是创新举措

数字编辑的专业技术人员管理部门是传媒业行政管理部门及人力资源和社会保障部。2015年，北京市人力资源和社会保障局、北京市新闻出版广电局联合出台《北京市新闻系列（数字编辑）专业技术资格评价试行办法》，确定专职从事数字传播的新职业。数字编辑的定义是利用计算机技术、通信技术、网络技术、存储技术和显示技术等数字技术手段，从事文字、图像、音频、视频等作品选题策划、稿件资料组织、编辑加工整理、校对审核把关、运营维护发布等工作的专业技术人员。在数字编辑人才的范围界定上，覆盖新闻、出版、游戏、动漫、音视频等领域的数字化内容生产传播从业者，体现了媒体融合的宗旨。

北京市率先在全国开展了设立数字编辑职称的工作，顺应了国家经济发展新常态下新媒体人才建设的发展需要，是落实国家推动经济结构调整、媒体融合、出版融合发展的创新行动。数字编辑职称的设立，开创了一条培养、管理跨界融合、复合创新人才的新渠道，指明数字编辑人才使用管理的方向成为推动融合发展的强有力抓手，将为新兴的数字编辑人才成长提供良好的发展空间。

四、政产学研一体化管理机制是最佳选择

在创新领域的研究中，常借用生物学三螺旋的结构原理来解释在社会经济发展中政府、大学和产业之间相互依存的互动关系[7]。三螺旋理论最显著的特征是，通过有效的知识传送和机制运作，产生创新和持续发展的能力。在目前国家进入经济新常态、互联网全面渗透提升社会运行系统规模和质量的形势下，数字编辑人才建设更需要采用这种有效机制。从学校开展的学历教育到企业入职在岗实操，从行业开展的岗位培训到建立面向职业的人才管理体系，形成高等院校、企业及政府紧密联动的"三位一体"、全程贯通的数字编辑人才建设模式，是数字编辑人才建设的路径选择。

（北京印刷学院新闻出版学院　刘华坤　张志林）

参考文献

[1] 刘奇葆.加快推动传统媒体和新兴媒体融合发展[EB/OL].（2014-04-23）[2021-12-11]. http://theory.people.com.cn/n/2014/0423/c40531-24930488.html.

[2] 李良荣，周宽玮.媒体融合：老套路和新探索[J].新闻记者，2014（8）：16-20.

[3] 蔡克难.编辑概念、编辑活动基本规律和编辑学研究的意义[J].中国编辑，2003（5）：24-27.

[4] 蔡雯.新闻传播的变化融合了什么？：从美国新闻传播的变化谈起[J].中国记者，2005（9）：74-76.

[5] 滕岳.在深度融合中激活全媒体集群：烟台日报传媒集团全媒体战略探析[J].中国报业，2010（8）：13-16.

[6] 刘清海.全媒体出版对科技期刊编辑角色的影响及其应对策略[J].中国科技期刊研究，2012，23（2）：278-281.

[7] 王成军，王正利，李丹丹，等.三重螺旋研究进展及其模型结构[J].演化与创新经济学评论，2011（1）：94-122.

媒体融合下出版人才需求分析与培养思考*

——以百道网招聘专区为例

摘 要： 媒体融合背景下，新闻出版行业的人才问题越来越受到重视。本文从企业人才需求调研入手，利用案例研究、数据统计、词频分析等方法对我国出版业的人才需求现状进行分析，总结人才需求特点，针对高等院校出版人才培养提出相应建议。

关键词： 媒体融合；出版人才；需求分析；高等院校培养

新闻出版行业是智力密集型行业，其发展的关键性和基础性要素是人才。高等院校作为出版传播人才培养基地，为出版行业输送了大量优秀人才。在媒体融合的背景下，高等院校出版人才培养是否契合并满足行业需求？这就从行业需求角度提出高等院校人才培养的适配性问题。

本文以百道网招聘专区出版人才招聘信息为分析对象，进行人才需求调研和分析，以期为相关高等院校出版人才培养提供参考。

一、出版人才需求调研

（一）调研背景

2015 年，国家新闻出版广电总局、财政部联合下发《关于推动传统出版和

---

* 本文原载《北京印刷学院学报》2017 年 6 月第 25 卷第 3 期。

新兴出版融合发展的指导意见》，意见中明确提出要强化人才队伍建设，从中可以看出在媒体融合背景下，人才问题越来越受到重视。通过文献研究发现，从人才供应的角度来谈高等院校人才培养的文献常见，主要是探索培养模式的创新，分析存在的问题，寻求解决办法。笔者认为，还可以从人才需求的角度切入，弄清行业需要什么样的人才，高等院校如何进行教育教学改革，以适应社会、科技、行业发展对人才的需求。这是做好人才培养工作最根本的问题，也是驱使笔者进行出版人才招聘信息深入分析的动因。

（二）调研实施

人才招聘信息往往最能反映企业对人才的具体需求。百道网作为图书业与阅读产业专门网站，在出版行业内具有广泛的影响力和代表性，其中，招聘专区成为出版行业人才招聘信息的重要发布平台，所发布的招聘信息能反映我国出版行业当前的人才需求状况。

本次调研对百道网招聘专区 2015 年 1 月 1 日至 2016 年 7 月 15 日发布的招聘信息进行分析汇总，经过查重排重后最终得到 320 条有效岗位职位信息，涉及 55 家企业或单位，其中出版企业 45 家，其他出版类公司 10 家（包括民营出版公司、数字出版公司、网站、书店等），重点对人才招聘的岗位结构、学历、工作年限、年龄、英语水平等要求进行分析，并使用词频统计软件对岗位能力要求进行统计分析。

二、人才招聘信息的整理和分析

企业对人才的需求结构主要体现在招聘岗位的结构上，对人才的能力评价标准主要体现在学历、工作经验、技能、英语水平等方面。本次调研从上述几方面展开。

（一）岗位结构分析

传统出版流程主要包括编、印、发三个环节，数字出版流程主要包括产品设计、研发生产、投入市场、用户反馈等几个环节。两种出版流程环节所涉及的人才类型类似，都可以将其划分为内容生产人员、技术服务人员、市场运营人员、行政人员四大类。登录出版社官网，观察出版社招聘信息发现，部分出版社将招聘岗位划分为内容生产类、运营类、技术类和行政类。本调研以此为据对招聘岗位进行比较分析后分为内容生产、运营、技术、行政四类，数量分别为139个、129个、26个、26个。

1. 内容生产类岗位

在320个招聘岗位中，内容生产类岗位共有139个，约占岗位总数的43.44%，其中管理类岗位7个、业务类岗位132个，分别占内容生产类岗位总数的5.04%和94.96%。所有内容生产类岗位中学科专业编辑的需求量最大，有40个岗位，占内容生产类岗位的28.78%；其次是传统策划编辑共有29个岗位，占比20.86%。二者均涉及农林、机械、医药、经管、化工、建筑、社科、食品等多种学科领域。文字编校岗位较多，有10个文字编辑岗位和6个校对岗位。除了传统的内容生产人才以外，出现了许多与数字出版和融合发展相关的内容生产类岗位，包括数字出版主任、产品经理（专员）、数字策划编辑、数字出版编辑、新媒体内容编辑等，共29个岗位，占内容生产类岗位总量的20.86%，如表1所示。

表1 内容生产类岗位数量及占比情况

岗位类型	岗位名称	数量统计/个	占比情况/%
管理岗	副总编	1	0.72
	主编	1	0.72
	责编	1	0.72
	编辑室主任	2	1.44

续表

岗位类型	岗位名称	数量统计/个	占比情况/%
管理岗	数字出版主任	2	1.44
	合计	7	5.04
业务岗	审读	1	0.72
	策划编辑	29	20.86
	学科专业编辑	40	28.78
	文字编辑	10	7.19
	版权编辑或项目经理	7	5.04
	校对	6	4.32
	美术编辑	4	2.88
	图书装帧设计师	2	1.44
	产品经理或专员	12	8.63
	数字策划编辑	5	3.60
	数字出版编辑	7	5.04
	新媒体内容编辑	2	1.44
	数字产品设计师	1	0.72
	编辑助理	3	2.16
	兼职或实习	3	2.16
	合计	132	94.98
总计		139	100.00

从表1可以看出，内容生产类人才数量大、类型多、专业范围广泛。岗位设置具有明显的层级，分为管理岗和业务岗，并以业务岗为主，业务岗中又以传统的编辑岗位为主。与数字出版相关的岗位需求量相对较少，涉及融合发展的岗位仅有新媒体内容编辑。在岗位要求方面，策划编辑的岗位要求最高，要有一定的策划经验，能完成图书的策划、组稿、编辑加工、营销推广等整体工作。专业编辑要求具有相关学科专业背景。文字编辑和校对岗位注重应聘者的文字功底和写作能力。数字出版相关岗位的职责大多涉及数字产品的市场

需求调研与分析、策划、详细方案设计等。新媒体编辑要求做好微博、微信、App等新媒体平台的栏目规划、内容采编、发布、推广、效果跟踪等工作。

2. 运营类岗位

出版单位对运营类人才需求量很大，调研中共有129个运营类岗位，约占岗位总数的40.31%。涉及传统出版的运营类岗位共89个，约占运营类岗位总数的68.99%。涉及数字出版和融合发展的运营类岗位有运营经理、网站运营编辑、新媒体运营编辑等，共36个岗位，约占运营类岗位总数的27.91%。此外，还有兼职、实习岗位4个。运营类岗位中需求量最大的是图书营销岗位，共有36个，包括29个图书营销经理、7个营销编辑；其次是运营经理和图书运营主管，岗位数量分别为16个和14个。业务经理、运营经理名称有细微差别，工作要求基本相同，统计时合并为运营经理。同理，营销编辑、营销经理统称为营销编辑。业务主管、运营主管统称为运营主管。其他传统出版岗位包括书店店员、媒介助理、物流助理、课程顾问（各2个岗位），以及客服、代理商、图书专员、活动策划、讲师督导等（各1个岗位），如表2所示。

表2　运营类岗位数量及占比情况

岗位类型	岗位名称	数量统计/个	占比情况/%
管理岗	图书运营主管	14	10.85
	传统出版业务主任	5	3.88
	数字出版项目主管	5	3.88
	网站运营主管	2	1.55
	新媒体运营主管	2	1.55
	合计	28	21.71
业务岗	图书营销编辑	36	27.91
	发行人员	12	9.30
	图书采购专员	6	4.65
	印制管理	2	1.55

续表

岗位类型	岗位名称	数量统计/个	占比情况/%
业务岗	其他传统出版岗位	14	10.85
	运营经理	16	12.40
	网站运营编辑	7	5.43
	新媒体运营编辑	4	3.10
	兼职或实习	4	3.10
	合计	101	78.29
总计		129	100.00

运营类岗位包括中层管理岗28个、基层业务101个，分别占运营类岗位总量的21.71%和78.29%。管理岗位主要是统筹项目运作、人员安排，做好部门协调等工作。基层业务岗主要负责图书和数字产品的市场运营和跟踪。图书营销岗位的招聘要求增加了新内容，要求具有新媒体营销的能力，传统出版物的营销宣传越来越多地运用新媒体营销方式。传统出版物、数字出版物、网站和新媒体的运营在资源、渠道、方式等多方面都有差异，人才培养时应增加数字出版物运营、网站运营及新媒体运营的知识和实践课程。

3. 技术类岗位

招聘信息中技术类岗位共有26个，占总岗位数的8.13%，包含2个管理岗位、24个业务岗位，涉及数字产品技术主管、前端工程师、JAVA工程师、网络工程师、高级架构师、运维工程师、技术编辑、数据编辑等16种类型。

数字技术岗位与其他类型岗位相比，岗位涵盖面较宽，总需求量相对较少。岗位涵盖面较宽和岗位名称设置不统一有关。部分岗位名称不同，岗位职责相近，如运维类岗位就有IT运维工程师，计算机软件、硬件维护助理，运维经理。技术类岗位在总岗位中的占比较小，原因主要有两方面：一是传统出版企业引进技术类人才的成本较高，部分企业选择与技术服务商合作来解决技术人才短缺问题；二是部分非技术类岗位对应聘人员有相关技术运用能力的要求，技术岗位和非技术岗位在能力要求上有交叉。

除了岗位设置上表现出一定特点外，技术类岗位对应聘者的技术运用能力要求较高，强调熟练使用某软件或者精通某项技术，看重应聘人员的实际操作能力和工作经验。大部分技术类岗位对人才年龄也有限制，一般要求35周岁以下，有的甚至要求30周岁以下。同时，要求应聘者具有一定的学习能力、创新能力和抗压能力，对应聘者的身体素质提出要求。这与该类岗位工作强度大、技术要求高的特点相吻合。

4. 行政类岗位

除上述涉及出版流程的岗位以外，还有一部分岗位属于行政类岗位，在招聘岗位中占有一定比例，包括管理岗5个、业务岗21个，分别占行政类岗位总量的19.23%、80.77%。招聘数量较多的岗位是会计类岗位、编务和人事岗位。具体数量及占比情况见表3。

表3　行政类岗位数量及占比情况

岗位类型	岗位名称	数量统计/个	占比情况/%
管理岗	公司总经理	2	7.69
	会计主管	2	7.69
	储备干部	1	3.85
	合计	5	19.23
业务岗	出版或会计	10	38.46
	编务	4	15.38
	行政或人事专员	4	15.38
	党务助理	1	3.85
	实习编务	2	7.69
	合计	21	80.77
总计		26	100.00

此次调研中出现两个总经理级别的岗位，分别是北京京师印务有限公司总经理、北京京师普教文化传媒有限公司总经理，同属于北京师范大学出版集团。由于行政类人才不属于高等院校人才培养的重点，在此不做重点分析。

（二）学历层次要求

出版行业涉及内容生产，学历是企业人才招聘时的重要考察指标。320条岗位信息中有317个岗位对人才学历提出明确要求，其中62个岗位对学历的要求为"不限"，其余253个岗位的最低学历要求为从专科到研究生不等。本科学历需求最多，有159个，占总招聘岗位的49.69%；其次是硕士学位岗位，有60个，占18.75%；博士学位岗位只有2个，仅占0.63%。

最低学历要求集中在本科，高学历岗位主要涉及中层管理岗位、策划编辑岗位和学科专业编辑岗位。针对行业需求，应加强本科学生的编校能力、写作能力、新技术运用能力、新媒体运营能力的培养；加强硕士生、博士生的策划能力、管理能力、创新思维能力的培养。

（三）工作年限要求

在320条招聘信息中，4个岗位对工作经验没有提出要求，166个岗位的要求为"不限"。要求有一定工作经验的岗位共150个，占总岗位数的46.88%。最低工作年限主要集中在2年（11.56%）、3年（18.44%）和5年（6.56%），另有4个岗位要求有8年工作经验（1.25%），有3个岗位要求有10年以上工作经验（0.94%）。出版工作是一项实践性很强的工作，企业十分注重应聘人员的工作经验。虽然许多岗位给应届毕业生提供工作机会，但其中不少岗位也明确指出具有工作经验的人会被优先考虑。对比学历和最低工作年限要求可以发现，学历和工作年限要求与岗位的类型和层级有一定的关联性。管理岗位对学历和工作年限都有较高要求，最高要求10年及以上工作经验，硕士毕业。基层业务岗位一般要求本科毕业，工作经验不限或者有1年工作经验即可。学科专业型编辑一般要求研究生、博士学位。策划编辑强调有3年及以上相关工作经验。运营人员的最低工作年限要求主要集中在1~3年。技术岗位对学历要求较低，对工作经验要求较高，强调软件的运用能力、开发能力和维护能力。总体来说，企业对招聘人员的学历和工作年限的要求集中在本科学历，1~3年工作经验。

（四）人才能力要求

本次调研利用词频分析软件，对招聘信息中人才能力要求一项的全部内容进行名词、动词、形容词的词频统计。人工去除"具有""要求""相关"等与能力要求无关的词语，同时合并具有相同含义的词语，如团队、团队精神等；针对人才应具备的能力，以30位以后的关键词进行顺次补位，取前30位关键词按照降序排列，绘制统计表。统计结果如表4所示。

表4 出版人才招聘的能力要求词频统计（前30位）

词语	词频	词语	词频	词语	词频	词语	词频	词语	词频
编辑	85	知识（历史、文学）	45	执行（力）	24	创新	17	压力（抗压）	12
沟通	76	协调	28	学习能力	22	适应	15	版权	11
文字（写作、文案）	76	语言（外语）	27	图书策划（选题）	20	资源	15	市场营销	10
团队（精神）	68	表达	26	组织	20	思维	14	出差	10
责任心（负责）	54	网络（互联网）	24	计算机	19	产品	14	国际关系	10
细致（认真）	48	市场	24	办公软件	18	领导	13	吃苦耐劳	10

出现频率较高的词汇代表了出版企业对人才能力的基本要求和关注焦点。在进行人才培养过程中，这些素质和能力是设定培养目标时需要参考的重要内容。"团队""责任心""协调""细致"等是对人才内在素质方面的要求，同时也是人才培养中的难点。"编辑""文字""知识"等是对内容生产人员业务能力的概括，是内容生产人员必须具备的能力。"沟通""表达""组织""市场营销"

等主要是对运营人员实操能力的具体要求。这些能力在高等院校教育中难以速成，却恰恰是高等院校进行人才培养时必须重点提升的能力。还有部分词汇的出现频率虽不及以上词汇，但体现了媒体融合时代出版企业人才需求的特色，如"计算机""学习能力""创新""数字""网络""抗压"等。这些能力要求符合数字出版和融合发展的特点。

调研中发现，对外语需求情况存在错误的高估。"语言（外语）"出现的次数较多，共出现了27次，排名第9位，但实际上大部分企业明确表示对应聘者的外语能力无要求，少数岗位要求达到英语四级或六级，仅少数专业外语编辑岗位、策划岗位、儿童图书编辑岗位对英语、俄语、德语、法语或者日语水平有较高要求。在国家倡导出版"走出去"的背景下，出版企业的主要目标市场仍然是国内图书市场，少数企业有"走出去""引进来"项目，但在企业整体出版业务中的占比小；同时"走出去"图书和引进图书的翻译与版权合作都可交给专业翻译公司及版权代理公司处理。笔者认为，以上两点是企业对人才外语能力要求不高的主要原因。未来出版业的国际合作和交流必然越来越频繁，企业对外语人才的需求量不断增长、要求不断提高是必然趋势，高校在人才培养中应该针对行业特点，对学生的外语能力进行有针对性的培养[1]。

三、人才招聘需求特点分析

通过以上分析，笔者总结了出版人才需求的特点。

（一）出版人才需求多元化

出版人才需求呈现多元化的特点，出现许多新岗位，岗位要求上增加了新内容。

对比邹石川、黄先蓉在《媒介融合背景下我国各类型出版人才需求调研报告》中的招聘各类人员数量及占比情况可以看出，现阶段的出版人才需求更加多元。发行人员、美术编辑、责任编辑等岗位所占比例明显减少；出现了一定数量的产品经理、运营专员、新媒体编辑和技术类岗位，其中产品经理、运营人员、技术人员的需求量较大。

在岗位能力要求上，传统出版岗位不再只是图书的编辑、印刷、发行，还包括传统出版物的数字化开发，新媒体营销，新技术、新思想在传统出版中的运用等。许多传统出版企业将微博、微信等新媒体作为融合发展的重要试验田，强调传统编辑、营销人员具有互联网思维、新媒体运营能力及用户习惯分析能力等。

（二）出版人才需求具有分层的特点

各类型岗位对高级决策型人才、中级管理型人才和初级业务执行型人才都有一定需求，并呈现"金字塔"形的人才需求结构。基础性人才需求巨大，中层管理类人才需求相对减少，高级决策型人才的需求数量极为有限。不同层次的岗位对人才能力、学历、工作经验、年龄等要求不同。职位越高，专业特性越强，工作要求越严格。不同教育阶段适合培养什么层次的人才，适合重点培养人才的什么能力均有所差别。

（三）对人才能力的要求具有融合的特点

通过对人才能力要求分析发现，出版人才市场中策划、编辑、产品经理、营销人员等的需求量较大，岗位能力要求有所交叉。专业分工的界限越来越模糊，部分岗位要求应聘人员既懂市场又懂策划，既懂产品设计又懂营销宣传，或者既懂内容编校又懂新媒体运营。企业对人才的要求不再局限于单一的知识和技能，更青睐多种知识背景、多种技能的复合型人才。跨学科领域融合、跨媒体融合越来越成为趋势[2]。可以说，融合发展不仅是传统媒体与新媒体的融合、出版资源的融合，更是人才的融合——人才对新旧思维的融合、对新旧知识的融合、对新旧技能的融合。

此外，一些问题引起笔者的思考：当下的出版行业，内容生产是否仍然是出版企业的生命源？在技术浪潮推动下，坚持内容为本技术为用、内容为体技术为翼是否仍然是推动传统出版转型、促进融合发展的关键？这些问题有待进一步观察研究。

四、现行高等院校出版人才培养的适配性问题

媒体融合背景下，人才需求呈现多元化、多层次、多种能力交叉融合的特点。结合当前出版人才需求，现阶段高等院校人才培养已经远远落后于行业发展，主要表现在以下几个方面。

（一）培养模式滞后

出版行业是一个注重实践的行业，出版企业对人才的"能力"和"经验"有较高的要求。人才需求已经打破传统的出版流程和编、印、发的部门构架，出现数字出版特征明显的新兴岗位，不仅重视人才的基本专业知识、编辑业务能力，还看重应聘者的实践经验。现阶段，高等院校人才培养模式落后，已跟不上行业发展的步伐。一是培养模式以授课形式为主，对实际操作能力重视不够。大多数学校仅通过实习环节进行弥补，但实习环节受多种因素影响，效果欠佳。极少学校比较注重复合型人才的培养，积极建立复合型人才培养基地，这是很好的人才培养模式，但仍然在探索阶段，真正见到成效还需要一定的时间。二是培养模式缺乏创新，培养理念跟不上行业发展步伐，导致培养模式单一。培养模式中很少涉及行业培训、企业实训、校企联合培训等方式，学生接触不到行业最新信息，知识得不到实践检验，行业资源没有被充分利用[3]。

（二）课程设置单一

通过人才需求分析可以看出，在融合发展时代，企业更需要既懂传统出版又懂数字技术的复合型人才，既有理论认识又有实践经验的创新型人才。高等院校人才培养缺乏复合型培养特点，主要在于专业课程设置"不融合"。课程内容还是以满足传统出版企业的人才需求为侧重，注重编辑、出版等理论知识，营销管理等基础知识的灌输。数字出版相关内容停留在理论学习、案例学习阶段，缺少数字出版和新兴出版相关的专业化课程，涉及融合发展的课程、新媒体的课程更是少之又少。本科教育仍以通识教育为主，以传统的编、印、发流程作为课程设置的依据，注重出版理论知识的学习，课程更新速度较慢。研究生教育仍然以理论研究为主，课程学习时学生很难根据自身的兴趣和能力选择课程。培养出来的人才往往千人一面，自然很难培养出真正具有数字出版理念和顺应融合发展的复合型人才。

（三）融合型师资不足

传统出版教育经过长期的发展，师资力量雄厚。相比之下，数字出版和融合发展属于新兴出版模式，发展时间相对较短，尚未成熟，数字出版和融合发展相关的师资人才积累不够。数字出版教育并非高等院校出版人才教育的重点，与数字出版及融合发展有关的师资引进较少。高等院校教师尝试数字化转型需要一定的过程和时间。各种原因导致从事数字出版和融合发展教育的师资力量严重不足。

五、对高等院校出版人才培养的建议

高等院校人才培养是人才队伍建设的重要方面，就目前情况来看，虽然不少高等院校在出版人才培养上都具有各自的特色，但是总体上还达不到企业人才需求的标准。针对高等院校出版人才培养，有以下几点建议。

（一）创新培养模式

高等院校人才培养应顺应数字出版和媒体融合发展趋势，做出相应转变，创新人才培养模式。鼓励高等院校与政府、企业建立联合办学的机制，通过创办研究基地，将产、学、研一体化融合到出版人才的培养中[4]。

高等院校作为科研基地和人才培养基地，也是联系政府和企业的纽带。高等院校在产、学、研一体化中扮演重要角色。国家新闻出版广电总局与北京印刷学院合作建立的国家数字复合出版系统工程实验室，是行政主管部门、高等院校教学研究与行业发展相结合的典型，在统一平台、不同重心的培训环境里为在校学生实训、行业继续教育等提供相应的理论与实操课程，为行业培养复合型人才。高等院校应该积极关注国家政策、行业动向、最新科技成果，将学生欠缺的行业信息和实践知识融入课堂。鼓励高等院校申请国家和政府项目，承接企业项目，在项目合作与实施过程中提升学生实践能力，增强学生对理论知识的理解，实现人才培养的目标。

（二）分层、分重点培养

企业需要的人才具有分层的特点，高等院校要明确不同教育阶段人才培养的目标，是为满足企业哪一层次的人才需求、重点培养什么能力，对人才进行分层培养。根据行业的需求情况，在做好基础性人才培养的同时，要加强紧缺人才的培养。在注重内容生产类人才培养的同时，要注重运营类人才及复合型人才的培养。要对策划人才、产品经理、营销人才等行业需求较大的人才进行重点培养。针对不同的学习阶段、不同企业的需求，以及不同岗位的能力要求，合理设置课程，并在不断探索和尝试中及时做出合理调整。

专业课程设置上要"融合"，适当增加数字出版相关课程，提高学生对数字技术的认识，增强学生的新媒体运营能力，培养学生的互联网思维能力。增加实践课程的比重，与企业建立长期、广泛的合作，为学生提供实习岗位，使学生既能得到实战操练，又能接触行业内最新的知识、思想和最前沿的信息。

（三）加强师资队伍建设

高等院校数字出版人才和融合出版人才培养的关键还在于师资队伍的建设。为解决融合出版环境下师资力量不足的问题，高等院校一方面可以帮助和推动教师的数字化转型，加强师资队伍培训，加强各高等院校之间的合作；另一方面加强与企业之间的合作，将内容生产人才、技术研发人才、资本运作人才、经营管理人才及互联网人才等引入学校，设置对接行业发展的课程，进行授课或者专题讲座，拓宽教师的行业视野和资讯储备，促进师资队伍多元化发展[5]。

媒体融合下出版人才的培养已无法单独依托高等院校或企业，而应聚合行业发展链条上各个节点——行政主管部门、高等院校教学科研机构、业内优秀企业的合力，有目标、分层次、分重点地培养出复合型出版人才。

（北京印刷学院新闻出版学院　李文瑛　刘华坤）

参考文献

[1] 邹石川，黄先蓉.媒介融合背景下我国各类型出版人才需求调研报告[J].出版发行研究，2014（9）：90-93.

[2] 徐维东，许琼英.上海复合型数字出版人才培养策略刍论[J].科技与出版，2011（12）：117-120.

[3] 黄先蓉，张窈.媒介融合背景下出版人才的需求及培养[J].融合研究，2016（4）：29-31.

[4] 刘华坤，张志林.媒体融合下数字编辑人才建设探讨[J].北京印刷学院学报，2015，23（6）：9-12.

[5] 陈丹，张志林.北京印刷学院数字出版人才培养探索[J].科技与出版，2010（8）：67-69.